Franz Segbers
Ökonomie, die dem Leben dient

*„Es ist vor allem Aufgabe des Staates,
Menschenrechte und Arbeitsnormen
umzusetzen und zu verbessern."*

Erklärung der G8-Arbeitsminister, Dresden 2007

*„Die Arbeit ist ein zentraler Faktor
für das menschliche Wohlbefinden.
Zusätzlich zur Funktion, Einkommen zu schaffen,
kann Arbeit auch dem sozialen und wirtschaftlichen
Fortschritt im Allgemeinen den Weg ebnen
und Individuen, Familien und Gemeinschaften stärken.
Dieser Fortschritt steht und fällt jedoch
mit dem Vorhandensein menschenwürdiger Arbeit."*

Internationale Arbeitsorganisation – ILO

Franz Segbers

Ökonomie, die dem Leben dient

Die Menschenrechte als Grundlage
einer christlichen Wirtschaftsethik

Butzon & Bercker
Neukirchener Theologie

„Orientierung durch Diskurs"

Die Sachbuchsparte bei Butzon & Bercker, in der dieser Band erscheint, wird beratend begleitet von Michael Albus, Christine Hober, Bruno Kern, Tobias Licht, Cornelia Möres, Susanne Sandherr und Marc Witzenbacher.

Bibliografische Information der Deutschen Nationalbibliothek

Die Deutsche Nationalbibliothek verzeichnet diese Publikation in der Deutschen Nationalbibliografie; detaillierte bibliografische Daten sind im Internet über http://dnb.d-nb.de abrufbar.

Das Gesamtprogramm
von Butzon & Bercker
finden Sie im Internet
unter www.bube.de

ISBN 978-3-7666-2179-5 (Butzon & Bercker)
ISBN 978-3-7887-2958-5 (Neukirchener)
E-Book (Mobi): ISBN 978-3-7666-4281-3
E-Book (PDF): ISBN 978-3-7666-4282-0
E-Pub: ISBN 978-3-7666-4280-6

© 2015 Butzon & Bercker GmbH, Hoogeweg 100, 47623 Kevelaer, Deutschland, www.bube.de
in Gemeinschaft mit der Neukirchener Verlagsgesellschaft mbH, Neukirchen-Vluyn
Alle Rechte vorbehalten.
Umschlaggestaltung: Christoph M. Kemkes, Geldern
Satz: Schröder Media GbR, Dernbach
Printed in Germany

Inhalt

Vorwort 9

Einführung
Wer schwach ist, braucht ein starkes Recht 13

I. Die gefährdeten Menschenrechte in der globalisierten Welt 23

Menschenrechte unter Druck 25

Ausgangspunkt der Wirtschaftsethik:
Würde und Rechte des Menschen 31

Weltethos und universelle Menschenrechte 34
Exkurs: Umbrüche in der Achsenzeit 39

II. Umkehrung der Menschenrechte 45

Druck auf soziale Menschenrechte und
Sozialstandards 45

Umkehrung der Menschenrechte: Vom Recht der
Menschen zur Politik im Interesse der Konzerne 50

Rückkehr der Marktgläubigkeit 54
Die unsichtbare Hand 55
Theologische Kritik der „unsichtbaren Hand" 60
Shareholder value als oberste Maxime 68

III. Soziale Menschenrechte: Antwort auf die Große Weltwirtschaftskrise 71

Der „Geist von 1945": Aufbruch und konzeptioneller Neuanfang 72

Menschenrechtsaufbruch 1945: Die „Allgemeine Erklärung der Menschenrechte" und internationale Pakte 76

Soziale Marktwirtschaft 80

Gestaltungskraft der Menschenrechte 87

IV. Pflichten der Staaten und der transnationalen Unternehmen 93

V. Ökumenische Wirtschaftsethik und Menschenrechte 105

Arbeit als ein Menschenrecht 110

Theologische Wirtschaftsethik: biblisch begründet .. 115

Theologische Wirtschaftsethik: aus der Perspektive der Würde des Menschen und seiner Rechte 117

Theologische Wirtschaftsethik: in Rechtsform gefasst 121

VI. Menschenrechte und ökumenische Wirtschaftsethik: Analogie und Differenz .. 127

Freiheitsrechte 143
Biblisch 143
Menschenrechtlich 148

Politische Beteiligungsrechte 149
Biblisch 149
Menschenrechtlich 154

Soziale Grundrechte 157
Biblisch 157
Menschenrechtlich 160

VII. Ökumenische Wirtschaftsethik – biblisch und menschenrechtlich fundiert 163

Würde des Lebens der ganzen Schöpfung 164

Würde des Menschen: Vorrang der Arbeit vor
dem Kapital 168

Das Recht auf eine menschenrechtlich fundierte
Wirtschaftsordnung 173

Recht *auf* Arbeit 176

Rechte *in der* Arbeit 181
*Grundrechte in der Arbeit: Kernübereinkommen
der ILO* 181
Arbeit, in der man menschlich leben kann 185
Verbot von Sklaverei, Zwangs- und Pflichtarbeit 187
Streikrecht 189

Rechte *aus* Arbeit 194
Recht auf Arbeit, von der man leben kann 194
Recht auf Arbeit, die soziale Rechte sichert 199

Arbeit, die eines demokratischen Bürgers
würdig ist 204

Recht auf die ganze Arbeit für alle 208

VIII. Menschenrecht auf eine Ökonomie,
　　die dem Leben dient 217

Anmerkungen 225

Literatur 232

Register ausgewählter Bibelstellen 243

Register ausgewählter Begriffe 245

Vorwort

Die Lebens- und Arbeitsbedingungen von Millionen Menschen wären anders, würden die Menschenrechte beachtet. Dabei war es das Versprechen der Weltgemeinschaft nach dem Schock der Großen Weltwirtschaftskrise und des Zweiten Weltkrieges, allen Bewohnern dieser Erde eine würdevolle soziale Existenz gerade auch durch soziale Menschenrechte zu gewährleisten. Die *Allgemeine Erklärung der Menschenrechte* aus dem Jahr 1948 proklamierte vor dem Hintergrund der unsäglichen Leiderfahrungen einen weltweiten gesellschaftlichen Gegenentwurf. Sie versprach allen Menschen u. a. ein Recht auf soziale Sicherheit, ein Recht auf Arbeit, ein Recht auf einen angemessenen Lohn, befriedigende Arbeitsbedingungen und ein Recht auf Nahrung. Mit diesen Rechten wollte man die Bedingung für eine andere Weltgesellschaft schaffen. Doch die Wirklichkeit ist mehr denn je von diesem Versprechen entfernt. Arbeitslosigkeit, eine Arbeit, von der man nicht in Würde leben kann, soziale Unsicherheit und prekäre Beschäftigung nehmen zu – in Deutschland und weltweit. Der Kapitalismus hat sich globalisiert. Er hat Wohlstand für einige wenige erzeugt und die Kluft zwischen Arm und Reich vergrößert. Der Klimawandel schreitet fort und bedroht die Grundlagen des Lebens auf dieser Erde.

Die hier vorliegende Wirtschaftsethik ist nicht im luftleeren Raum entstanden. Den Menschenrechtsansatz verdanke ich einem „Anschauungsunterricht" als Gastdozent auf den Philippinen. Dort habe ich in Gesprächen mit Arbeitern und Arbeiterinnen in multinationalen Konzernen, mit Landarbeitern, Menschenrechtsaktivisten und in Seminaren mit Studierenden, Gewerkschaftern, Priestern und Bischöfen gelernt, welche Bedeutung die Menschenrechte haben. Ihnen allen verdanke ich, dass sie mir die Augen für die Menschenrechte geöffnet haben.

Ich erinnere mich lebhaft an den schicksalhaften Morgen des 8. November 2013. Während der Zehnten Vollversammlung des Ökumenischen Rats der Kirchen (ÖRK) in Busan (Korea) erfuhr ich, dass der wohl stärkste Taifun in der Menschheitsgeschichte das Leben von mehr als 25 Millionen Menschen auf den Philippinen bedroht. Ich hatte noch die Frage eines Delegierten von einer Südseeinsel angesichts der Klimakatastrophe im Ohr: „Was haben wir Armen getan, dass wir für die Sünden der Reichen büßen müssen?" Ich dachte nicht, dass ich alsbald mit einer wohl von Menschen verursachten Klimakatastrophe konfrontiert werden würde: Nur ein Tag nach den Zerstörungen des Taifuns Haiyan reiste ich am 9. November 2013 zu einer Gastprofessur auf die Philippinen.

Deshalb widme ich dieses Buch den mutigen Menschen, die ich auf den Philippinen kennenlernen durfte:

- den Theologiestudenten, für die der Kampf um Menschenrechte Ausdruck ihres Glaubens ist;
- den Gewerkschaftern in einer Exportproduktionszone bei Manila, die um ihre Recht auf gewerkschaftliche Betätigung kämpfen;
- der Landarbeiterin in einer kleinen Genossenschaft auf der Insel Mindanao, die sich selbstbewusst auf die Menschenrechte bezogen hat und mir stolz erzählte, dass sie am „Tag der Menschenrechte" auf einer Demonstration für ihr Recht eintreten werde.

Für sie und viele Tausende sind die Menschenrechte eine zerbrechliche, manchmal zahnlose, immer aber widerständig-ermutigende Hoffnung auf mehr Würde, Humanität und Gerechtigkeit.

Franz Segbers
am Tag der Menschenrechte, 10. Dezember 2014

Einführung
Wer schwach ist, braucht ein starkes Recht

Wer die Wirtschaftsseiten der Zeitungen aufschlägt, der trifft dort kaum einmal auf die Sorgen, Ängste und Probleme der Menschen. Dort geht es um Fusionen von Unternehmen, die wettbewerbsfähiger machen sollen, um Banken, die notleidend sind, um Märkte, die nervös reagieren, oder um misswirtschaftende Staaten. Und wenn von der Wirtschaft die Rede ist, dann ist zumeist das Management gemeint. Doch die Menschen, die in den Betrieben arbeiten und zum Erfolg der Unternehmen beitragen oder unter den Folgen von falschen Managemententscheidungen zu leiden haben, scheinen nicht der Wirtschaft anzugehören. Die, die den Wirtschaftsprozess überhaupt erst ermöglichen, gelten als „Gehilfen", die man lediglich zur Erfüllung des Unternehmenszwecks heranzieht.

Nicht anders die Wirtschaftswissenschaften: Wenn in ihnen der Mensch überhaupt vorkommt, dann als die Kunstfigur eines *homo oeconomicus* – eines Menschen, der kühl kalkulierend Entscheidungen fällt und ganz auf seinen Vorteil bedacht ist; soziale Beziehungen und solidarisches Empfinden sind ihm fremd. Zu Fragen um die Menschenwürde und die Menschenrechte findet man in den Wirtschaftswissenschaften kaum etwas. Die Wirtschaftswissenschaften haben von ihrem Ansatz her ein Grundverständnis, das die Frage des effizienten Wirtschaftens strikt von der Frage einer gerechten Verteilung der Güter trennt.

Auch in der Wirtschaftsethik, die sich als Institutionenethik begreift und deshalb auch auf gute Rahmenstrukturen abhebt, wird nur vereinzelt menschenrechtlich argumentiert, wenngleich diese Stimmen seit einigen Jahren zunehmen.[1] Ihr geht es darum, wie ethische Orientierungen in Wirtschaftssystemen und wirtschaftlichen Entscheidungen zur Geltung gebracht werden können. Dabei ist sie im Grunde subjektvergessen. Es reicht nicht, wenn sie vorrangig nach der gerechten Ordnung und den Subjekten fragt und deren Arbeits- und Lebenswelt erst ihr zweiter Blick gilt.

Ich möchte im Folgenden meinen Ausgangspunkt für eine theologische Wirtschaftsethik anders wählen und von der Würde des Menschen und seinen Menschenrechten ausgehen. Die Menschenrechte versprechen kontrafaktisch allen Menschen das Recht auf ein Leben in Würde und garantieren Freiheitsrechte, politische Beteiligungsrechte sowie wirtschaftliche und soziale Rechte. Ein Menschenrecht verlangt, dass es vorrangig zu beachten ist, vor allen anderen Gesichtspunkten, an alleroberster Stelle. Das geht über Abwägungskriterien hinaus. Sozioökonomische Verhältnisse und wirtschaftliches Handeln müssen deshalb vor denen gerechtfertigt werden, die am wenigsten begünstigt sind. Eine menschenrechtsorientierte Wirtschaftsethik muss deshalb von den wirtschaftlichen und sozialen Rechten der Menschen am Ort der Arbeit ausgehen. Die *wirtschaftlichen Rechte* umfassen vor allem Rechte *auf* Arbeit, Rechte *in der* Arbeit und Recht *aus* Arbeit; in den *sozialen Rechten* wird vor allem das Recht auf soziale Sicherheit, Gesundheit oder Nahrung angesprochen. Diese Rechte sind im Sozialpakt aus dem

Jahr 1966 als wirtschaftliche, soziale und kulturelle Rechte verankert.[2] Verkürzt werden sie in Fachkreisen auch „wsk-Rechte" genannt, in den folgenden Ausführungen „soziale Menschenrechte". Auch die Übereinkommen und Empfehlungen der Internationalen Arbeitsorganisation (International Labour Organization, Abk. ILO), einer Sonderorganisation der UNO, zählen zu den sozialen Menschenrechten.[3] Manche Teile dieser wunderbaren Architektur eines „Arbeitsvölkerrechts"[4] sind in Deutschland zwar in den Rang eines Gesetzes erhoben worden, fristen aber nur zu oft und zu lange schon ein Schattendasein. Die Menschenrechte haben ein Janusgesicht: Sie sind dem Recht und der Moral gleichermaßen zugewandt. Theologie und Ethik halten, nicht anders als Politik und Rechtsprechung, eher Abstand zu diesen völkerrechtlich verbrieften und kodifizierten Rechten der arbeitenden Menschen, welche den Menschen am Ort der Arbeit als Subjekt mit eigenen Ansprüchen stärken wollen. Das nimmt den Staat anders in Pflicht als ein ausgebautes Arbeits- und Sozialrecht. Es beschreibt nämlich die Selbstverpflichtung des Staates, die Wirtschaft auf ein ideales Ziel hin zu orientieren.

Ich möchte im Folgenden die These begründen und entfalten, dass diese sozialen Menschenrechte ohne den Hintergrund des biblischen Ethos kaum denkbar wären. Der neuzeitliche Menschenrechtsgedanke hat nämlich Intentionen zur Geltung gebracht, die bereits in der biblischen Orientierung des Rechtsgedankens an der Situation der Armen, der ökonomisch Schwachen und sozial Schutzbedürftigen gegeben waren.[5] Damit sollen nicht irgendwelche urheberrechtlichen Ansprüche auf die Menschenrechte erhoben werden. Menschenrechte nur auf eine Quelle zurückführen zu wollen würde ihrer universellen Geltung nur schaden. Historisch war es auch so, dass die Menschenrechte gegen die Kirchen durchgesetzt und errungen werden mussten. So war es ein weiter Weg, bis mit einem erneuten Schub nach 1945 zentrale Motive der biblischen Ethik in den neuzeitlichen Menschenrechten wirksam werden konnten.

Im Folgenden möchte ich ebenfalls darlegen, dass eine Ethik nur dann die Bezeichnung „christlich" verdient, wenn sie unbeschadet des historischen Abstandes die biblische Ethik zu ihrer Grundlage macht. In meinem Buch *Die Hausordnung der Tora. Impulse für eine theologische Wirtschaftsethik*[6] habe ich die biblische Profilierung einer theologischen Wirtschaftethik ausführlich begründet. Diesen Ansatz werde ich in diesem Buch weiterführen, indem ich ihn mit dem Rechtsgedanken der neuzeitlichen Menschenrechte in Beziehung setze. Ich werde also eine zweipolige theologische Wirtschaftsethik entfalten: menschenrechtsbasiert und an Impulsen der biblischen Ethik orientiert.

Die theologische Reflexion über Wirtschaft findet unter unterschiedlichen Bezeichnungen statt. Einige sprechen einfach von „Wirtschaftsethik" oder „Politischer Wirtschaftsethik", ohne die theologische Verortung zu bezeichnen. Andere entwickeln das konfessionelle Profil einer evangelischen, protestantischen, lutherischen oder einer aus der Katholischen Soziallehre heraus entwickelten Wirtschaftsethik. Wird von ökumenischer Wirtschaftsethik gesprochen, dann ist das sozialethische Denken des Ökumenischen Rates der Kirchen gemeint. Ich versuche, diese Fäden zusammenzubinden, und möchte eine ökumenische Wirtschaftsethik vorlegen. Sie ist ökumenisch in einem doppelten Sinn: Sie führt die konfessionellen Ethiken zusammen und zeichnet Konturen einer Wirtschaftsethik für das ganze Haus der Schöpfung und für alle, die diesen Planeten bewohnen.

Für eine menschenrechtsbasierte theologische Wirtschaftsethik ist der konkrete Mensch das Wahrheitskriterium. An ihm entscheidet sich, ob wirtschaftliche Systeme, Strukturen und Entscheidungen menschengerecht sind. Die Menschenrechte vermögen die Perspektive der Subjekte mit den gesellschaftlichen Institutionen zu vermitteln. Sie tun dies so, dass sie die Subjekte mit Rechten ausstatten, die von den Institutionen zu respektieren sind. Die Sorge gilt nicht vorrangig einem Ordnungssystem, sondern dem konkreten Menschen – dem Arbeiter, dem der gerechte Lohn vorenthalten wird, der unter unwürdigen Arbeitsbedingungen zu leiden hat, der unter Druck gerät, weil er sich in Gewerkschaften für gerechte Arbeits- und Lebensbedingungen einsetzt, oder der Frau, die in privaten Haushalten alte Menschen pflegt. Diese an den Rand gedrängten Menschen sind der Maßstab. Jede Ordnung hat somit einen Zweck: die Würde und Rechte der Menschen zum Zuge kommen zu lassen. Das meint auch die Sozialenzyklika von Johannes Paul II., *Laborem exercens* (1981), wenn sie fordert, dass der Kapitalismus „einer ständigen Revision unterzogen muss, um ihn unter der Rücksicht der im weitesten Sinn und im Zusammenhang mit der Arbeit verstandenen Menschenrechte zu berichtigen" (LE 14,6).[7] Nicht anders der Aufruf zu einer „Ökonomie des Lebens"[8], der auf der Zehnten Vollversammlung des Ökumenischen Rates der Kirchen im Jahr 2013 in Busan / Südkorea angenommen wurde. Er fordert, den Imperativ „die Menschenrechte, die Menschenwürde und die Verantwortlichkeit der Menschen für Gottes ganze Schöpfung wahren" (ÖL 22) zum Maßstab zu nehmen.

Bei der Suche nach Humanität und Gerechtigkeit ist es entscheidend, von den Menschenrechten auszugehen. Menschenrechte sind jene fundamentalen moralischen

Rechtsansprüche, für die ein universaler Geltungsanspruch erhoben wird. Sie liegen nicht einfach vor; sind auch nicht schon realisiert. Ihre Geltung muss zumeist in moralischen Anerkennungskämpfen beansprucht und in aller Regel auch gegen die Nutznießer der Verstöße erfochten werden. Trotz der gewachsenen Anerkennung, die die Menschenrechte heute erfahren, gibt es heftige Widerstände. Zwischen dem Anspruch der Menschenrechte und der tatsächlichen Praxis der Staaten und auch anderer Akteure, zu denen auch Konzerne und Unternehmen gehören, besteht vielfach eine breite Kluft. Bereits der Menschenrechtsanspruch stößt auf Vorbehalte. Manchen gelten die Menschenrechte angesichts der Machtverhältnisse als illusionär oder als ein Konstrukt, dessen weltweite Anwendung unmöglich ist.

Gegenüber dieser Skepsis ist daran festzuhalten, dass die Menschenrechte eine politisch-rechtliche Kategorie sind. Ihr Geltungsanspruch besteht nicht in einem bloß humanitären Appell, sondern in einem verbindlichen Recht. Die völkerrechtlich verbindliche Etablierung von Menschenrechtsstandards begann im Rahmen der Vereinten Nationen mit der *Allgemeinen Erklärung der Menschenrechte* am 10. Dezember 1948. Auch wenn diese Erklärung zunächst nur eine politische Willenserklärung ohne unmittelbare rechtliche Verbindlichkeit war, kommt diesem Dokument dennoch eine überragende Bedeutung zu. Bis ins 20. Jahrhundert nämlich war das Völkerrecht ein Regelwerk zwischen souveränen Staaten. Die Anerkennung universaler Menschenrechte in der *Allgemeinen Erklärung der Menschenrechte* ist demgegenüber ein fundamentaler Umbruch. Aus der *Allgemeinen Erklärung der Menschenrechte* gingen weitere völkerrechtlich verbindliche internationale Menschenrechtspakte und Konventionen hervor, darunter im Jahr 1966 der *Internationale Pakt über bürger-*

liche und politische Rechte sowie der *Internationale Pakt über wirtschaftliche, soziale und kulturelle Rechte*.

Im klassischen Völkerrecht waren die Grenzen eines Staates immer auch die Grenzen des Rechts. Demgegenüber wirken die sozialen Menschenrechte wie eine Revolutionierung des Völkerrechts: Staaten verpflichten sich wechselseitig und werden auch gegenüber anderen Vertragsstaaten in die Pflicht genommen, bestimmte soziale und wirtschaftliche Rechte zu garantieren.

Der Begriff der Menschenrechte enthält einen universalen Geltungsanspruch, ohne den man überhaupt nicht von Menschenrechten sprechen könnte. Die Abschlusserklärung der *Wiener UN-Menschenrechtskonferenz* hat im Jahr 1993 festgehalten: „Der universale Charakter dieser Rechte und Freiheiten steht außer Frage." Die Menschenrechte sind immer beides: das Versprechen, dass jeder Mensch ein Recht auf ein Leben in Würde hat, aber auch ein Kontrapunkt zu den herrschenden Verhältnissen. In der Präambel der *Allgemeinen Erklärung der Menschenrechte* von 1948 heißt es, Menschenrechte seien „ein von allen Völkern und Nationen zu erreichendes gemeinsames Ideal". Jürgen Habermas nennt sie deshalb auch zutreffend eine „*realistische* Utopie"[9]. Die Hoffnung auf mehr Humanität und Gerechtigkeit gilt keiner utopischen Zukunft; sie ist bereits in den Menschenrechten rechtlich als Ziel einer gerechten Gesellschaft verankert und gibt der Entwicklung der Weltgesellschaft eine Orientierung. Die Menschenrechte enthalten Zielperspektiven für politisches Handeln. So wie dem Recht insgesamt ist es auch den Menschenrechten eigen, dass sie nicht nur einen Abwehrcharakter haben, sondern auch einen Gestaltungsauftrag beinhalten. Die Menschenrechte leben von einer überschießenden Spannung, die Gesellschaft in die Richtung ihres idealen Ziels zu drängen.

Das Thema „Menschenrechte und Wirtschaft" wurde lange vernachlässigt, ist aber inzwischen hochaktuell. Dazu beigetragen haben nicht zuletzt auch Medienberichte über die Produktionsbedingungen in asiatischen Textilfabriken, die einer breiteren Öffentlichkeit vor Augen geführt haben, wer den Preis für den Wohlstand wirklich zu zahlen hat. Welche Rechte haben arbeitende Menschen und wie können sie diese einklagen? Wie gehen deutsche Konzerne mit Zulieferbetrieben um, in denen es offensichtlich Menschenrechtsverletzungen gibt?

Wer von den Menschenrechten her die Welt der Arbeit in den Blick nimmt, der will, dass die wirtschaftliche Praxis sowie die Wirtschaftsordnung insgesamt wieder stärker in moralische Überzeugungen eingebettet sind. Er muss sich fragen: Warum haben weltweit arbeitende Menschen am Ort der Arbeit unter Menschenrechtsverletzungen zu leiden? Welche politischen und ökonomischen Strukturen und Institutionen tragen dazu bei? Kann man von strukturellen Menschenrechtsverletzungen sprechen? Erstaunlich ist, dass vor diesem Hintergrund das Thema „Menschenrechte" in den Wirtschaftswissenschaften eigentlich nicht vorkommt.

Der verwehrte Zugang unzähliger Menschen z. B. zu angemessenen Löhnen oder zu menschenwürdigen Arbeitsbedingungen ist nicht nur ein moralisches Problem. Es handelt sich um eine Verletzung, einen ungenügenden Schutz oder eine unzureichende Umsetzung völkerrechtlich verbindlicher Menschenrechte. Im Rahmen der hier vorgelegten menschenrechtsbasierten Argumentation rücken die Rechtsansprüche der einzelnen Menschen – als Rechteinhaber – und die rechtlichen Verpflichtungen von Staaten – als Pflichtenträger – in den Blickpunkt des Interesses.

Menschenrechte haben ihre Stärke darin, dass sie vermögen, mit der Idee des Zusammenhangs von Freiheit, politischer Beteiligung und sozialen Rechten der sich entwickelnden Weltgesellschaft eine sozial und ökologisch gerechte Ausrichtung zu geben. Längst liegt in den Menschenrechten ein ethischer Maßstab für menschengerechtes Wirtschaften vor: die *Allgemeine Erklärung der Menschenrechte* von 1948, die zahlreichen Übereinkommen und Empfehlungen der ILO seit 1919, der *Sozialpakt* aus dem Jahr 1966, die *Europäische Sozialcharta* von 1961 – ein soziales Gegenstück zur Europäischen Menschenrechtskonvention – sowie weitere Übereinkommen über soziale und ökologische Sicherheit und demokratische Beteiligung. Bei all dem geht es nicht um vage Werte oder Gesinnungen, sondern um klar definierte Rechte und Rechtsansprüche, die jedem Bewohner, jeder Bewohnerin dieser Erde verbindlich zustehen. Die Trias der Menschenrechte – die Freiheitsrechte, die Beteiligungsrechte und die sozialen Rechte – sind eine Antwort auf die konkrete Lage, in der sich viele befinden, und auf deren sozioökonomische Verhältnisse. Anders nämlich als Werte, Gesinnungen oder Appelle an die soziale Verantwortung haben Menschenrechte einen überschießenden emanzipatorischen Gehalt, denn sie sind mit einem Rechtsanspruch verbunden, stärken die Rechtsträger und verdanken sich demokratisch zustande gekommenen Übereinkünften. Es liegt an der Politik, ihr Versprechen eines Rechts für die ansonsten Rechtlosen einzulösen und es auch gegenüber mächtigem Widerstand ökonomischer Interessen durchzusetzen.

I. Die gefährdeten Menschenrechte in der globalisierten Welt

Im Jahr 2012 konnte ich auf den Philippinen Interviews mit Beschäftigten der Firma Daeduck führen, einem Zulieferbetrieb der deutschen Firma Continental in der Nähe von Manila. Sie berichteten mir von der Entlassung von zehn Kollegen wegen ihrer gewerkschaftlichen Betätigung. Sie sprachen davon, wie sie eingeschüchtert und bedroht würden, wenn sie sich für ihre Rechte einsetzen. Alle waren nur befristet beschäftigt, die Löhne entsprächen zwar dem Mindestlohn, aber leben könne man davon nicht. Die Arbeiter beklagten, dass sie bei der Produktion von Leiterplatten ohne nötigen Schutz mit gesundheitsgefährdenden Stoffen umgehen müssten. Und Urlaub hätten sie auch keinen – und das bei einer Sechs-Tage-Woche. Als sie auf ihrem Recht auf eine reguläre Anstellung nach einjähriger Beschäftigung bestanden, wurden sie entlassen.

Solche Missstände mögen für manchen Leser und manche Leserin weder aufregend noch dramatisch neu sein. Doch unter dem Gesichtspunkt der Menschenrechte handelt es sich um gravierende Verletzungen sozialer Menschenrechte, die nicht tolerierbar sind. Ein Unternehmen, das im Ausland direkt oder über Tochterunternehmen bzw. Zulieferfirmen tätig ist, muss sich der Frage nach der Verantwortung für Menschenrechte stellen. Was diese Menschenrechtsverletzungen für die Betroffenen bedeuten, hat John Hervie de Sosa, einer der entlassenen Arbeiter, auf der Hauptversammlung der

Firma Continental im Mai 2013 eindrücklich geschildert:

„Im Moment weiß ich nicht, wovon ich leben soll. So wie mir ergeht es auch vielen der anderen Arbeiter, die mit mir zusammen entlassen wurden. In gewisser Weise habe ich noch Glück: Ich bin noch nicht verheiratet. Ich habe keine Kinder. Doch viele meiner Kolleginnen und Kollegen, denen es nicht anders ergeht als mir, haben Familien, die sie ernähren müssen. Gestern habe ich selbst an einem Gespräch mit Vertretern von Continental teilgenommen. Das ist der Grund, warum ich mich heute auf dieser Versammlung direkt an Sie wende, an den Vorstand, den Aufsichtsrat und an die Aktionäre. Ich bitte Sie, uns zu helfen. Erklären Sie gegenüber ihrem Zulieferbetrieb Daeduck klar und unmissverständlich, dass die Arbeits- und Menschenrechte eingehalten werden müssen."

Tatsache ist: Die deutsche Firma Continental bekennt sich in ihren Unternehmensleitsätzen zur Achtung der Menschenrechte, zu den OECD-Leitsätzen für multinationale Unternehmen sowie zu der Grundsatzerklärung der ILO und verpflichtete seit 2011 alle Lieferanten und Dienstleister auf einen Verhaltenskodex. In den „Basics" genannten Unternehmensleitlinien der Firma Continental heißt es:

„Wir respektieren die Gesetze und die Kultur in jedem Land, in dem wir tätig sind. Wir halten uns an einen Kodex von ethischen und rechtlichen Richtlinien und fühlen uns stets zu Ehrlichkeit und Integrität verpflichtet."

Gern hätte man gewusst, welcher „Kodex von ethischen und rechtlichen Richtlinien" genau gemeint ist. Hat man sie sich selber gegeben? Warum sind die ILO-Normen und die kodifizierten sozialen Menschenrechte nicht der Bezugspunkt? Über die Zulieferer wird gesagt:

„Unsere Stakeholder sind unsere Kunden und Anteilseigner, unsere Mitarbeiter, die Gesellschaft, in der wir leben und arbeiten, sowie unsere Partner und Zulieferer."

Man gewinnt den Eindruck, dass diese „Basics" doch wohl kein besonders handlungsorientierendes Konzept sind. Wie käme es sonst zu den Verstößen gegen verbriefte Menschenrechte? Das Recht auf gewerkschaftliche Betätigung gehört zu den grundlegenden sozialen Menschenrechten und wurde 1948 im ILO-Übereinkommen Nr. 87 ausdrücklich bekräftigt. Das Recht auf einen angemessenen Lohn ist in Artikel 7 des Sozialpaktes von 1966 verankert, und in ILO-Übereinkommen wird auch seine Höhe konkretisiert. Der Sozialpakt hat in Artikel 7 ein Recht auf gesunde Arbeitsbedingungen und ein Recht auf regelmäßigen bezahlten Urlaub formuliert. – Es mangelt also keineswegs an Rechten, sondern wohl daran, die Menschenrechte zu respektieren.

Menschenrechte unter Druck

Diese Schilderung über die Verhältnisse eines Zulieferbetriebes für Continental zeigt die Rückseite der Globalisierung. Zwar gelten die Menschenrechte und besonders die sozialen Rechte als großartige Errungenschaft. Doch die Schilderung der Arbeiter aus den Philippinen wirft die Frage auf, ob die Menschenrechte bloß ein zahnloser Tiger sind. Was nutzen die verbrieften Rechte den philippinischen Arbeitern? Die ganze, tief gespaltene Welt ist in ein und demselben Weltsystem integriert. Die eine Welt hat eine erste, zweite und eine dritte Welt. Über die Gewinne der weltweit tätigen Unternehmen wird irgendwo in Manila, Bangladesh oder in Südafrika entschieden. Hosen,

T-Shirts, Computer oder Maschinenbauteile – all diese Produkte des alltäglichen Lebens werden irgendwo auf der Welt hergestellt. Was allen Menschen von den Staaten der Weltgemeinschaft angesichts dieser Lage versprochen wurde, sind die Menschenrechte. Warum aber haben es die Menschenrechte in Zeiten der Globalisierung so schwer?

Im Hinblick auf die Menschenrechte bieten momentan die *UN-Leitprinzipien Wirtschaft und Menschenrechte* immerhin eine Gelegenheit, Veränderungsimpulse anzustoßen. Sie nehmen die Staaten in die Pflicht, die Menschen vor Menschenrechtsverstößen durch Unternehmen zu schützen, und fordern die Unternehmen auf, die Menschenrechte nicht selbst zu verletzen. Vor Kurzem fand die Eröffnungskonferenz zur Erstellung eines „Nationalen Aktionsplans Wirtschaft und Menschenrechte" für Deutschland statt. In den zweijährigen Prozess sind u. a. verschiedene Regierungsressorts, Wirtschaftsverbände, Gewerkschaften und zivilgesellschaftliche Organisationen eingebunden. Wenn immer mehr Menschen von Ausschluss bedroht sind, einer tiefen sozialen Spaltung, einer immensen ökologischen Zerstörung und einer zunehmenden Prekarisierung ihrer Lebens- und Arbeitsverhältnisse ausgeliefert sind – wer möchte angesichts solcher Zustände bezweifeln, dass der Wirtschaft „die ethische Dimension vernünftigen Wirtschaftens"[10] abhanden gekommen ist? Wie wäre es sonst zu erklären, dass bei der Herstellung von Leiterplatten für deutsche Autos Menschen auf den Philippinen in einem solchen Ausmaß in ihrer Würde und ihren Menschenrechten verletzt werden? Wie kann man von vernünftigem Wirtschaften sprechen, wenn Zigtausende Textilarbeiterinnen unter miserablen Arbeitsbedingungen T-Shirts herstellen?

Papst Franziskus hat in seinem aufsehenerregenden Apostolischen Schreiben *Evangelii Gaudium*[11] (Abk. EG) diesen Fragen seine ganze Aufmerksamkeit gewidmet. Er wirft den reichen Ländern vor, unbekümmert über die Verletzung der Menschenrechte hinwegzugehen:

„Um einen Lebensstil vertreten zu können, der die anderen ausschließt, oder um sich für dieses egoistische Ideal begeistern zu können, hat sich eine Globalisierung der Gleichgültigkeit entwickelt." (EG 54)

Nicht anders die Vollversammlung des Ökumenischen Rates der Kirchen in Busan im Jahr 2013 in ihrem Aufruf zur *Ökonomie des Lebens* (Abk. ÖL). Wie der Papst auch, kritisiert sie einen globalen Lebensstil als Ausdruck einer globalen Wirtschaftsordnung, der weder die Rechte der Menschen noch die Zukunft der Schöpfung achtet:

„Diese lebenzerstörenden Werte haben sich langsam eingeschlichen, dominieren nun die heutigen Strukturen und führen zu einem Lebensstil, der die Grenzen der Erneuerbarkeit der Erde und die Rechte der Menschen und anderer Lebensformen grundsätzlich geringschätzt." (ÖL 13)

Was der Papst und die Ökumenische Erklärung kritisieren, nennt der Wiener Soziologe Ulrich Brand eine „imperiale Lebensweise"[12]. Gemeint ist ein Lebensstil, der tief in das Alltagsleben gerade der Ober- und Mittelklassen in den reichen Ländern eingelassen ist, weltweit vermarktet und als Leitkultur propagiert wird. Coca Cola, C & A und H & M gibt es in Berlin und Stuttgart genauso wie in São Paulo, Peking oder Manila. Brand nennt diese Lebensweise „imperial", weil sie darauf basiert, dass die Produkte von billiger Arbeitskraft andernorts produziert werden, um einen exzessiven Konsum hierzulande aufrechterhalten zu können. Eine konsumfreudige Gesellschaftsschicht lebt über die Verhältnisse anderer. Sie lebt auf deren Kosten und zu deren Lasten. „Primark" oder „Kik" sind so billig, weil der wahre Preis anderswo bezahlt wird – von den Arbeiterinnen in Bangladesh, China oder auf den Philippinen.

Angesichts dieser Lage ist es unabdingbar, bei der Suche nach mehr Humanität und Gerechtigkeit von den Menschenrechten, und zwar den Rechten des konkreten Menschen, auszugehen. Die sozialen Menschenrechte sind die Bedingung für die Möglichkeit einer anderen, einer lebensdienlicheren und zukunftsfähigeren Wirtschaft.

Nun mag man vielleicht denken, das Thema „Wirtschaft und Menschenrechte" sei für Deutschland, Europa und die USA mit ihren ausgebauten Sozial- und Arbeitsrechtssystemen ohne weitere Bedeutung. Das ist es keineswegs. Der Umgang der deutschen Regierung mit einem ILO-Übereinkommen über die Rechte von Hausangestellten kann dies illustrieren: Ohne weitere Debatten hatte der Bundestag 2013 ein Gesetz durchgewinkt, mit dem das Übereinkommen der ILO Nr. 189 über die Rechte der weltweit vielen Millionen Hausangestellten ratifiziert wurde. Das Übereinkommen rückt erstmals die Rechte von Hausangestellten in den Mittelpunkt und wertet deren Arbeit bei der Wohnungsreinigung, der Kinderbetreuung oder in der Pflege als eine abhängige Beschäftigung. Der Bundestag hatte das Gesetz ohne weitere Debatten verabschiedet, weil man wohl meinte, dass die Rechtlosigkeit von Hausangestellten ein Problem ferner Länder wäre. Dabei wurde aber übersehen, dass auch hierzulande zugewanderte Haushaltshilfen in der Wohnungsreinigung oder der Pflege hinsichtlich ihrer Arbeitsbedingungen größere Rechtssicherheit brauchen. Und gerade für den Bereich der Pflege hat die Bundesrepublik nicht alle Normen des ILO-Übereinkommens übernommen. Während das ILO-Übereinkommen eine 24-Stunden-Ruhepause vorsieht, hat die deutsche Bundesregierung eine Ausnahmeregelung von dieser Mindestvorschrift bei der Pflege gesetzlich verankert und dadurch den Schutz von Hausangestellten geschwächt.

Ein weiteres Beispiel: Die gewerkschaftsnahe Otto-Brenner-Stiftung hat in einer Studie belegt, dass sich auch in Deutschland Praktiken mehren, Druck auf Betriebsräte und Gewerkschaften auszuüben, wie es aus den USA bekannt ist.[13] Dieses „Union-Busting" ist nicht nur ein gewerkschaftspolitisches Thema. Es ist ein Verstoß gegen das Menschenrecht auf gewerkschaftliche Betätigung, das in ILO-Übereinkommen Nr. 87 und anderen Völkerrechtsquellen umfassend garantiert ist.

Auch auf europäischer Ebene fehlt ein Bewusstsein für unabdingbare menschenrechtliche Verpflichtungen. Darauf hat der Völkerrechtler Andreas Fischer-Lescano in einem Rechtsgutachten hingewiesen, das aufzeigt, wie die Troika aus Vertretern der Europäischen Zentralbank, des Internationalen Währungsfonds und der EU-Kommission durch die Kürzungspolitik verbriefte Rechte in Südeuropa beschädigt oder gar verletzt.[14] Wenn Mindestlöhne abgesenkt, Urlaubszeiten gekürzt, das Arbeitslosengeld beschnitten wird, Kündigungsvorschriften verwässert werden oder das Tarifvertragssystem ausgehöhlt wird, dann wird der Schutzbereich der Grund- und Menschenrechte verletzt: Explizit werde gegen die Europäische Grundrechtecharta, ILO-Normen, den UN-Sozialpakt und die Europäische Menschenrechtskonvention verstoßen. Auch in Krisenzeiten sind die sozialen Menschenrechte unantastbar und jeder politischen Einflussnahme enthoben.

In zahlreichen Einzelfallbeispielen haben kirchliche Hilfswerke und Menschenrechtsorganisationen immer wieder auf Verletzungen der Menschenrechte durch transnationale Unternehmen und Handelsketten aufmerksam gemacht. Sie nehmen auf die Menschenrechte Bezug und unterstützen Partner in Ländern des globalen Südens dabei, sich gegen Menschenrechtsverstöße zu wehren, an denen transnationale Unternehmen beteiligt sind. MISEREOR hat angekündigt, alle zwei Jahre einen Bericht zu „Wirtschaft und Menschenrechte" vorzulegen.[15] Die Aufmerksamkeit über die Verletzungen von sozialen Rechten in der Arbeit auch hierzulande ist gestiegen. Ein „Bündnis gegen Menschenhandel zur Arbeitsausbeutung" hat sich in Deutschland zusammengefunden.[16]

Diese wenigen Beispiele aus der Bundesrepublik Deutschland, Europa und den Philippinen verweisen auf eine eigentümliche Widersprüchlichkeit: Die Welt wächst zusammen, und eine Weltgesellschaft ist im Entstehen begriffen. Dabei wird die ökonomische Globalisierung durch immer mehr rechtliche Standards gestaltet und abgesichert. Die wirtschaftlichen Regeln der Globalisierung sind mit harten Sanktionen ausgestattet, die von mächtigen Institutionen wie der Welthandelsorganisation (WTO) oder dem Internationalen Währungsfonds (IWF) überwacht werden. Wer gegen diese Regeln beim Handel oder bei Investitionen verstößt, riskiert ein Verfahren vor einem Schiedsgericht und hohe Strafen. Doch dieser Grundsatz gilt für die Wirtschaft, nicht für die Menschen.

John Ruggie, Professor an der Harvard Universität und UN-Sonderbeauftragter für Wirtschaft und Menschenrechte, belegt in einer Studie zahlreiche Menschenrechtsverletzungen durch transnationale Unternehmen.[17] Auch wenn die Studie keinen Anspruch auf Repräsentativität erheben will, sind die Untersuchungsergebnisse dennoch bedrückend: Die meisten Verstöße sind in Asien zu verzeichnen, dann folgen Afrika und schließlich Lateinamerika. Menschenrechtsverletzungen finden aber auch in Europa und Nordamerika statt, wenn auch nur vereinzelt. Obwohl arbeits- und wirtschaftsbezogene Menschenrechtsverletzungen in Europa und den USA relativ selten sind, sind es doch die dort ansässigen Firmen, die für schwere Menschenrechtsverletzungen in Asien oder Afrika verantwortlich sind. Die weitaus meisten Menschenrechtsverletzungen betreffen das Recht auf gesunde Arbeitsbedingungen nach Artikel 7 des Sozialpaktes. In über vierzig Prozent der registrierten Beschwerden macht Ruggie eine indirekte Beteiligung der Unternehmen an Menschenrechtsverletzungen aus, sei es über Geschäftspartner, Liefer- oder Handelskette. Menschenrechtsverletzungen rufen oft einen Dominoeffekt hervor: Die Verletzung des einen Rechts zieht die Verletzung weiterer nach sich. Menschenrechtsverletzungen kommen in allen Wirtschaftssektoren und Wirtschaftsregionen vor. Angesichts dieser Häufung muss die Schlussfolgerung gezogen werden: Es liegen offensichtlich strukturelle Gründe für diese Häufung von arbeits- und wirtschaftsbezogenen Menschenrechtsverletzungen vor.

Ausgangspunkt der Wirtschaftsethik: Würde und Rechte des Menschen

Zum Entsetzen der politischen und ökonomischen Eliten hat Papst Franziskus in seinem Apostolischen Schreiben *Evangelii Gaudium* über eine Wirtschaft gesagt, die strukturell dazu beiträgt, dass Menschen überflüssig, ihrer Lebensgrundlage und ihrer Würde beraubt werden: „Diese Wirtschaft tötet." (EG 54) So urteilt Papst Franziskus über sozioökonomische Verhältnisse, der sich die Mehrheit der Menschen ausgeliefert sehen. Auch die Vollversammlung des Ökumenischen Rates der Kirchen in Busan kommt in ihrem Aufruf zu einer *Ökonomie des Lebens* zu einem ähnlichen Urteil:

„Unsere ganze derzeitige globale Realität ist so voll von Tod und Zerstörung, dass wir keine nennenswerte Zukunft haben werden, wenn das vorherrschende Entwicklungsmodell nicht radikal umgewandelt wird und Gerechtigkeit und Nachhaltigkeit zur treibenden Kraft für die Wirtschaft, die Gesellschaft und die Erde werden." (ÖL 9)

Die Spaltung zwischen Arm und Reich im globalen Maßstab nennt der Papst das Ergebnis einer Wirtschaftsdoktrin, die darauf setzt, dass der Markt es schon richten werde, den erzeugten Wohlstand auf alle gerecht zu verteilen. Papst Franziskus spricht sehr präzise das auf Wirtschaftswachstum und die Effizienz des Marktes ausgerichtete herrschende Wirtschaftsmodel an und benennt die entscheidende Ursache der Probleme:

„In diesem Zusammenhang verteidigen einige noch die ‚Überlauf'-Theorien (trickle-down theories), die davon ausgehen, dass jedes vom freien Markt begünstigte Wirtschaftswachstum von sich aus eine größere Gleichheit und soziale Einbindung in der Welt hervorzurufen vermag. Diese Ansicht, die nie von den Fakten bestätigt wurde, drückt ein undifferenziertes, naives Vertrauen auf die Güte derer aus, die die wirtschaftliche Macht in Händen halten, wie auch auf die sakralisierten Mechanismen des herrschenden Wirtschaftssystems. Inzwischen warten die Ausgeschlossenen weiter." (EG 54)

Ganz ähnlich argumentiert auch die Ökumenische Vollversammlung in Busan. Sie macht ebenfalls strukturelle und systemische Ursachen in der herrschenden Wirtschaftsverfassung aus:

„Der Marktfundamentalismus ist mehr als ein Wirtschaftsmodell, er ist eine gesellschaftliche und moralische Philosophie. In den letzten dreißig Jahren hat die Marktgläubigkeit auf der Grundlage ungezügelten Wettbewerbs und ausgedrückt durch das Kalkulieren und Monetisieren aller Aspekte des Lebens die Bereiche Wissen, Wissenschaft, Technologie, öffentliche Meinung, Medien und sogar Bildung erfasst und deren Richtung bestimmt. Dieser vorherrschende Ansatz hat vor allem denen

Reichtum zugeschanzt, die bereits reich sind, und es den Menschen erlaubt, die natürlichen Ressourcen der Welt weit über die Grenzen hinaus zu plündern, um ihren eigenen Reichtum zu vergrößern. Dem neoliberalen Paradigma fehlen die selbstregulierenden Mechanismen, um mit dem von ihm geschaffenen Chaos umzugehen, mit weitreichenden Folgen, vor allem für die Verarmten und Ausgegrenzten." (ÖL 14)

Die Welt ist nicht nur zwischen einem „überentwickelten" reichen globalen Norden und einem „unterentwickelten" armen Süden gespalten. Der Norden ist vielmehr in gewisser Weise fehlentwickelt. Und diese Fehlentwicklung zeitigt weltweit katastrophale Folgen. Erstmals in der Geschichte der Christenheit gibt es einen breiten ökumenischen Konsens aller Kirchen von Rom bis zum Ökumenischen Rat der Kirchen über die Ursachen der Katastrophe: Es sind strukturelle Gründe, die zu einer Spaltung zwischen Arm und Reich führen und die die Plünderung der Ressourcen der Erde verursachen. Legitimiert wird diese Lage durch eine Wirtschaftsdoktrin, die die gesellschaftliche Entwicklung nicht an Werten wie Solidarität und soziale Gerechtigkeit ausrichtet, sondern auf einen selbstregulierenden Mechanismus des Marktes vertraut. Nach übereinstimmender Einschätzung der Kirchen sind die Wirtschafts- und Umweltkrisen keineswegs nur technischer Natur, sondern systemisch und haben „tiefe moralische und existenzielle Dimensionen" (ÖL 13). Nicht anders Papst Franziskus: Für ihn ist die weltweite Wirtschafts- und Finanzkrise Ausdruck einer anthropologischen Krise, der „Leugnung des Vorrangs des Menschen" (EG 55)!

Der Mensch, dessen Vorrang geleugnet wird, der vom System ausgeschlossen und der seiner Rechte und Würde beraubt ist, bestimmt den Ausgangspunkt und die Blickrichtung der ethischen Reflexion der ökumenischen

Christenheit. Der *moral point of view* ist nicht die Institution oder das Wirtschaftssystem: Dem Menschen gilt der erste Blick. Der systematischen Ausschließung von Menschen setzt der Papst in seinem Schreiben *Evangelii Gaudium* eine andere Logik entgegen, die in einem kräftigen Bild vor Augen geführt wird:

„Es ist unglaublich, dass es kein Aufsehen erregt, wenn ein alter Mann, der gezwungen ist, auf der Straße zu leben, erfriert, während eine Baisse um zwei Punkte in der Börse Schlagzeilen macht. Das ist Ausschließung." (EG 53)

Der Mensch und seine Würde sind das Wahrheitskriterium, an dem sich ein Wirtschaftssystem und seine Effizienz messen lassen müssen. „Die Ausgeschlossenen sind nicht ‚Ausgebeutete', sondern ‚Müll', ‚Abfall'." (EG 57) Gegen die Exklusionsdynamiken der Wirtschaft pocht *Evangelii Gaudium* auf das Recht aller auf Würde und Beteiligung. Die menschenrechtliche Grundüberzeugung der gleichen Würde aller, die jeder Differenzierung nach Begabung, Geschlecht oder Rasse vorausliegt, wird zu einem Wahrheitskriterium für eine Wirtschafts- und Sozialordnung.

Weltethos und universelle Menschenrechte

Hans Küng sucht in seinem verdienstvollen Konzept eines „Weltethos" nach einem weltweit geltenden Ethos als Grundlegung für das Zusammenleben der Völker, Kulturen und Religionen.[18] Für ihn sind die Religionen für die Entwicklung eines Weltethos unentbehrlich, um eine *„Unbedingtheit und Universalität* ethischer Verpflichtungen begründen"[19] zu können. Küngs Anliegen lautet: *„Weltpolitik und Weltwirtschaft verlangen nach einem Weltethos."*[20]

Die maßgeblich von Küng inspirierte *Erklärung zum Weltethos* des Parlaments der Weltreligionen aus dem Jahr 1993[21] will die Menschenrechte ethisch mit „unverrückbaren Weisungen", die allen Religionen gemein sind, abstützen. Menschenrechte seien nämlich der einzig verbindliche Maßstab für Ethik und Politik in einer säkularen Weltgesellschaft mit ihrer Vielfalt von Wertüberzeugungen, Kulturen und Religionen. Vier „unverrückbare Weisungen" führt das Parlament der Weltreligionen auf. Sie lauten:

- „Du sollst nicht töten!" bzw. „Habe Ehrfurcht vor dem Leben!"
- „Du sollst nicht stehlen!" bzw. „Handle gerecht und fair!"
- „Rede und handle wahrhaftig!" bzw. „Du sollst nicht lügen!"
- „Du sollst nicht Unzucht treiben!" bzw. „Achtet und liebet einander!"

Das ebenfalls von Hans Küng entwickelte *Manifest Globales Wirtschaftsethos*[22] will „gemeinsame fundamentale Vorstellungen über Recht, Gerechtigkeit und Fairness" für ein globales Wirtschaftsethos auf moralischen Prinzipien und Werten entwickeln, die „seit alters her von allen Kulturen geteilt und durch gemeinsame Erfahrungen getragen werden". In unverkennbarer Nähe zu den „unverrückbaren Weisungen" des Parlaments der Weltreligionen aus dem Jahr 1993 werden in dem Manifest u. a. folgende Prinzipien genannt: das grundlegende Prinzip der Humanität sowie Grundwerte für globales Wirtschaften, Gewaltlosigkeit und Achtung vor dem Leben, Gerechtigkeit und Solidarität, Wahrhaftigkeit und Toleranz, gegenseitige Achtung und Partnerschaft.

Zu Küngs „Weltethos" und den von ihm inspirierten Entwürfen ist zu sagen, dass man ohne grundlegende Prinzipien bei einer ethischen Urteilsbildung sicherlich nicht auskommt. Aber ebenso wenig kann man einfach deduktiv argumentieren, indem aus den Prinzipien direkt Schlüsse gezogen werden. Diese Prinzipien sind ebenso unbestimmt wie vage, sodass nicht klar wird, wie sie denn konkretes Handeln oder Ordnungsstrukturen prägen könnten. Sie können keinen kritischen Maßstab bieten und deshalb auch kaum eine kritische Wirkung entfalten.

Im Zentrum von Küngs Konzeption des „Weltethos" stehen nicht die Menschenrechte, sondern universale Menschenpflichten. Küng hat auch die Erklärung der Menschenpflichten des „InterAction Councils" aus dem Jahr 1997 substanziell geprägt.[23] Die Betonung der Pflichten gegenüber den Rechten mag zwar religiösen Traditionen entsprechen. Die Menschenrechte haben aus gutem Grund kein Pendant zu entsprechenden Menschenpflichten. Die These, die Einhaltung von Pflichten sei eine Bedingung für die Gewährung von Rechten, oder anders: den Rechten stünden auch entsprechende Pflichten zur Seite, scheint plausibel, versperrt aber den Blick darauf, dass es in einer freien Gesellschaft Rechte und Pflichten gibt, die sich nicht gegenseitig bedingen. Der Bürger, die Bürgerin hat Rechte und Pflichten, und beide stehen für sich. Menschenrechte sind keine Belohnung für Wohlverhalten; sie gelten bedingungslos. Diese Unbedingtheit der Rechte meinte Hannah Arendt, als sie davon gesprochen hat, dass Menschen nur ein Recht haben: das „Recht, ein Recht zu haben"[24]. Wo immer dieses Grundrecht verweigert wird, fallen auch alle anderen Rechte. Das Recht auf Menschenrechte ergibt sich nicht reziprok aus Pflichten. Das Menschenrecht ist ein unbedingtes Recht. Die *Allge-*

meine Erklärung der Menschenrechte formuliert deshalb in Artikel 3 bedingungslos: „Jeder hat das Recht auf Leben." Eine Gesellschaft, die dem Menschen als Menschen Rechte einräumt, schließt zugleich aus, dass zwischen Menschenrechten und Pflichten eine direkte Parallelität besteht. Menschenrechte sind nämlich nicht das Ergebnis eines Tausches nach dem Marktprinzip, sondern Ausdruck der unveräußerlichen Würde des Menschen, der man nicht durch unterlassene Pflichten verlustig gehen kann.

Küng kondensiert die ethischen Traditionen und bietet sie dann als Grundlage für globales Wirtschaften an. Er suggeriert eine ethische Eindeutigkeit der Religionen, die so nicht besteht, und nimmt dafür eine Universalität in Anspruch, die es so auch nicht gibt. Es gibt keinen „ethischen Basiskonsens"[25], wie ihn Hans Küng in seinem breit angelegten Weltethos zu begründen sucht.

Eine multikulturelle Weltgesellschaft wird nicht über kulturell-religiöse Normen zusammengehalten, sondern allein durch Menschenrechte, die eine alle Menschen vereinigende politische Kultur bilden. Die Menschenrechte sind die Grundlage für die gleichberechtigte Koexistenz aller Kulturen und Völker. Gegenseitige Anerkennung auch von Differenzen kommen nur auf der Grundlage von Menschenrechten zu ihrem Recht. Erst die wechselseitige Anerkennung gemeinsamer Rechte kann eine politische Kultur begründen, die auf die Anerkennung der Freiheit der Subjekte und die Würde aller zielt. Menschenrechte schaffen dort individuelle Freiräume, wo die Moral Pflichten auferlegt.

Es lässt sich nicht bestreiten, dass angesichts der Vielfalt ethischer Grundüberzeugungen Grundlinien eines gemeinsamen Ethos wünschenswert, ja notwendig wären. Küng geht den Weg zu diesem globalen Ethos über den

Weg einer Bestimmung eines Minimalkonsenses gemeinsamer Werte und Grundüberzeugungen. Der katholische Theologe Johann Baptist Metz hat demgegenüber darauf aufmerksam gemacht, dass ein globales Ethos kein Abstimmungs- und Konsensprodukt sein kann. Einen universellen Anspruch könne nicht erheben, wer sich auf die Zustimmung aller bezieht. Der zentrale Einwand lautet, dass Küng in seinem durchaus verdienstvollen Konzept seines „Weltethos" keinen Zugang zur universellen „Autorität der Leidenden" habe:

„Diese Autorität der Leidenden wäre die innere Autorität eines globalen Ethos, einer Weltmoral, die vor jeder Abstimmung, vor jeder Verständigung aller Menschen verpflichtet und die deshalb von keiner Kultur und keiner Religion, auch von der Kirche nicht, hintergangen oder relativiert werden kann."[26]

Küng argumentierte nicht von den Erfahrungen der Leidenden her. Der Einwand von Metz findet auch in der Entstehungsgeschichte der Menschenrechte einen geschichtlichen Rückhalt. Menschenrechte sind Ausdruck der Empörung der Beleidigten über die Verletzung ihrer menschlichen Würde. Sie sind von ihnen erkämpft worden, nicht aber ein historisch abstraktes und gesellschaftlich kontextloses Konsensprodukt religiöser oder gesellschaftlicher Eliten. Das berührt auch die Frage, ob die Menschenrechte kulturell dem Westen gehören. Menschenrechte sind eine Antwort auf eine Universalität von menschengemachtem Leid und Ungerechtigkeit. Die Behauptung, die Menschenrechte seien europäisch und nicht wirklich universell, ist selber im schlechten Sinne europäisch. Sie vernachlässigt den Entstehungsort des Kampfes um Menschenrechte. Es ist ein Kampf darum, dass die verletzte Würde des Menschen zu ihrem Recht kommen kann.

Metz hat die „Compassio", eine Mitleidenschaft, die Freiheit und Gerechtigkeit für alle sucht, das „Weltprogramm des Christentums"[27] genannt. Für ihn steht jedes Reden über den Menschen unter einer „Autorität der Leidenden"; sie ist „die einzige universale Autorität, die uns in unseren globalisierten Verhältnissen geblieben ist"[28]. Die Stärke dieser Autorität besteht darin, dass sie ein universales Kriterium benennt, das allen Menschen zumutbar ist. Die „Autorität der Leidenden" ist darin begründet, dass sie Leiden am Unrecht nicht hinzunehmen bereit ist. Diese Weigerung mündete nach langen geschichtlichen Prozessen schließlich in den Menschenrechten. Sie entstammen einer „Autorität der Leidenden", zehren von der Verletzung der Menschenwürde und wollen den ungerecht Behandelten Recht und Gerechtigkeit widerfahren lassen. Die Menschenrechte haben eine universale Autorität: Es ist die Autorität der Leidenden.

Exkurs: Umbrüche in der Achsenzeit

Die Bedenken gegenüber dem abstrakten Konsensminimalismus der Religionen, wie ihn Küng destilliert, werden auch in neueren Forschungen über die sog. Achsenzeit bestätigt. In der Zeit zwischen dem achten und dem zweiten vorchristlichen Jahrhundert vollzieht sich eine tiefgreifende sozio-ökonomische Wende in geografisch weit voneinander entfernten Regionen von Griechenland über Palästina, Persien bis nach Indien und China. Was Jaspers phänomenologisch als „Achsenzeit" beschrieben hat, haben David Graeber und Ulrich Duchrow als eine Epoche zu erklären versucht, die mit den Folgen der Überschuldung und der aufkommenden Geldwirtschaft konfrontiert war.[29] Fast gleichzeitig, aber unabhängig voneinander kam die Münzprägung im Norden Chinas, am Ganges in Indien und in den Regionen um das Ägäische Meer auf. Die Religionen vom Vorderen Orient bis nach China zeigten eine beachtliche gemeinsame Tendenz, den negativen Entwicklungen der aufkommenden Geldwirtschaft entgegenzutreten. Es gibt also einen ethischen Konsens der Religionen, wie ihn Hans Küng konstatiert; wer ihn aber erheben will, der muss an die Ursprünge zurück: die Reaktionen der eurasischen Weltreligionen auf die Verbreitung einer lebenbeherrschenden Geldwirtschaft. Sie geben eine Antwort auf die ökonomischen Umwälzungen, die mit dem Aufkommen von Geld und Privateigentum immer drängender wurden. Der Konsens der Religionen ist deshalb kein abstraktes Abstimmungsprodukt, sondern Ergebnis erstaunlich kongruenter Antworten auf gemeinsame sozioökonomische Herausforderungen.

Diese Einsichten sind folgenreich: Die ethischen Analysen und Antworten dieser Religionen entstammen zwar fernen Zeiten, haben aber ihre gegenwartsrelevante Bedeutung darin, dass sie auf eine Vorstufe jener wirtschaftlichen Entwicklung reagieren, die derzeit im Finanzkapitalismus ihren vorläufigen Höhepunkt erreicht hat. Scharfsinnig hatte Aristoteles angesichts der Anfänge einer sich gleichsam ins Unendliche anhäufenden Akkumulation gesagt, dass es „für dieses Kapitalerwerbswesen keine Grenze des Ziels" gibt, denn: „Alle Geschäftemacher nämlich wollen ins Unbegrenzte hinein ihr Geld vermehren."[30] Die Bibel unterscheidet sich in keiner Weise von dieser Kritik, wenn es dort heißt: „Wer das Geld liebt, bekommt vom Geld nie genug." (Kohelet 5,9) Die Propheten Israels warnten genauso vor Gier und der Akkumulation von Geld und Besitz wie die Weisen Griechenlands oder Buddha.

Die Dynamik, die mit der Erfindung des Geldes einsetzte, wirkt bis heute fort. Da man mit Geld tendenziell alles kaufen kann, war auch alles in Geld umwandelbar. Eine der Ausdrucksformen der Auseinandersetzung mit dieser in der Achsenzeit einsetzenden Dynamik ist der Mythos. In den kleinasiatisch-griechischen Mythen zeigen sich – erstaunlich genug – erste Ansätze, die vor der einsetzenden Dynamik warnten. Eine solche mythische Warngeschichte erzählt von einem König Midas. Dionysos, der Weingott, gewährte König Midas den Wunsch, er könne bekommen, was er wolle. Midas wünschte sich, dass alles, was er berühre, zu Gold werde. Dionysos gewährte den Wunsch, und alles, was Midas berührte, wurde zu Gold. Als er den Becher Wein und das Brot berührte, wurden sie zu Gold. So war er durstig und hungrig inmitten des Goldes. Da erkannte er seine Schuld, und Gott Dionysos erbarmte sich seiner. Dieser Mythos erzählt von einer Unersättlichkeit, die alles in Gold und Geld umwandeln will, bis schließlich diese Umwandlung die eigenen Lebensgrundlagen zerstört.

Die Antike nahm sich dieser Umbrüche nicht nur in mythischen Erzählungen, sondern auch in philosophischen Reflexionen wie bei Aristoteles und in der prophetischen Kritik in der Bibel an. Es kann als Konsens gelten, dass Prophetenworte nicht vor dem 8. Jahrhundert, also dem Beginn der sog. Achsenzeit, anzusetzen sind. Auch die Tora entsteht in der Zeit einer tiefen sozioökonomischen Krise im 8. Jahrhundert, die weltweit von China über Indien bis in die Welt des östlichen Mittelmeerraums aufgetreten ist.[31] Worin besteht diese Krise? Aus einer immer wieder auftretenden zeitweiligen Verschuldung wird in der Zeit der aufkommenden Geld- und Privateigentumsordnung eine Überschuldung, bei der die Schuldner nicht mehr in der Lage sind, ihre Schulden jemals zurückzuzahlen. Die Propheten kritisierten die Konzentration von Häusern und Feldern in den Händen weniger (Jesaja 5,8; Micha 2,2). Ehedem freie Bauern geraten in Schuldsklaverei (Micha 2,9f.). Die Propheten Israels warnten genauso vor Gier und der Akkumulation von Geld, Besitz und Boden wie die Weisen Griechenlands oder Buddha in Indien.

Im ganzen Mittelmeerraum traten ab der Mitte des 8. Jahrhunderts tiefgreifende ökonomische und soziale Änderungen ein: Die Gesellschaften spalteten sich in Arm und Reich; Überschuldung, Verarmung und Bereicherung nahmen zu, Bauern mussten ihre Felder verpfänden oder gerieten selber in Schuldknechtschaft.

Die folgende Übersicht zeigt voneinander unabhängige Regulierungen der gleichen sozialen Prozesse:[32]

	Griechenland	Israel			
Gesetzesreformen	Athen 621; 584/2	Bundesbuch 8. Jh. v. Chr.	Deuteronomium 7. Jh. v. Chr.	Heiligkeitsgesetz 5./6. Jh. v. Chr.	Nehemia 5. Jh. v. Chr.
Zinsverbot	Megara 570–560	Exodus 22,24	Deuteronomium 23,20	Levitikus 25,35	Nehemia 5,10
Schuldenerlass	Athen 594/2		Deuteronomium 15,2f.		Nehemia 5,10
Sklavenbefreiung	Athen 594/2	Exodus 21,2f.	Deuteronomium 15,12f. Jeremia 34,8ff.	Levitikus 25,29ff.	Nehemia 5,8
Umverteilung von Land	Athen ca. 538		Levitikus 25,13ff., 23ff.		Nehemia 5,11

Abb. 1

Wie in Megara und in Athen unter Solon, so reagierte auch die Tora in ihren Gesetzesbüchern, dem Bundesbuch, dem Buch Deuteronomium und dem Heiligkeitsbuch, auf die Zunahme von Überschuldung, Schuldsklaverei und die Akkumulation von Grund und Boden. Auf die Dynamik der Verschuldung reagiert man mit einem Zinsverbot (Deuteronomium 23,20), auf die Überschuldung mit einem Schuldenerlass (Deuteronomium 15,2ff.)

und der zeitlichen Begrenzung von Schuldknechtschaft (Deuteronomium 15,12f.). Es ist der Versuch, Verarmung strukturell durch eine Landreform zu korrigieren und Akkumulationsprozesse periodisch rückgängig zu machen. Man weitete die Solidarität, die bislang auf die Großfamilie bezogen war, auf alle Mitglieder der Gesellschaft aus. Die krisenhafte Entwicklung soll mit entsprechenden Sozial- und Wirtschaftsgesetzen entschärft oder zumindest sollen die Folgen für die Betroffenen abgemildert werden.

II. Umkehrung der Menschenrechte

Lange Zeit spielten die sozialen Menschenrechte nur eine marginale Rolle. Das Recht auf soziale Sicherheit in Artikel 25 der *Allgemeinen Erklärung der Menschenrechte* schien vergessen, und das Recht auf Arbeit in Artikel 23 desselben Dokuments wurde als unerfüllbar abgetan. Doch seitdem die krisenhaften Folgen der Globalisierung immer augenfälliger wurden, gibt es eine neue Aufmerksamkeit, ja eine Wiederentdeckung der sozialen Menschenrechte. Globalisierungskritische Gruppierungen oder kirchliche Initiativen beziehen sich dabei immer mehr auf die Menschenrechte. Doch es gibt auch eine gegenläufige Bewegung: Seit Mitte der Achtzigerjahre des vorigen Jahrhunderts zeichnet sich eine Rechtsentwicklung ab, in der sich transnationale Unternehmen auf ein globales Recht stützen können, das dabei ist, das Nachkriegsarrangement von Demokratie, Menschenrechten, Sozialstaatlichkeit und Kapitalismus aufzukündigen. Nach Jean Ziegler, dem früheren Sonderbotschafter der UNO für das Recht auf Nahrung, ist diese Entwicklung bereits so weit vorangeschritten, dass er von einer „Agonie des Rechts"[33] spricht.

Druck auf soziale Menschenrechte und Sozialstandards

Eine Studie der Zürcher Technischen Hochschule aus dem Jahr 2011 hat erstmals gründlich die Vernetzung der

Weltwirtschaft untersucht.[34] Die Forscher wollten wissen, wie eng die transnationalen Konzerne miteinander verflochten sind. Die Studie kommt zu dem Ergebnis: Unter den 37 Millionen Unternehmen befinden sich nur rund 43.000 multinationale Konzerne, die durch gegenseitigen Aktienbesitz miteinander vernetzt sind. Von 43.000 Konzernen dominieren wenige, nämlich 1318 Firmen, wiederum vier Fünftel des Umsatzes der Weltwirtschaft. Innerhalb dieser 1318 Unternehmen machten die Forscher ein Netzwerk von einer kleinen Gruppe von lediglich 147 Konzernen aus, die direkt oder indirekt über rund vierzig Prozent der Weltwirtschaft herrschen. Von diesen 147 Konzernen sind wiederum etwa drei Viertel im Finanzsektor tätig.

Die Staaten verlieren angesichts dieser Machtzusammenballung jedoch keineswegs zur Gänze ihre Handlungsfähigkeit. Es ist vielmehr so, dass die Staaten eine höchst aktive Politik betreiben, indem sie ihre Beziehungen zu den Märkten in dem Sinne neu strukturieren, dass sie die Ansprüche der Konzerne in verbindliche globale Rechtsnormen übersetzen. Die allenthalben erhobene Forderung nach einem Primat der Politik sagt noch nichts über die Inhalte aus, die mit einem solchen Vorrang der Politik vor den Märkten durchgesetzt werden sollen. Wenn Staaten beispielsweise Investitionsschutzabkommen vereinbaren,[35] dann verhalten sie sich sehr wohl höchst aktiv. Die Vereinbarungen stehen in Kritik, weil sie es erlauben, politische Regulierungen aushebeln zu können, die die Gewinne transnationaler Unternehmen und deren Anteilseigner oder die Renditen der Investoren schmälern könnten. Es ist demnach die Politik selber, die Regeln für den Wettbewerb transnationaler Konzerne schafft. Es gibt also sehr wohl einen Vorrang der Politik. Es ist ein Vorrang, mit dem die Staaten die Herrschaft der transnationalen Konzerne absichern und den Konzernen ein Recht in die Hand geben, mit dem diese die gesellschaftliche Entwicklung nach ihrem Interesse gestalten können. Die Politik passt sich den Anforderungen der Märkte, genauer: den Interessen der Investoren und Finanzakteure, an. Wenn der politische Handlungsspielraum zugunsten des Marktes eingeschränkt wird, dann nimmt sich die Politik für die Zukunft eben jene Mittel, die sie für eine demokratische Korrektur bräuchte. Die Folge ist eine Diskrepanz zwischen einem rechtlich abgesicherten umfassenden Schutz der transnationalen Konzerne, der Finanzmarktakteure oder der Investoren auf der einen Seite und einem nur lückenhaften Schutz von Rechten der Menschen auf der anderen Seite.

Von wirtschaftswissenschaftlicher Seite werden grundsätzliche Bedenken gegen das Bestreben der ILO vorgebracht, soziale Rechte überhaupt rechtlich abzusichern. Selbst Minimalstandards oder Mindestbedingungen für Löhne gelten als Markt- und als Wettbewerbsverzerrung. Die sozialen und wirtschaftlichen Menschenrechte, wie sie in den ILO-Übereinkommen, der *Allgemeinen Erklärung der Menschenrechte* und im *Sozialpakt* formuliert sind, gelten als eine Marktverzerrung oder ein Hemmnis für die ökonomische Entwicklung. Diese wirtschaftswissenschaftliche Doktrin konnte sich seit den 1980er-Jahren immer mehr durchsetzen und eine Rechtsentwicklung befördern, welche die Investoren- und Kapitalinteressen global absichert, nicht aber die Rechte der Menschen. Mit der Gründung der Welthandelsorganisation wurde 1995 ein rechtlicher Rahmen für die Liberalisierung des Weltmarktes geschaffen, der auf den Abbau von Zöllen und weiteren Erschwernissen internationaler Handelsbeziehungen zielt. Die Versuche der ILO, weltweit Mindestbedingungen für die Arbeitswelt durchzusetzen, wurden und werden immer wieder von globalen Institutionen wie der Weltbank, dem Internationalen Währungsfond oder der Welthandelsorganisation mit Forderungen nach Deregulierung, Absenkungen der Arbeitskosten oder Rücknahme sozialstaatlicher Errungenschaften konterkariert. Obwohl diese Institutionen selber über keinerlei Kompetenzen in arbeits- und sozialrechtlichen Fragen verfügen, üben sie dennoch „Druck auf das Arbeitsrecht der jeweiligen Länder"[36] aus.

Die Investoren haben es erreicht, sich mit einem globalen Recht gegen staatliche Maßnahmen oder Gesetze wehren zu können. Eine besondere Rolle spielen dabei die über 3000 internationalen Investitionsabkommen, mit denen Konzerne Klagerechte bei Risiken für ihre Investitionen in der Hand haben. Ursprünglich beabsichtigt als eine Handhabung gegen willkürliche Enteignungen, richten sich die Klagen immer mehr gegen demokratisch legitimiertes Regierungshandeln. Die Investitionsabkommen wirken wie Rechtsinstrumente, mit denen demokratisch zustande gekommene soziale Errungenschaften, Sozialstandards und soziale Menschenrechte abgewehrt werden können, wenn Gewinnerwartungen der Investoren geschmälert werden könnten. Kritiker befürchten, dass Arbeitnehmerrechte oder höhere Umwelt-, Gesundheits- und Sozialstandards als Wettbewerbshindernis juristisch bekämpft werden könnten. Es gibt Befürchtungen, dass sozialrechtliche und arbeitsrechtliche Regelungen der deutschen Gesetzgebung künftig als investitionsschädigend betrachtet werden könnten. Mitbestimmungsrechte der Belegschaft oder die Einführung oder Anhebung gesetzlicher Mindestlöhne könnten dann als Beeinträchtigung und Verletzung der unternehmerischen Investitionsfreiheit gewertet werden. Solche Verfahren schränken staatliche Regulierungsmöglichkeiten ein. Zwar sollen Regeln im legitimen öffentlichen Interesse von einem solchen Verfahren ausgenommen sein, doch die Bestimmungen darüber, was ein „legitimes" öffentliches Interesse darstellt oder was als „indirekte" Enteignung angesehen werden kann, sind keineswegs präzise formuliert.[37] Der Investorenschutz würde dann zu einer rechtlichen Handhabe, ganz legal Druck auf die demokratische Gestaltung, den Sozialstaat und soziale Menschenrechte ausüben zu können.

Insgesamt hat sich eine Herrschaftsform herausgebildet, die einseitig darauf ausgerichtet ist, die ökonomischen Zwänge der globalen Konkurrenz rechtlich umzusetzen. Politologen nennen dies einen „Marktkonstitutionalismus". Er konnte die bislang geltenden gemeinsamen Grundlagen von Menschenrechten, Demokratie und Kapitalismus aufkündigen und hat eine neue, dritte politische Kraft als Souverän etabliert. Der britische Politologe Collin Crouch nennt die weltbeherrschenden Konzerne jene Kraft, ohne die „das befremdliche Überleben des Neoliberalismus"[38] nicht zu erklären wäre. Die transnationalen Konzerne haben sich auf globaler Ebene längst einer Rechtsetzungs- und Rechtsanwendungsmaschinerie bemächtigen können, mit der sie ihre Interessen durchsetzen können. Für den Völkerrechtler Andreas Fischer-Lescano ist dies eine Lage, in der „sich die weltwirtschaftlichen Akteure mit neoliberal geprägten Rechtsnormen selbst versorgen"[39]. Ihnen steht ein globales Recht für ihre Interessenwahrnehmung zur Verfügung, während es gleichzeitig um die sozialen Rechte der Menschen auf globaler Ebene nicht gut bestellt ist.

Umkehrung der Menschenrechte: Vom Recht der Menschen zur Politik im Interesse der Konzerne

Der Staat hat zwar in der Großen Krise seit 2008 sein grandioses Comeback am Sterbebett des finanzmarktgetriebenen Kapitalismus bekommen, doch er kehrte nicht zur demokratischen Nachkriegsordnung mit Sozialstaat und Menschenrechten zurück, sondern verschärfte eine Politik, die sich den Interessen der Konzerne und Banken ausliefert. Mario Draghi, Präsident der Europäischen Zentralbank, kündigte in einem Interview im *Wallstreet Journal* vom 22. Februar 2012 an, dass das europäische Sozialstaatsmodell ausgedient habe und nun die Wiederherstellung des Vertrauens der Finanzmärkte das oberste Ziel sein müsse. Demokratische Staaten sollen also vorrangig die Kreditforderungen der Investoren bedienen, und dafür soll die Sozialstaatlichkeit zur Disposition gestellt werden. Offen wird hier die Absicht formuliert, die Finanzinvestitionen vor den sozialen Rechten abzusichern.

Das Doppelprojekt „Mehr Markt und weniger Staat" ist ein Projekt, das systematisch Druck auf die Menschenrechte ausübt.[40] Die Menschenrechte bildeten nach 1945 die Basis für den Aufbau des Sozialstaats in Europa und für die Entwicklung in den Ländern des globalen Südens. Doch der neoliberale Kapitalismus schaltete zurück auf „selbstregulierte Märkte" und betrieb eine Politik der Deregulierung, Privatisierung und Flexibilisierung. Für die Wohlfahrts- und Sozialstaaten der Industrieländer wie für die Entwicklungsstaaten setzte ein Umbau ein. Nicht mehr soziale Sicherheit und soziale Rechte galten als oberstes Politikziel. Diese wurden vielmehr als Blockade für mögliches Wachstum verstanden. Seiher gilt nun: Steuersenkungen für Unternehmen und ein „Ende des Sozialstaates, wie wir ihn kannten" (Bill Clinton). Auch die Entwicklungsländer wurden umgebaut: Erwartet wird, die „Schuldendienstfähigkeit" sicherzustellen. Während im globalen Norden der Sozialstaat als Ausdruck sozialer Menschenrechte wie des Rechts auf soziale Sicherheit Stück um Stück zurückgebaut wird, wird in den Ländern des globalen Südens der Entwicklungsstaat zurückgenommen. Die Schuldendienstfähigkeit rangiert nun vor dem Bedarf der Menschen an sozialer Sicherheit, Nahrung, Wohnung, Arbeit und den Menschenrechten. Das eben wollen jene Hedgefonds durchsetzen, die laut „New York Times" vom 19. Januar 2012 gegen einen Schuldenerlass für Griechenland beim Europäischen Menschenrechtsgerichtshof in Straßburg eine Klage mit der Begründung eingereicht haben, dass ein Schuldenerlass die Menschenrechte der Anteilseigner verletzen würde. Die Sicherstellung des Schuldendienstes und der Schuldentilgung gerät somit in den Rang eines Menschenrechts.

Jean Ziegler, ehemals Sonderbotschafter der UNO für das Recht auf Nahrung, bringt diese Entwicklung zugespitzt auf den Punkt, wenn er sagt: „Die transnationalen kapitalistischen Privatgesellschaften üben eine planetarische Macht aus. Diese neuen Feudalherren nenne ich Kosmokraten. Sie sind die Herrscher des Imperiums der Schande."[41] Eine Schande nennt Ziegler eine Wirtschaftsordnung, die zwar genug Nahrung für alle zu produzieren in der Lage ist, aber das Recht auf angemessene Nahrung nicht einlöst.

Im Jahr 2008 konnte ich die seit Jahren streikenden Arbeiter bei Nestlé in Cavite in der Nähe von Manila auf den Philippinen besuchen. Sie kämpften gegen Einschnitte ihrer Renten- und Sozialversicherung und berichteten mir, dass auf dem Fabrikgelände Hunderte Soldaten stationiert wären, um die Beschäftigten niederzuhalten. Die frühere Präsidentin der Philippinen, Gloria Macapagal-Arroyo, kündigte im Jahr 2008 eine eigene militärische Investitionsschutzmacht für Unternehmen an. Sie erklärte: „Ich habe die Armee angewiesen, eine *Investment Defense Force* zu bilden. Die Aufgabe der *Investment Defense Force* besteht darin, einen Schutzschild für Vermögenswerte, Infrastruktur und Entwicklungsprojekte im Bergbau zu schaffen." (Zambo Times, 12. Februar 2008) Das Militär ist angehalten, für die Sicherheit der globalen Investitionen zu sorgen. Die militärische Verteidigung von Investitionen illustriert diese Umkehrung der Menschenrechte in besonders drastischer Weise. Der neoliberale Staat hat sich von einem Entwicklungsstaat in einen Sicherheitsstaat verwandelt, der die Investitionen nötigenfalls auch militärisch sichert.

Wenn es einen Vorrang der ökonomischen Investitionen vor den Menschenrechten gibt, dann ist der Kampf um mehr soziale Menschenrechte ein Hindernis für die Durchsetzung ökonomischer Interessen. Um den Vorrang ökonomischer Interessen abzusichern, bleibt die Verletzung der Menschenrechte straffrei. Straffreiheit ist deshalb keinesfalls nur eine sträfliche Unterlassung des Staates bei der Strafverfolgung, sondern setzt umgekehrt das oberste Ziel durch: die Absicherung der Kapitalinteressen. Wer dagegen soziale Rechte verteidigt, der behindert die wirtschaftliche Entwicklung und macht sich „schuldig". Wer die sozialen Menschenrechte verletzt, der geht straffrei aus.

In den Menschenrechtsdokumenten wird die Verpflichtung des Staates gegenüber den Menschenrechten regelmäßig dreifach bestimmt: als Verpflichtungen zur Achtung, zum Schutz und zur Erfüllung der Menschenrechte.[42] Der Staat *achtet* die Menschenrechte, wenn er niemanden direkt oder indirekt an der Ausübung seiner Menschenrechte hindert. Der Staat *schützt* sie, indem er den Einzelnen gegen tatsächliche oder drohende Eingriffe in seine Rechtsposition durch Dritte schützt. Verletzungen können sich auch durch staatliches Unterlassen ergeben. Art und Umfang der Schutzpflichten werden in den jeweiligen Abkommen konkretisiert. Bei den staatlichen Schutzpflichten handelt es sich nicht um staatliche Handlungsverbote, sondern um staatliche Handlungsgebote und somit um Leistungsrechte der Bürgerinnen und Bürger. Der Staat *erfüllt* seine Pflichten, indem er selbst Maßnahmen ergreift, die Menschenrechte ganz zu realisieren. Alle Menschenrechte weisen diese Trias von Abwehr-, Schutz- und Leistungsrechten auf. Art. 2 des Sozialpaktes verpflichtet die Vertragsstaaten, alle Möglichkeiten zu ergreifen, um die Rechte „nach und nach" zu verwirklichen. Gemeint ist damit nicht, sie nur teilweise umzusetzen. Menschenrechte sind immer sofort umzusetzen. Diese Trias ist bedeutsam für ein angemessenes Verständnis der Menschenrechte, aber auch der sich daraus ergebenden Staatenpflichten.

Umkehrung der Menschenrechte heißt: Die Aufgabe, die Menschenrechte zu respektieren, zu schützen und zu erfüllen, wird in eine Verpflichtung des Staates verwandelt, die Interessen des Kapitals oder die ausländischen Investitionen zu respektieren, zu schützen und zu erfüllen. Aus dem Staat ist ein Sicherheitsstaat geworden – ein Staat, der nicht die globalen Menschenrechte sichert, sondern die Rechte der ökonomischen Akteure. Die sozialen Verwerfungen der wirtschaftlichen Globalisierung werden zusehends kritisch betrachtet. Doch die Frage ist, ob die politischen Entscheidungsträger auf nationaler und internationaler Ebene fähig oder auch nur willens sind, regulierend und steuernd einzugreifen und die ökonomische Globalisierung menschenrechtlich einzuhegen und zu gestalten.

Rückkehr der Marktgläubigkeit

„Raubt es Ihnen nicht den Schlaf, wenn Sie daran denken, was Sie angerichtet haben?" so fragte der Chefermittler im US-amerikanischen Untersuchungsausschuss zur Bankenkrise einen ehemaligen Banker. Dieser antwortete: „Wir sind nicht verantwortlich. Wirklich nicht. Sorry for that." Ein anderer Bankerkollege versuchte, die Finanzkrise mit dem Hinweis auf solche Naturereignisse wie einen Hurrikan oder Tsunami zu erläutern. Alan Greenspan, der die amerikanische Geldpolitik von 1987 bis 2006 maßgeblich bestimmt hat, bekannte zerknirscht 2008 vor dem Ausschuss zur Aufklärung der Finanzkrise im US-Kongress, dass er sich geirrt habe; er hätte die Selbstheilungskräfte des Marktes zu hoch eingeschätzt und eine strengere Regulierung nicht für notwendig gehalten. Zu offenkundig war das Scheitern der Dogmen und Grundüberzeugungen gewesen, die den deregulierten Finanzkapitalismus theoretisch und praktisch begründet hatten. Woher kommt dieser Glaube an den Markt und seine Selbstregulierungskräfte?

Unberührt von jeglicher Kritik an den Banken für deren Verschulden der Finanzkrise bekannte sogar noch nach der schweren Krise 2009 Lloyd Blankfein, Vorstandsvorsitzender der Goldman Sachs Bank: „Banken verfolgen einen sozialen Zweck und verrichten Gottes Werk."[43] Wie kann Blankfein davon sprechen, dass die Banken Gottes Werk tun? Blankfein gehört zu Ökonomen wie Milton Friedman, George Stigler oder Friedrich A. Hayek, die einer neoliberalen Wirtschaftsdoktrin folgen, die davon überzeugt ist, dass der Markt seine wohlstandsfördernde Wirkung am besten dann entfalten könnte, wenn die Politik sich heraushalte und die Märkte sich selber regelten. Diese Überzeugung wird mit dem Wirken einer „unsichtbaren

Hand" begründet. Sie macht das eigentliche ideologische Zentrum jener Grundüberzeugung aus, die sich nach dem Ende des „eingebetteten Kapitalismus" ab Anfang der 80er-Jahre etablieren konnte und auch den Hintergrund einer Umkehrung der Menschenrechte bildete.

Die unsichtbare Hand

Bereits am Vorabend der Großen Weltwirtschaftskrise hatte John M. Keynes 1926 das Dogma einer „unsichtbaren Hand" für die Krisenhaftigkeit der Marktwirtschaft verantwortlich gemacht. Er sprach von einer „Religion der Ökonomen"[44], die nur das „private Geldverdienen" (35) im Sinn habe. Auch Alexander von Rüstow, ein bekannter Ökonom, der später einer der Mitbegründer der Sozialen Marktwirtschaft werden sollte, führte die Wirtschaftskrise auf eine Art von Gläubigkeit zurück. In der Analyse der Ursachen, die zur Großen Weltwirtschaftskrise geführt hätten, kommt er in seiner 1945 erschienenen Schrift unter dem Titel *Das Versagen des Wirtschaftsliberalismus als religionsgeschichtliches Problem*[45] zu der Einsicht, dass die Große Weltwirtschaftskrise durch eine „verkappte Religion"[46] ausgelöst worden sei. Wie auch Keynes analysiert er die Wirtschaftskrise als ein „religionsgeschichtliches Problem". Er verweist dabei auf Adam Smith, den Begründer der modernen Wirtschaftswissenschaften. Er hatte den Marktmechanismus mit dem Wirken einer „unsichtbaren Hand" begründet. Wie der Schöpfergott in seiner Güte die Welt erhalte, so lenke er auch die Welt mit „unsichtbarer Hand" zum Guten. Smith hatte sich auf die antike Philosophie der Stoa bezogen, die in der Zeit des Frühkapitalismus eine Renaissance erlebt hatte und die deistische Vorstellung begründete, dass Gott die Welt wie ein Uhrwerk geschaffen habe, das selbsttätig funktioniere.

Auch wenn Adam Smith selber lediglich an zwei Stellen die für das ökonomische Denken so bedeutungsvolle Metapher der „unsichtbaren Hand" verwendet, ist der Überzeugungsstandpunkt doch bei seinen Epigonen häufig anzutreffen. Smith spricht in seinem Hauptwerk *Der Wohlstand der Nationen* diese „unsichtbare Hand" an: Wer seinen eigenen Gewinn vergrößern wolle, werde „von einer unsichtbaren Hand geleitet, um einen Zweck zu fördern, den zu erfüllen er in keiner Weise beabsichtigt hat. […] Ja, gerade dadurch, dass er das eigene Interesse verfolgt, fördert er häufig das der Gesellschaft nachhaltiger, als wenn er wirklich beabsichtigt, es zu tun."[47] So kann Smith dann sagen: „Nicht vom Wohlwollen des Metzgers, Brauers und Bäckers erwarten wir das, was wir zum Essen brauchen, sondern davon, dass sie ihre eigenen Interessen wahrnehmen." (17) Er kann so sprechen, weil er davon überzeugt ist, dass eine Vorsehung den Eigennutz in Gemeinwohl verwandelt, denn die Reichen

„… werden von einer unsichtbaren Hand dazu geführt, nahezu die gleiche Verteilung lebensnotwendiger Güter vorzunehmen, die gemacht worden wäre, wenn die Erde zu gleichen Teilen unter all ihre Bewohnern aufgeteilt worden wäre, und so fördern sie, ohne es zu beabsichtigen, ohne es zu wissen, das Interesse der Gesellschaft."[48]

In der neoliberalen Doktrin begegnet man im Argument der „unsichtbaren Hand" immer wieder diesem theologischen Argument. So kann Stefan Baron, Herausgeber der Zeitschrift *Wirtschaftswoche*, in offensichtlicher argumentativer Nähe zu Adam Smith sagen:

„So bewirkt die unsichtbare Hand des Marktes, dass Topmanager, die scheinbar unsozial und egoistisch die Maximierung des Gewinns und damit ihrer Bezüge verfolgen, gleichzeitig auch das Gemeinwohl mehren."[49]

Individuelle Bereicherung und Gewinnmaximierung werden als Wohltat fürs Gemeinwohl umgedeutet. Diese Darlegung von Baron illustriert anschaulich, wie das religiös fundierte Weltbild des Adam Smith auch in säkularer Gestalt weiterlebt und eine neoliberale Wirtschaftspolitik legitimiert, die Gewinnmaximierung zum obersten Ziel des Wirtschaftens erhebt.

Einer der Zeitgenossen von Smith war Johann Wolfgang von Goethe. Er wusste genau um die Ungeheuerlichkeit dieser Denkweise, welche die ethische Orientierung nicht nur neutralisiert, sondern geradezu ins Gegenteil verkehrt. So lässt er in seinem *Faust* den Mephisto sagen, er sei

„Ein Teil von jener Kraft,
Die stets das Böse will und stets das Gute schafft."

Damit präsentiert sich der Teufel als ein Gläubiger nach Art des Adam Smith. Ungehindertes Streben nach privatem Gewinn und Nutzen summieren sich nach dieser Glaubensüberzeugung durch die „unsichtbare Hand" einer göttlichen Vorsehung zu einem Gemeinwohl. Eigennutz zu verfolgen ist nicht nur moralisch gut, sondern darüber hinaus auch ein Beitrag zum gesellschaftlichen Wohl. Eine Praxis aber, die sich an ethischen Prinzipien orientiert, ist im Umkehrschluss nicht nur überflüssig, sondern sogar schädlich, denn der gute Eigenlauf der Dinge, für den die Vorsehung sorgt, werde dadurch nur gestört.

Seit dem Aufkommen der Geldwirtschaft in der Antike haben die Religionen und Philosophien die Geldgier als eine Sünde, eine Untugend oder ein Laster bekämpft. Nun aber wird aus der Habgier eine höchst profitable und moralisch unschuldige Angelegenheit. Während die Religionen und Philosophien seit der Antike das Gewinnstreben moralisch und ethisch einhegten und zähmten, wurde es spätestens mit der industriellen Revolution im 18./19. Jahrhundert von allen moralischen Schranken befreit.

Friedrich August Hayek, einer der Wortführer und intellektuellen Protagonisten der neoliberalen Wirtschaftsdoktrin, lehnt explizit jegliche Orientierung an moralischen Forderungen ab, da die Marktwirtschaft ein autonomes, sich selbst steuerndes System darstelle. Markt und Wettbewerb dienen dabei ausschließlich der wirtschaftlichen Entwicklung, nicht aber der Erfüllung von Gerechtigkeitsnormen. Deshalb kann Hayek lapidar sagen:

„Der Ausdruck ‚soziale Gerechtigkeit' gehört nicht in die Kategorie des Irrtums, sondern in die des Unsinns wie der Ausdruck ‚ein moralischer Stein'."[50]

Da wirtschaftliche Prozesse nicht gestaltet werden können, ist auch eine ethische Menschenrechtsorientierung vom Ansatz her ein Irrtum, ja sogar schädlich. So warnt Hayek auch vor den „zerstörerischen Folgen, die die Propagierung der sogenannten sozialen Gerechtigkeit für unser Moralgefühl mit sich gebracht hat"[51]. Stattdessen gilt eine andere ethische Perspektive: „Ungleichheit ist nicht bedauerlich, sondern höchst erfreulich. Sie ist einfach nötig." Wirtschaftliches Handeln wird hier nicht einfach nur ethisch „entsorgt" und als Sachzwang gedeutet. Vielmehr besteht eine *andere* normative Orientierung. Sie ist nicht mehr auf die Menschenrechte bezogen, sondern einzig und allein auf das Funktionieren eines Systems. So kann Hayek den sich selbst regulierenden Markt als ein „Wunder" bestaunen:

„Ich habe absichtlich das Wort ‚Wunder' gebraucht, um den Leser aus der Gleichgültigkeit herauszureißen, mit der wir oft das Wirken dieses Mechanismus als etwas Selbstverständliches hinnehmen."[52]

Hayek fordert eine geradezu religiös anmutende Haltung der „Demut" gegenüber den Marktprozessen. „Demut" ist ein Wort, das eine tiefe Ergebenheit und die Bereitschaft, sich zu unterwerfen, meint.

Milton Friedman, einer der einflussreichsten Schüler Hayeks, bringt diese demütige Haltung gegenüber Sachzwängen auf den Punkt, wenn er sagt: „Die wirtschaftenden Personen sind letztlich nichts anderes als Marionetten der Gesetze des Marktes."[53] Marionetten handeln nicht; sie führen nur aus. Sie hängen an einer Strippe. Die handelnden Personen werden zu bloß ausführenden Organen, die ethisch entlastet sind, denn sie sind ja nur „Marionetten der Gesetze des Marktes". Niemand handelt, alle vollziehen nur die Gesetze des Marktes. Es gibt keine Verantwortung mehr, denn ein Sachzwang herrscht. Sollte es aber zur Verwerfung oder gar zu Menschenrechtsverletzungen kommen, dann gibt es keinen Verursacher, denn alles, was geschieht, ist Folge von Sachzwängen und bedarf keiner weiteren ethischen oder politischen Legitimation mehr. Verantwortungslosigkeit ist zum System geworden. Doch tatsächlich geht es so verantwortungslos keineswegs zu. Vielmehr vollzieht sich eine höchst wirksame Verantwortung. Sie sorgt sehr dafür, dass sich die Kapitalverwertungsinteressen, nicht aber die Rechte der Menschen durchsetzen können.

Für Rüstow ist Smiths Rede vom „Vertrauen auf die unsichtbare Hand" keineswegs metaphorisch oder bildlich gemeint, sondern im strikten Sinne eine „Wirtschaftstheologie"[54]. Rüstow nennt Smith einen „Gläubigen einer falschen deistischen Theologie"[55], der an die Wirksamkeit einer „unsichtbaren Hand" glaubt. Dieser Glaube hat in der Wirtschaftskrise zu fatalen Folgen geführt. Denn es gibt keine „unsichtbare Hand", die den Markt reguliert. Die auffällige Verwendung religiöser Begriffe bestätigt Rüstows religionsgeschichtliche Analyse. Nach Hayek reguliert der Markt sich auf wundersame Weise selber und sorgt von sich aus für das Wohl aller. Was der Markt hervorbringt, ist gerecht.

Die bis in die Antike zurückgehende Kritik an der ungehinderten Geldvermehrung und die biblische Rede vom Mammon belegen, dass die ungehinderte Geldvermehrung keineswegs ein typisches Phänomen der Moderne genannt werden kann; typisch für die Moderne aber ist, dass Geldgier und Mammon zugelassen und ethisch neutralisiert werden.

Theologische Kritik der „unsichtbaren Hand"

Die mythenkritische Aufklärung über die „unsichtbare Hand", wie sie Keynes und Rüstow betrieben haben, entzieht dem vermeintlichen Sachzwang den Schleier und legt die religiös verbrämte, aber wahre Tiefenstruktur frei: die ungehinderte Kapitalvermehrung. Was mit der Rede von der „unsichtbaren Hand" vom Podest der Wissenschaftlichkeit verkündet wird, ist keine Wissenschaft, sondern eine Religion, die sich gegen alle empirische Kritik immun macht. Sie ist im Kleid der alternativlosen Sachzwänge Ausdruck einer Ethik, die den Märkten Vorrang vor dem Menschen einräumt und den Menschen dem Markt unterordnet. Bereits Rüstow hat – wie dargelegt – darauf aufmerksam gemacht, dass es sich bei einem ökonomischen Denken, das sich der „unsichtbaren Hand" des Marktes anvertraut, um eine „Wirtschaftstheologie" handelt. Gott die Ehre zu geben und auf seine „unsichtbare Hand" zu vertrauen hieß für Adam Smith, nicht in die Geschehnisse des Marktes einzugreifen, da dort Gottes Vorsehung ordnend waltet. Eingriffe in das Marktgeschehen galten ihm als gotteslästerlich. Dieser religiös-weltanschauliche Hintergrund für das Vertrauen auf eine segensreiche „unsichtbare Hand" ist der heutigen Ökonomie nicht mehr bekannt; an die „unsichtbare Hand" wird aber dennoch weiterhin unverdrossen geglaubt. So verkehrt sich der Grund des Glaubens: Aus dem theologisch begründeten Vertrauen auf das Wirken der unsichtbaren Hand des (deistischen) Gottes bei Adam Smith wird ein Vertrauen auf den Markt. Der Markt nimmt die Stelle ein, die zuvor der (deistische) Gott eingenommen hat.[56]

Auf diesen Platzwechsel weist Papst Franziskus in Anlehnung an biblische Traditionen mit der Anbetung des Goldenen Kalbes hin:

> „Die Anbetung des antiken goldenen Kalbs (vgl. Exodus 32,1–35) hat eine neue und erbarmungslose Form gefunden im Fetischismus des Geldes und in der Diktatur einer Wirtschaft ohne Gesicht und ohne ein wirklich menschliches Ziel." (EG 55)

Papst Franziskus bezeichnet die Anbetung des Goldenen Kalbes als Fetischismus und greift dabei auf eine zentrale Kategorie der Kapitalismuskritik bei Karl Marx zurück. Der zentrale Begriff der Marx'schen Kapitalismuskritik ist eine theologische Metapher: Fetischismus. Als Fetisch bezeichneten die frühen portugiesischen Missionare mit dem portugiesischen Wort *feitiço* (port. Zauber) die Verehrung von Kultgegenständen in afrikanischen Religionen.

Die Objekte der Anbetung können Tiere oder Bäume sein. Dieses Verständnis hat Marx aufgenommen und auf die Verehrung des Geldes im Kapitalismus übertragen. In ungewöhnlich scharfen wie klaren Worten brandmarkt Franziskus eine erneuerte „Anbetung des antiken goldenen Kalbs", bei dem eine Unterwerfung der Menschen unter den Markt gefordert werde. Diese Unterwerfung des Menschen zeige sich, wenn im „Interesse des vergöttlichten Marktes" (EG 56) und der „sakralisierten Mechanismen" (EG 54) Korrekturen des Marktes abgelehnt werden. Diese Unterwerfung ist nicht nur religionsphänomenologisch zu verstehen, sondern in strengem Sinne theologisch. Das Vertrauen auf das Geld und den Markt ist genauso grundlegend wie das Gottvertrauen. Der Kapitalismus ist Religion, nicht lediglich religionsähnlich. Sein Kult ist die Kapitalvermehrung.

Papst Franziskus wendet sich gegen eine Anschauung, die eine gute und gerechte gesellschaftliche Entwicklung von einem funktionierenden Markt erwartet. Gesichtspunkte der Menschenrechte, der Gerechtigkeit und der Solidarität der Starken mit den Schwächeren oder der Gewinner mit den Verlierern spielen keine Rolle, denn die Gesellschaft funktioniert als Ergebnis wirtschaftlicher Prozesse, die „ohne ein wirklich menschliches Ziel" (EG 55) ablaufen. Das nennt Papst Franziskus die „Diktatur einer Wirtschaft" (EG 55). Deshalb warnt er:

„Wir dürfen nicht mehr auf die blinden Kräfte und die unsichtbare Hand des Marktes vertrauen. Das Wachstum in Gerechtigkeit erfordert etwas, das mehr ist als Wirtschaftswachstum, auch wenn es dieses voraussetzt; es verlangt Entscheidungen, Programme, Mechanismen und Prozesse, die ganz spezifisch ausgerichtet sind auf eine bessere Verteilung der Einkünfte, auf die Schaffung von Arbeitsmöglichkeiten und auf eine ganzheitliche Förderung der Armen, die mehr ist als das bloße Sozialhilfesystem." (EG 204)

Nicht aus einem Vertrauen „auf die blinden Kräfte und die unsichtbare Hand des Marktes" (EG 204), nicht aus einem „vergöttlichten Markt" (EG 56) oder „sakralisierten Mechanismen" (EG 54) entsteht Gerechtigkeit, sondern aus der Achtung der Menschenrechte und wenn man sich für Gerechtigkeit und Solidarität einsetzt.

Angesichts der Führungsrolle, die der geldgesteuerten Wirtschaft insgesamt für die Wirtschaft zugebilligt wird, greifen die vom Geld regulierten ökonomischen Verwertungsprozesse auf nichtökonomische Bereiche wie Politik, Religion, Kirche, Kultur oder Bildung mit der Folge über, dass das Geld – wie Gott in den Religionen – zu einer alles bestimmenden Wirklichkeit mutiert. Geld ist omnipotent, omnipräsent und universal, besitzt also Attribute, die in der Religion Gott zugeschrieben werden. Papst Franziskus spricht von „den Interessen des vergöttlichten Marktes, die zur absoluten Regel werden" (EG 56). Diese Kritik hat der Papst in seiner Rede vor Vertretern und Vertreterinnen des Welttreffens der sozialen Bewegungen im Oktober 2014 konkretisiert. Er kritisiert ein Wirtschaftssystem, „das den Profit über den Menschen stellt, und wenn es um wirtschaftlichen Profit geht, sogar über die Menschheit..."[57] Der Papst fährt fort:

„So etwas geschieht, wenn das Geld wie ein Gott im Zentrum eines Wirtschaftssystems steht, und nicht der Mensch, die menschliche Person. Ja, im Zentrum jedes gesellschaftlichen oder wirtschaftlichen Systems muss der Mensch stehen, Gottes Ebenbild, dazu geschaffen, dem Universum einen Namen zu geben. Wenn der Mensch an die Seite gerückt und die Gottheit Geld an seine Stelle gesetzt wird, geschieht diese Umwertung aller Werte."

Die Leugnung des Primats des Menschen zieht die Schaffung neuer Idole, biblisch: Götzen, nach sich. Markt und Geld werden dann zu einer Verkörperung eines erbarmungslosen Fetischismus, der über den Menschen herrscht. Dem gegenüber reklamiert der Papst den Vorrang des Menschen und die Verteidigung des Menschen vor falschen destruktiven Göttern. Das ist ein völlig neuer Ton und auch eine neue Sprache gegenüber der bisher bekannten katholischen Soziallehre.

Dass ethische Ermahnungen allein nicht ausreichen und angesichts der Dominanz einer geldgesteuerten Ökonomie geradezu harmlos und hilflos sind, spricht die jesuanische Alternative „Gott *oder* Mammon" (Matthäus 6,24/Lukas 16,13) an, indem sie auf eine Wahlverwandtschaft von Religion und Geld hinweist: Die jesuanische Alternative stellt aber auch die Entscheidungsfrage nach der Geltung Gottes *oder* des Mammon-Götzen und argumentiert angesichts dieser Strukturaffinität von Gott und Geld im strengen Sinn theologisch und gerade nicht ethisch.

Martin Luthers bekannte Auslegung des ersten Gebotes in seinem Großen Katechismus (1529) macht die Ökonomie zum Gegenstand der Rede von Gott.

> „Woran du nun (sage ich) dein Herz hängst und dich darauf verlässt, das ist eigentlich dein Gott. (…) Siehe: Dieser hat auch einen Gott, der heißt Mammon, das ist Geld und Gut, darauf er all sein Herz setzt, was auch der allergewöhnlichste Abgott auf Erden ist."[58]

Im Vertrauen auf Geld zeigt sich, was das Leben der Menschen bestimmt. Wenn Martin Luther so spricht, dann beschreibt er allerdings keineswegs eine zeitunabhängige Befindlichkeit des Menschen, sondern vielmehr die Grundsituation des Menschen in einer Zeit, die Luther selber erlebt und theologisch analysiert hat. Es war die Zeit des beginnenden Frühkapitalismus, die vom geraubten Gold der Indios überschwemmt wurde. Luther führt zur Analyse seiner Zeit „Mammon" als einen Systembegriff ein: Geld als die alles bestimmende Kraft. So kann Luther sagen: Wer von Gott reden will, der muss über Geld sprechen. Er sieht, dass Mammon und Gott in einem Akt des Vertrauens austauschbar sind. Menschen glauben und sie vollziehen ihren Glauben als einen Glauben an Gott *oder* an das Geld. Beide werden als Gegenstand des Glaubens austauschbar. Doch dies ist nur möglich, wenn Mammon sich eine Funktion aneignet und der Mensch auf diesen Mammon sein Vertrauen in eben einer Weise setzt, die der „rechte Glaube" Gott allein vorbehält und eben nicht dem Mammon zukommen lässt.

Im Gegensatz zur biblischen Tradition und der Rede Luthers gibt es eine auffällige Scheu in Theologie und Wirtschaftsethik, Geld überhaupt zum Thema der ethischen Reflexion zu machen. Entgegen dieser Zurückhaltung muss es ein Lackmustest für eine theologische Wirtschaftsethik sein, ob Geld zu einem Thema von theologischer Relevanz wird. Wer, wenn nicht eine theologische Ethik, könnte diese theologische Dimension der Geldverhältnisse zur Sprache bringen?

Die biblische Mammonskritik sagt mehr aus als die seit antiker Zeit umlaufende Redewendung, dass Geld die Welt regiere. Mit der Rede von Gott oder Mammon wird gefragt, inwiefern die Ökonomie dem Menschen dient und für den Menschen nützlich und gut ist. Eine Wirtschaft, die dem Mammon (das Herz an Geld und Gut hängen) dient, ist ein Abgott, eine Abkehr vom Leben, sie ist zerstörerisch. „Diese Wirtschaft tötet" – lautet das Diktum von Papst Franziskus. Das Geldsystem des Mammons herrscht dann, wenn die permanente Geldvermehrung als oberstes Ziel der Ökonomie akzeptiert und entsprechend gehandelt wird. Die Kritik des Mammon erreicht zweierlei: Sie identifiziert den Gott, der zu Unrecht als eine alles bestimmende Wirklichkeit fungiert, und inspiriert zu einem Widerstand gegen diese Geldmacht namens Mammon.

Im neoliberalen Diskurs wird nun aber eine Unterwerfung der Politik unter den Finanzmarkt gefordert. Einzige Kontrollinstanz des globalen Wettbewerbs sei das Finanzkapital, das die Märkte diszipliniere. Der Vorstandssprecher der Deutschen Bank, Rolf Breuer, nannte die Finanzmärkte eine „fünfte Gewalt" in der Demokratie, insofern die millionenfachen täglichen Entscheidungen der Anleger den nationalen Regierungen bessere Signale hinsichtlich dessen vermitteln können, was vernünftige Politik sei, als die nur vierjährigen Parlamentswahlen.[59] Die Staaten seien dann in der Lage, das knappe, aber mobile Kapital ins Land zu holen, wenn sie die Gewerkschaften in Schach hielten, die Löhne, Steuern und Abgaben möglichst niedrig hielten und wenig Umverteilung organisierten. Die Finanzmärkte hätten eine „Wächterrolle" für gute Politik übernommen. Deshalb sei die Politik gut beraten, den Wünschen der Anleger zu folgen.

Die unsichtbare Hand am Börsenplatz schafft die sichtbare Hand der Politik ab und reduziert Politik darauf, günstige Kapitalverwertungsbedingungen zu schaffen. Dann wird der Kapitalmarkt zu einer Instanz, welche das Wohl der Gesellschaft garantieren kann. Im Geldsystem findet also so etwas wie eine moralische Selbstorganisation der Gesellschaft statt. In dieser Hinsicht setzt Globalisierung einen Vorrang der Logik des Geldes vor der demokratischen Selbstbestimmung und den Menschenrechten durch.

Der Immunisierung eines „vergöttlichten Marktes" (EG 56) mit „sakralisierten Mechanismen" (EG 54) setzt Franziskus eine Wiedergewinnung ethischen Denkens entgegen. Er sagt:

„Die Ethik wird gewöhnlich mit einer gewissen spöttischen Verachtung betrachtet. Sie wird als kontraproduktiv und zu menschlich angesehen, weil sie das Geld und die Macht relativiert. Man empfindet sie als eine Bedrohung, denn sie verurteilt die Manipulierung und die Degradierung der Person. Schließlich verweist die Ethik auf einen Gott, der eine verbindliche Antwort erwartet, die außerhalb der Kategorien des Marktes steht. Für diese, wenn sie absolut gesetzt werden, ist Gott unkontrollierbar, nicht manipulierbar und sogar gefährlich, da er den Menschen zu seiner vollen Verwirklichung ruft und zur Unabhängigkeit von jeder Art von Unterjochung." (57 EG)

Kritisiert wird ein ökonomistischer Zirkelschluss, der jede moralische Überlegung als moralischen Übergriff abwehrt. Nur jene Normen sollen gelten, die selbst wiederum dem Marktdenken entnommen sind. Gegen ein solches ökonomistisches Zirkeldenken hatte Oswald von Nell-Breuning bereits in seiner frühen Kritik eingewendet, dass die „Maßstäbe, nach denen die Wirtschaftspolitik sich auszurichten habe, *nicht aus der Wirtschaft* selbst gewonnen werden können"[60]. Bezugspunkt können nur die Ethik und ihre Wertmaßstäbe sein, die aber nicht aus der Wirtschaft entnommen, sondern als kritischer Maßstab der Wirtschaft vielmehr entgegengehalten werden. Nell-Breuning formuliert dabei ein Kriterium, das Rüstow „Vitalpolitik" genannt hat. Nach Nell-Breuning bemisst sich die Güte einer Wirtschaftspolitik daran, „wie viel oder wie wenig sie beiträgt zu einer befriedigenden, an ethisch-kulturellen Maßstäben zu bewertenden *Gestaltung* des sozialen Lebens" (96). Gegenüber einem selbstbezüglichen Wirtschaftsdenken, das „ohne ein wirklich menschliches Ziel" (EG 55) auskommt, nimmt Papst Franziskus den ethischen Standpunkt des Menschen ein: Er blickt vom Menschen her und den an den Rand Gedrängten auf wirtschaftliche Systeme und ihre Abläufe. Nur aus dieser Perspektive lassen sich Gestaltungsorientierungen für eine vernünftige Wirtschaftspolitik gewinnen. Der Markt braucht ethische Vorgaben, die er sich nicht selber geben kann. Zu diesen Vorgaben für menschengerechtes Wirtschaften gehören die Menschenrechte.

Shareholder value als oberste Maxime

Der Soziologe Christoph Deutschmann macht die religiöse Natur des Kapitalismus in einer „Verheißung des absoluten Reichtums"[61] aus und bestätigt damit – wie oben ausgeführt – die Ansicht John M. Keynes', dass die freie Marktwirtschaft eine Religion sei, welche auf nichts anderes als auf das Ziel der Reichtumsmehrung zum eigenen Vorteil ausgerichtet sei. Der US-amerikanische, mit einem Nobelpreis geehrte Ökonom Paul A. Samuelson war sich in seinem Standardlehrbuch *Volkswirtschaftslehre* im Jahr 1981 noch sicher: „Wir haben vom Baum der Erkenntnis gegessen, ein Zurück zum Laissez-faire-Kapitalismus gibt es wohl oder übel nicht mehr."[62] Er hoffte, die Lehre aus der Großen Weltwirtschaftskrise, dass Märkte durch eine ordnende Hand reguliert werden müssen, würde beherzigt. Doch Samuelson sollte sich irren, denn nur wenig später begann sich ein marktradikaler Neoliberalismus, der erneut auf die Selbstregulierung der Märkte setzte, zunächst in den USA und Großbritannien, dann auch in Europa durchzusetzen. Der überwunden geglaubte Laissez-faire-Kapitalismus erlebte in Gestalt eines Finanzkapitalismus ein unverhofftes Comeback. Und mit ihm kehrten auch Krisen zurück – u. a. in Mexiko (1994), in Südostasien (1997) und schließlich auch in den ökonomischen Zentren USA und Europa (ab 2007). Erneut zeigte sich: Ohne sachgerechte staatliche Regulierung kommt es zu Krisen, denn die Märkte führen nicht von sich aus zu ökonomisch effizienten und sozial gerechten Ergebnissen. Arbeitnehmer, die ihre Jobs verloren hatten, Rentner, deren Alterssicherung abgebaut wurde, und Steuerzahler, die mit Hunderten Milliarden Dollar für die Rettung der Banken geradestehen mussten, mussten abermals den unnötigen Preis dafür zahlen, dass die Einsichten aus der Großen Weltwirtschaftskrise im 20. Jahrhundert verdrängt wurden. Erneut zeigte sich: Die „unsichtbare Hand" ist deshalb unsichtbar, weil es sie nicht gibt.

Ungeachtet nationaler Unterschiede und Besonderheiten hatten sich wieder Wettbewerbsstaaten formiert, die durch niedrige Kosten, Absenkung sozialer Rechte und Verdrängung der sozialen Menschenrechte ihre Wettbewerbsfähigkeit erkauft hatten. Überwundene soziale Unsicherheiten, prekäre Beschäftigungsverhältnisse und Armut kehrten zurück, und auf der anderen Seite gab es enorme Vermögens- und Einkommenszuwächse. Die Steigerung des Unternehmenswertes und der Rendite, der Shareholder value, avancierte zur obersten Maxime guter Unternehmensführung.

Mit dem Anstieg der Kurzatmigkeit bei der Gewinnorientierung der Unternehmen ging eine Modernisierung des Finanzsystems und zugleich auch ein neues Leitbild unternehmerischen Handelns einher, dem zufolge die Manager einzig und allein dem Aktionärsinteresse an einem möglichst hohen Aktienkurs verpflichtet sind. Um den Shareholder value zu steigern, sind sie dazu angehalten, die Tochterunternehmen und Abteilungen zu Profit-Centers umzubauen, die alle einem vorab definierten Renditeziel unterworfen werden, das unter fast allen Umständen erreicht werden muss. Dieses Leitbild unternehmerischen Handelns ist nicht nur bei den Analysten und den professionellen Anlegern in den großen Investment- und Pensionsfonds sowie bei Unternehmensberatern weit verbreitet, sondern hat sich allmählich auch in vielen Konzernen durchgesetzt. Börsennotierte Konzerne überlassen sich der Steuerung durch den Shareholder value und den Börsenkursen. Sämtliche Abläufe in den Unternehmen werden einer straffen Gewinnsteuerung unterstellt und Gewinnziele über Kennziffernsysteme von der Spitze der Unternehmen bis auf die Basis in den Betrieben heruntergebrochen. Das Ziel besteht darin, vorab definierte Gewinnmargen abzusichern und fast ausschließlich die Interessen der Anteilseigner zu bedienen. Die Interessen der abhängig Beschäftigten, der Kunden, der öffentlichen Hand und das Interesse an der Erhaltung der natürlichen Umwelt spielen eine eher nachrangige Rolle.

Die Ausrichtung des Unternehmensziels und Unternehmenszwecks auf möglichst hohe Erzielung von Gewinnen hat gesamtgesellschaftlich auch zu einer immensen Umverteilung der Vermögen und Einkommen geführt. Welche Untersuchungen man auch immer heranzieht, sie zeigen alle dasselbe Ergebnis. Seit den Achtzigerjahren öffnet sich die Einkommensschere. So besitzt in Deutschland das kleine oberste Promille von 80.000 Menschen insgesamt 22,5 Prozent des gesamten Nettovermögens – sechzehnmal so viel wie das Vermögen der unteren vierzig Millionen Deutschen zusammen.[63] Die Analysten der Citibank charakterisierten die sich herausbildende US-amerikanische Gesellschaft als eine „Plutonomy" – eine Herrschaft der Reichen und der Ökonomie.

III. Soziale Menschenrechte: Antwort auf die Große Weltwirtschaftskrise

Auf der Berlinale, dem großen Filmfestival, erregte im Jahr 2013 ein Film des britischen Regisseurs Ken Loach Aufsehen. Unter dem Titel *The Spirit of 45*, der Geist von 1945, zeigte der Film, wie sich die Labour Party im Jahr 1945 nach Erringung der absoluten Mehrheit daran machte, einen Wohlfahrtsstaat aufzubauen. Man wollte nach dem Desaster der Großen Weltwirtschaftskrise und des Zweiten Weltkrieges einen Neuaufbruch. Erhebliche Steuern auf Vermögen und hohe Einkommen wurden erhoben und die Schlüsselindustrie wurde verstaatlicht, um die Macht des großen Geldes zu beschneiden und die natürlichen Härten des Kapitalismus abzumildern. Man versprach soziale Sicherheit und Wohlstand für alle. Beveridge hatte einen Plan für einen Aufbau des Wohlfahrtsstaates vorgelegt, der sich vor allem der Bekämpfung der „fünf großen Übel" widmete: Not, Krankheit, Unwissen, Elend und Untätigkeit. Doch nach nur dreißig Jahren zeigte sich, dass nahezu all diese sozialen Errungenschaften, die im Namen der sozialen Menschenrechte errungen worden waren, den harten Reformen von Margaret Thatcher, Premierministerin von 1979 bis 1990, zum Opfer fielen.

„Der Geist von 1945":
Aufbruch und konzeptioneller Neuanfang

Das Scheitern der liberalen Wirtschaftstheorie in der Großen Weltwirtschaftskrise von 1929 bis 1933 hatte dazu geführt, dass selbst bisherige Befürworter einer kapitalistischen Wirtschaftsordnung sich für eine sozial eingebettete Wirtschaftsordnung aussprachen. Die Achtung der Menschenrechte und eine auf der Menschenwürde basierende Weltordnung, welche die natürlichen Härten des Kapitalismus abmildern sollten, waren eine konzeptionelle Antwort auf das Scheitern der liberalen Wirtschaftsordnung. Bereits 1935 hatte der US-Präsident Franklin D. Roosevelt die gesetzlichen Grundlagen für Sozialreformen unter dem Namen „Social Security Act" verabschiedet. „Social Security", soziale Sicherheit, wurde zu einem Programmwort, mit dem Lehren aus der Großen Wirtschaftskrise gezogen wurden, die millionenfach Armut und Arbeitslosigkeit hervorgerufen hatte. Roosevelt nahm das Programmwort der sozialen Sicherheit abermals auf, als er 1941 jene „vier Freiheiten" formulierte, die später auch Eingang in die Präambel der *Allgemeinen Erklärung der Menschenrechte* finden sollten: die Rede- und Meinungsfreiheit, die Glaubensfreiheit und die Freiheit von Not und Furcht. Die Aufarbeitung des dramatischen Ausmaßes der Großen Weltwirtschaftskrise führte zu einer regelrechten Umkehr der bisherigen politischen und ökonomischen Grundannahmen. Darin zeigt sich ein neues Staatsverständnis: Der Staat ist nicht mehr die Instanz, welche die bürgerlichen Freiheiten bedroht; er übernimmt Verantwortung für das soziale Wohlergehen seiner Bürgerinnen und Bürger und sichert dadurch deren bürgerliche Freiheit.

Am 14. August 1941 trafen sich unter höchster Geheimhaltung in einer Bucht vor Neufundland auf einem britischen Schlachtschiff die damaligen Regierungschefs der USA, Franklin D. Roosevelt, und Großbritanniens, Winston S. Churchill, um gemeinsame Grundsätze zu formulieren. Auch wenn der primäre Zweck sicherlich propagandistischer Art war, so wollte man doch nicht nur den Krieg gewinnen: In der dort verabschiedeten *Atlantic Charta* wurde ein ambitioniertes ökonomisches und soziales Neuordnungsprogramm für „eine bessere Zukunft für die Welt" – so in der Präambel – entworfen. Es war eine innovative Idee, mit der man auf die Weltwirtschaftskrise reagierte und mit der man erstmals das Konzept einer internationalen Verantwortung für einen Wohlfahrtsstaat entwickelte: nicht mehr Wettbewerb, sondern engste wirtschaftliche Zusammenarbeit aller Nationen, bessere Arbeitsbedingungen, wirtschaftlicher Ausgleich, Schutz der Arbeitenden und soziale Sicherheit für alle Bürgerinnen und Bürger. Zentral für die *Atlantic Charta* war das Versprechen von „Freiheit von Furcht und Not". Das Versprechen einer Freiheit von existenziell-sozialer Furcht und einer Freiheit von materieller Not wurden zu einem wirkmächtigen Programmimpuls für eine internationale wohlfahrtsstaatliche Entwicklung.

Nur wenige Jahre später, nämlich im Jahr 1944, bekräftigte die Internationale Arbeitsorganisation in der *Erklärung von Philadelphia*[64] eine Reihe von Rechten: Verbesserung der Lebensbedingungen, Arbeitsschutz, Anerkennung des Rechts auf Kollektivverhandlungen, Ausbau der sozialen Sicherheit, ein Mindesteinkommen sowie Vollbeschäftigung. Erstmals wird die universale Formulierung verwendet:

„Alle Menschen, ungeachtet ihrer Rasse, ihres Glaubens und ihres Geschlechts, haben das Recht, materiellen Wohlstand und geistige Entwicklung in Freiheit und Würde, in wirtschaftlicher Sicherheit und unter gleich günstigen Bedingungen zu erstreben."

Die *Erklärung von Philadelphia* kann als Geburtsstunde einer sozialstaatlichen völkerrechtlichen Programmatik gelten. Diese sozialstaatlichen Impulse waren keineswegs vereinzelt, sondern prägten das Denken in allen Industriestaaten. In Großbritannien legte William Beveridge im Jahr 1942 seinen Plan zur Reform des britischen Wohlfahrtstaates vor, der sich ausdrücklich auf die *Atlantic Charta* bezog. Nach 1945 sollte der Plan unter der Labour-Regierung Zug um Zug umgesetzt werden. In Italien entwarfen drei auf Mussolinis Gefangeneninsel Ventone einsitzende Kommunisten das *Manifest von Ventone*, in dem sie für Demokratie, Sozialstaat und gemischte Eigentumsformen plädierten. In Frankreich hatte der Nationale Widerstandsrat 1944 ein Programm mit einer „gerechten Sozialordnung" entworfen, zu der u. a. ein Recht auf Arbeit, ein Recht auf einen existenzsichernden und ausreichenden Lohn und ein Recht auf soziale Sicherheit gehörten. Gegründet wurde die bis heute bestehende Sozialversicherung, der *Sécurité Sociale*.

Auch in Deutschland gab es einen Neuanfang aus dem „Geist von 1945". Er zeigt sich in den ersten Länderverfassungen. Die erste nach dem Krieg 1946 geschriebene Landesverfassung in Hessen formulierte eine durchaus vergleichbare Programmatik:

„Die Wirtschaft des Landes hat die Aufgabe, dem Wohle des ganzen Volkes und der Befriedigung seines Bedarfs zu dienen. Zu diesem Zweck hat das Gesetz die Maßnahmen anzuordnen, die erforderlich sind, um die Erzeugung, Herstellung und Verteilung sinnvoll zu lenken und jedermann einen gerechten Anteil an dem wirtschaftlichen Ergebnis aller Arbeit zu sichern und ihn vor Ausbeutung zu schützen." (Artikel 38)

Diese Landesverfassung ist die erste Verfassung, die den Übergang von einer liberalen Ordnung zu einer Ordnung mit sozialen Menschenrechten vollzogen hatte. In einer Klarheit, wie sie in anderen Länderverfassungen kaum zu finden ist, werden soziale Rechte aufgeführt, u. a. ein Recht auf Arbeit, auf einen existenzsichernden Lohn, das Streikrecht und ein System sozialer Sicherheit für jedermann. Während das Grundgesetz die Bundesrepublik lediglich als einen „sozialen Bundesstaat" (Art. 20 Abs. 1) definiert und dessen soziale Ausgestaltung offen lässt, formulierte die Hessische Verfassung detaillierte soziale Rechte und verpflichtete den Gesetzgeber zur institutionellen Ausgestaltung des Sozialstaates auf der Basis von sozialen Menschenrechten.

Nicht anders das *Ahlener Programm*[65] der nordrhein-westfälischen CDU aus dem Jahr 1947. Es beginnt mit den Worten:

„Das kapitalistische Wirtschaftssystem ist den staatlichen und sozialen Lebensinteressen des deutschen Volkes nicht gerecht geworden. Nach dem furchtbaren politischen, wirtschaftlichen und sozialen Zusammenbruch als Folge einer verbrecherischen Machtpolitik kann nur eine Neuordnung von Grund aus erfolgen. Inhalt und Ziel dieser sozialen und wirtschaftlichen Neuordnung kann nicht mehr das kapitalistische Gewinn- und Machtstreben, sondern nur das Wohlergehen unseres Volkes sein. Durch eine gemeinschaftliche Ordnung soll das deutsche Volk eine Wirtschafts- und Sozialverfassung erhalten, die dem Recht und der Würde des Menschen entspricht, dem geistigen und materiellen Aufbau unseres Volkes dient und den inneren und äußeren Frieden sichert."

Mitbestimmung, Genossenschaften und Sozialisierung wurden gefordert. Das Programm war keine „Jugendsünde", sondern klarer Ausdruck eines ungewöhnlich breiten europäischer Gesamtkonsenses, der seine Folgen aus dem Scheitern des freien Marktes in den Vorkriegszeiten gezogen und ein ambitioniertes Reformprogramm gewagt hatte. Von den Vertretern des New Deals in den USA bis zu den deutschen Theoretikern der Sozialen Marktwirtschaft, von der britischen Labour Party bis zu den Vertretern einer Wirtschaftsplanung in Frankreich setzten alle auf den Staat als Garanten der Wohlfahrt und der sozialen Rechte der Menschen. Aus Angst vor einen Rückfall in vergangene Zeiten war man nach 1945 bereit, die Freiheit der Märkte im Interesse der Allgemeinheit einzuschränken, die Macht der Konzerne und des Geldes zu beschneiden, eine soziale Demokratie mit sozialen Rechten zu schaffen und Systeme der sozialen Sicherheit für jedermann einzuführen. Das Gemeinwohl sollte über dem Interesse des Einzelnen stehen, und eine gerechte Verteilung des Sozialproduktes sollte sichergestellt werden. Kaum jemand setzte noch auf die Marktkräfte. Hatte man bislang dem Staat nur eine Nebenrolle zugebilligt, so wurde er jetzt zu einer Instanz zum Wohl der Menschen. Kurz gesagt: Nach 1945 gab es eine stille, aber durchgreifende Revolution. Allen war klar, dass es mit der metaphysischen Magie einer „unsichtbaren Hand" endgültig vorbei ist. Alle setzten auf einen starken, handlungsfähigen und aktiven Staat, der den Markt gesellschaftlich einbettet, den Kapitalismus zähmt, die Wirtschaft steuert und soziale Rechte für jedermann sicherstellt.

Menschenrechtsaufbruch 1945: Die „Allgemeine Erklärung der Menschenrechte" und internationale Pakte

Herausragendes Ereignis dieses Aufbruchs nach 1945 ist die *Allgemeine Erklärung der Menschenrechte* aus dem Jahr 1948. Auch wenn es wichtige Vorformen in der amerikanischen Unabhängigkeitserklärung von 1776 und der französischen Erklärung der Menschenrechte von 1789 mit ihren Erklärungen über die unveräußerlichen Rechte der Menschen gab, so markieren die *Charta der Vereinten Nationen* vom 26. Juni 1945 und die *Allgemeine Erklärung der Menschenrechte*, welche die Vereinten Nationen am 10. Dezember 1948 verkündeten, doch einen Wendepunkt in der Geschichte der Menschenrechtserklärungen. Erstmals wird nämlich der Versuch gemacht, Menschenrechte länderübergreifend zu formulieren und völkerrechtlich zu implementieren. Programmatisch wird in der *Allgemeinen Erklärung der Menschenrechte* jedem Menschen das Recht zuerkannt,

„… in den Genuss der wirtschaftlichen, sozialen und kulturellen Rechte zu gelangen, die für seine Würde und die freie Entwicklung seiner Persönlichkeit unentbehrlich sind." (Art. 22)

Unter der Programmformel „Soziale Sicherheit" (Art. 22) wird das Leitbild einer allgemeine Teilhabe gewährleistenden Gesellschaft durchbuchstabiert, in dem einzelne Rechte aufgeführt werden:

- ein Recht auf Arbeit (Art. 23),
- ein Recht auf angemessene Entlohnung und beruflichen Zusammenschluss (Art. 23),
- ein Recht auf Erholung (Art. 24),
- das Recht auf soziale Sicherheit (Art. 25) bei Arbeitslosigkeit, Krankheit, Invalidität oder Verwitwung.

Abschießend nennt Artikel 28 den wichtigen grundlegenden

„… Anspruch auf eine soziale und internationale Ordnung, in welcher die in der vorliegenden Erklärung angeführten Rechte und Freiheiten voll verwirklicht werden können."

Diese bewundernswerte Formulierung macht deutlich, dass die politische, soziale und wirtschaftliche Ordnung von entscheidender Bedeutung für die Menschenrechte ist. Dieser Artikel 28 verbindet die individuelle Ebene, auf der Rechte wahrgenommen werden, mit der strukturellen Ebene, auf der die Bedingungen für die Rechte verankert sind. Artikel 28 ist ein Recht, das die institutionellen Bedingungen für die Wahrnehmung der Rechte sichert. Thomas Pogge spricht deshalb auch von einem „institutionellen Menschenrechtsbegriff"[66], denn es sind immer Institutionen nötig, welche die Wahrnehmung von Rechten ermöglichen und absichern. Wie es um die Menschenrechte bestellt ist, hängt entscheidend von der Verfasstheit der gesellschaftlichen Ordnung ab. Wenn mit der Verwirklichung dieses bedeutenden Menschenrechtsartikels ernst gemacht würde, wäre dies eine Veränderung, die einer wahren Revolution gleichkäme. Gesagt wird nämlich, dass die moralische Qualität einer Ordnung, einer Sozial- oder einer Wirtschaftsordnung, davon abhängt, in welchem Maße sie allen Mitgliedern eines Gemeinwesens den Zugang zu ihren Menschenrechten verschafft. Jede Ordnung ist deshalb danach zu bewerten, welchen Beitrag sie zur Verwirklichung der Menschenrechte leistet.

Seit 1945 ist ein beachtlicher Prozess der rechtlichen Kodifizierung sozialer Menschenrechte in Gang gekommen: 1948 wurde die *Allgemeine Erklärung der Menschenrechte* verabschiedet und im Jahr 1966 der *Menschenrechtspakt über bürgerliche und politische Rechte:* der *Zivilpakt* sowie der Pakt über wirtschaftliche, soziale und kulturelle Rechte, der *Sozialpakt*. Die Ratifizierung der Pakte erfolgt in den einzelnen Staaten. Die zahlreichen ILO-Übereinkommen gehören auch zu diesem Aufschwung der Menschenrechte. Die ILO – 1919 nach dem Ersten Weltkrieg gegründet – zählt zu den ältesten internationalen Einrichtungen, die soziale Rechte als Mittel für den Weltfrieden verstanden hat. Die Menschenrechtskonferenz in Wien hat im Jahr 1993 die Unteilbarkeit aller Menschenrechte erneut bekräftigt. Auf europäischer Ebene traten die *Europäische Menschenrechtskonvention* von 1950, die *Europäische Sozialcharta* aus dem Jahr 1961 sowie die *Charta der Grundrechte der Europäischen Union* aus dem Jahr 2000 hinzu.

Als historisches Ereignis gilt das *Fakultativabkommen zum UN-Sozialpakt* aus dem Jahr 2008, das Einzelheiten für das Verfahren der Individualbeschwerde regelt. Mit diesem Verfahren können sich Menschen, die sich in ihren sozialen Menschenrechten verletzt sehen, nach Ausschöpfen der nationalen Rechtsmittel an die Vereinten Nationen wenden. Die Einführung des Individualbeschwerdeverfahrens würde die bereits anerkannte Justiziabilität bestärken. Deutschland gehört leider nicht zu den ersten zehn Staaten, welche das Protokoll gezeichnet und ratifiziert haben.

Die Präambel der *Allgemeinen Erklärung der Menschenrechte* bringt auf klare Weise zum Ausdruck, dass die Erklärung unabhängig von der Zustimmung der Völker existiert. Die Menschenrechte haben ihre Bedeutung darin, dass sie moralische Rechte formulieren, die unabhängig von der Zustimmung der Machthaber bestehen; sogar alle Regierungen zusammen könnten die Menschenrechte gesetzgeberisch nicht abschaffen. Das schafft Raum für eine kritische Beurteilung der politischen, ökonomischen und gesellschaftlichen Verhältnisse am Maßstab der Menschenrechte und ermutigt im Kampf um Menschenrechte. Justiziables Recht sind die dort formulierten Menschenrechte allerdings nur insoweit, als sie durch innerstaatliche Rechtsetzung garantiert werden. Insofern war es ein bedeutsamer Schritt, als es 1966 gelang, der rechtlichen

Substanz der *Allgemeinen Erklärung der Menschenrechte* von 1948 in den beiden Zivil- und Sozialpakten auch eine rechtlich bindende Form zu geben. Mit der Ratifizierung des Sozialpaktes und des Zivilpaktes der Vereinten Nationen hat sich die Bundesrepublik Deutschland im Jahr 1976 völkerrechtlich verpflichtet, die Menschenrechte zu respektieren, zu schützen und zu gewährleisten. Dadurch haben beide Pakte die Rechtsverbindlichkeit eines einfachen Bundesgesetzes.

Soziale Marktwirtschaft

Der „Geist von 1945" stieß eine Entwicklung des deutschen Sozialstaates und der Wirtschaftsverfassung an, die bis in die Siebziger- und Achtzigerjahre des letzten Jahrhunderts hinein bei allen Mängeln doch ein Reformprojekt war, das Armut und soziale Ungleichheit zu einem Randphänomen gemacht hat sowie anständige Löhne und eine insgesamt ausgeglichenere Verteilung des Sozialproduktes erreichen konnte. Altersarmut wurde beseitigt. Kündigungs- und Arbeitsschutz sowie Mitbestimmungsrechte und verbindliche tarifliche Normen galten allenthalben. Es gab ein Gesetz zur Festlegung von Mindestarbeitsbedingungen, doch angewandt werden musste es nie. Niedriglöhne waren nämlich eigentlich unbekannt, die Arbeitsplätze und die Rente waren sicher. Der Westen erlebte Jahrzehnte von Wohlstand und sozialer Sicherheit. Nicht nur in Deutschland, auch in den USA, Frankreich und Großbritannien nennt man diese Zeit zwischen 1949 und 1974 ein „Goldenes Zeitalter". Zu Recht. Das soll nicht als Verklärung vergangener Zeiten gesagt sein, wohl aber den Blick auf eine Zeit klar machen, die unwiderruflich vergangen ist und durch eine bloße Rückkehr zur „alten" Sozialen Marktwirtschaft auch nicht wieder hergestellt werden kann. Die Soziale Marktwirtschaft, wie man sie kannte, ist Geschichte.

Gescheiterte Ideen konnten aber erneut triumphieren. Gegenkräfte zu der fortschrittlichen sozialökonomischen Entwicklung nach 1945 und dem Neuordnungsprojekt vermochten es, die durch die Wachstumskrise Mitte der Siebzigerjahre ausgelöste Verunsicherung zu ihren Gunsten auszunutzen. Sie leiteten eine politische und wirtschaftliche Richtungsänderung ein, die bis in die Gegenwart andauert. Der Nachkriegskonsens drehte sich: Hatte nach dem Krieg kaum jemand noch auf die Kraft des Marktes gesetzt und hatte man den Markt unter die Kontrolle des Staates gebracht, so setzte man nun erneut auf die Marktkräfte. Galt der Staat als Garant für eine soziale Steuerung des Marktes, so wurde die staatliche Regulierung nun abermals als Grund für die Behinderung von unternehmerischer Initiative ausgemacht. Versprochen wurde, dass das Wirtschaftswachstum wieder in Gang käme, wenn nur die Selbstheilungskräfte des Marktes entfesselt, die Steuern gesenkt, die staatlichen Sozialausgaben gekürzt und Lohnforderungen gezügelt würden. Privatisierung, Deregulierung und Flexibilisierung avancierten zu Leitbegriffen wirtschaftspolitischen Handelns. Die Parole „weniger Staat, mehr Markt" fand wieder Gehör. Man wollte nicht mehr wissen, welch weitreichendes Reformvorhaben für eine gesellschaftliche Gesamtordnung mit sozialen Menschenrechten, sozialer Sicherheit, Mitbestimmung und Vollbeschäftigung sich mit der Idee der Sozialen Marktwirtschaft verbunden hatte. Anders als etwa in den USA unter Reagan oder in Großbritannien unter Thatcher blieb ein Generalangriff auf den Sozialstaat und die Gewerkschaften zwar aus. Die Erosion vollzog sich vielmehr eher schleichend. Die moralische Basis, welche den „Geist von 1945" geprägte hatte, erodierte; man bezweifelte erneut, dass erst die soziale Steuerung den Markt sozial mache. Jetzt hieß es wieder, dass der Markt an sich sozial sei.

In einem seiner letzten Vorträge hatte Oswald von Nell-Breuning 1986 resigniert das Resümee gezogen, dass sich der Gehalt der Sozialen Marktwirtschaft als „reichlich mager" herausgestellt habe.[67] Schon zu Beginn der Fünfzigerjahre hatte er kritisiert, dass die Soziale Marktwirtschaft bloß eine „theoretische Begleitmusik" (236) für die Bundesrepublik sei. Am Ende sei von allen konzeptionellen Neuansätzen nur noch ein „sozial temperierter Kapitalismus" (237) übrig geblieben.

Wichtige globale institutionelle Rahmensetzungen brachen weg. Als es 1973 zur Aufkündigung des Bretton-Woods-Abkommens von 1944 kam, brachen die Regierungen in London und Washington mit dem Wohlfahrtsstaat. Eine ökonomische Globalisierung konnte sich entfalten. Sie wurde politisch und rechtlich in Gang gesetzt, doch globale Verträge und Institutionen, die eine politische Regulierung hätten ermöglichen können und den Menschenrechten global Geltung hätten verschaffen können, wurden nicht geschaffen oder scheiterten an den Interessen einflussreicher Staaten.

Der Bericht des UN-Sozial- und Wirtschaftsrats erinnert die deutsche Bundesregierung im Jahr 2011 an eine längst vergessene und geradezu anachronistisch wirkende Forderung, nämlich das sog. Rückschrittsverbot.[68] Gefordert wird in Artikel 2 des Sozialpaktes, dass die sozialen Menschenrechte „nach und nach" realisiert werden sollen. Das bedeutet das Verbot eines Rückschritts.[69] Der erreichte Stand sozialer Rechte und Errungenschaften darf nicht mehr riskiert und zur Disposition gestellt werden. Der UN-Wirtschafts- und Sozialrat sah sich im Jahr 2011 zu einer Mahnung an die Adresse der Bundesregierung genötigt:

„In diesem Zusammenhang wiederholt der Ausschuss seine im Jahr 2001 ausgesprochene Empfehlung, dafür zu sorgen, dass die von dem Vertragsstaat durchgeführte Reform der sozialen Sicherung sich nicht rückschrittlich auf die im Pakt verankerten Rechte der einkommensschwachen Bevölkerungsschichten und der benachteiligten und der am Rande der Gesellschaft stehenden Bevölkerungsgruppen auswirkt, und verweist den Vertragsstaat auf seine Allgemeine Bemerkung Nr. 19 (2008) über das Recht auf soziale Sicherheit." (Ziff. 21)[70]

Menschenrechte, Mitbestimmung und Demokratie, Arbeitszeitverkürzung und Beteiligung aller am wachsenden gesellschaftlichen Reichtum schienen nach 1945 Möglichkeiten zu sein, die nur darauf warteten, realisiert zu werden. Tatsächlich aber kam es nach nur drei Jahrzehnten genau umgekehrt: Soziale Rechte, Menschenrechte und die Grenzen des Marktes schienen erneut Blockaden für mögliches ökonomisches Wachstum zu sein.

Was unter „Sozialer Marktwirtschaft" verstanden wird, war immer umstritten.[71] Alfred Müller-Armack, auf den die Bezeichnung „Soziale Marktwirtschaft" zurückgeht, verstand die Soziale Marktwirtschaft als „keine sich selbst überlassene, liberale Marktwirtschaft, sondern eine bewusst gesteuerte, und zwar sozial gesteuerte Marktwirtschaft"[72]. Die soziale Gerechtigkeit wollte Müller-Armack in seinem Ursprungskonzept in die Wirtschaftsordnung integriert wissen. Das ist mehr als Marktwirtschaft plus sozialer Ausgleich.

Um die Defizite der Marktwirtschaft wissen auch die Ordoliberalen, doch sie erwarten von einem starken Staat nur, dass es reiche, wenn der Staat Wettbewerb und Geldwert sichert. Für die marktradikalen Neoliberalen hingegen ist eine Marktwirtschaft bereits an sich sozial. Deshalb sind lenkende Interventionen durch die Politik nicht nur überflüssig, sondern auch schädlich. Der Staatsvertrag über die Schaffung einer Währungs-, Wirtschafts- und Sozialunion zwischen der Bundesrepublik Deutschland und der DDR vom Juli 1990 definierte die Soziale Marktwirtschaft als eine Wirtschaft „mit der freien Entscheidung der Unternehmer über Produkte, Mengen, Produktionsverfahren, Investitionen, Arbeitsverhältnisse, Preise und Gewinnverwendung" (Art. 11 Abs. 2). Hier wird die Soziale Marktwirtschaft als eine freie Marktwirtschaft ohne Regulierung des Staates ganz im Sinne der marktradikalen Neoliberalen definiert.

Auch die beiden Kirchen haben sich in den Definitionsstreit um die Soziale Marktwirtschaft in ihrem Wirtschafts- und Sozialwort von 1997 eingeschaltet.[73] Sie verstehen die Soziale Marktwirtschaft als Teil eines Ensembles von Werten aus Menschenrechten, freiheitlich-sozialer Demokratie und einer Sozialkultur. Der Markt trägt seine Rechtfertigung nicht in sich. Die Kirchen warnen davor, nur auf den Markt setzen zu wollen, weil dadurch auch die Funktionsvoraussetzungen der Marktwirtschaft selber zerstört werden.

„Mit der Herauslösung der Marktwirtschaft aus ihrer gesellschaftlichen Einbettung würden die demokratische Entwicklung, die soziale Stabilität, der innere Friede und das im Grundgesetz verankerte Ziel der sozialen Gerechtigkeit gefährdet." (Ziff. 146)

Die ökonomische Effizienz der Marktökonomie ergibt sich nicht aus dem Markt, vielmehr müsse die Effizienz der Marktwirtschaft an „wirtschaftlichen Erfolg und sozialen Ausgleich als gleichrangige Ziele" gebunden werden, wobei „jeweils der eine Aspekt als Voraussetzung für die Verwirklichung des anderen begriffen" (Ziff. 143) wird. Der Sozialstaat ist „nicht als ein nachgeordnetes und je nach Zweckmäßigkeit beliebig zu ‚verschlankendes' Anhängsel der Marktwirtschaft" zu begreifen, sondern stellt einen „eigenständigen moralischen Wert" (Ziff. 133) dar. Die Kirchen verstehen Soziale Marktwirtschaft mit Müller-Armack als eine „bewusst sozial gesteuerten Marktwirtschaft" (Ziff. 143). Damit schließen sie sich der Ursprungsversion der Sozialen Marktwirtschaft an, die sie mit fünf Komponenten erläutern:

- gerechte Verteilung und Beteiligung der Menschen am gesellschaftlichen und wirtschaftlichen Leben;
- Verantwortung von Arbeitgebern und Gewerkschaften für die Aushandlung fairer und gerechter Arbeitsbedingungen;
- marktwirtschaftliche Effizienz und der soziale Ausgleich durch den Sozialstaat als sich wechselseitig bedingende Momente;
- gerechte Verteilungsprozesse;
- Wirtschaftsbürgerrecht, das die Objektstellung der Arbeitnehmer überwindet und sie zu Subjekten im Sozialprozess der Güterherstellung macht.

Doch leider haben sich die Kirchen von dieser Position entfernt und im Einklang mit dem neoliberalen Mainstream in der Sozialinitiative der Kirchen aus dem Jahr 2014 eine Umprogrammierung der Sozialen Marktwirtschaft nachvollzogen.[74] Dort sprechen sie nicht mehr wie bislang von einer „bewusst sozial gesteuerten Marktwirtschaft", sondern von einer lediglich „gestalteten Marktwirtschaft", die aus einer ordoliberalen Wettbewerbsordnung plus Sozialstaat besteht. Der programmatische Interventionismus Müller-Armacks wird unzulässig verkürzt, wenn der „soziale Ausgleich" lediglich als Umverteilung der Ergebnisse unbeeinflusster Marktprozesse verstanden wird. Die „gestaltete Marktwirtschaft" wird von der Sozialinitiative als ein Sozialmodell bezeichnet, das „tief in der europäischen Kultur wurzelt" und zum „kulturelle(n) Erbe" (59) der Christen gehöre. Die Kirchen bringen sich in eine „Wahlverwandtschaft" (Max Weber) mit dem Ordoliberalismus. Dabei werden die kritischen Einwände gegen eine ordoliberale Wirtschaftsordnung, wie sie gerade von katholischen Ethikern in den Fünfzigerjahren vorgebracht wurden, ignoriert. Das Spektrum reichte damals von einem „Ja, aber" bis zu einem „Beinahe nein".[75] Die Lebensperspektive der Arbeitnehmerinnen und Arbeiter jedoch kommt in einem ordoliberalen Konzept von Wirtschaft eigentlich nicht vor.

Für Oswald von Nell-Breuning verdient eine Wirtschaft nur dann das Attribut „sozial befriedigend", „wenn sie so geordnet ist, dass jeder Mensch *Sub*jekt des Sozialprozesses ist und keiner bloßes *Ob*jekt"[76]. Arbeitsfähige und Arbeitswillige müssten Gelegenheit haben, eine Arbeitsstelle zu finden, der Mensch müsse seiner Menschenwürde gemäß im Produktionsprozess eingesetzt werden und alle, die am Zustandekommen der Produktionsergebnisse beteiligt gewesen seien, müssten auch am Ertrag beteiligt werden. Für all das reiche der Wettbewerb nicht aus. Dazu brauche es nach Nell-Breuning einer „spezifischen Lenkung der Wirtschaft durch eine entsprechende Wirtschaftspolitik" (101).

Bewusste soziale Regulierung des Marktes, Aufbau eines Sozialstaates als Ausdruck der sozialen Menschenrechte und eine klare Grenze für den Markt sind die zentralen Grundelemente des wirtschaftspolitischen Aufbruchs nach 1945. Im Hintergrund stehen ethisch Grundüberzeugungen vom Wert der gesellschaftlichen Solidarität, die sich in Menschenrechte, soziale Rechte, soziale Sicherheit, Mitbestimmung oder eine gute Altersversorgung übersetzten. Nicht Wirtschaftswachstum und möglichst hoher Gewinn, sondern die Wohlfahrt aller sind das oberste Ziel. Neu war nach 1945 die Überlegung, dass der Staat am besten geeignet wäre, diese Aufgaben zu gewährleisten, und man sie daher in seine Hand legen sollte.

Die Epoche eines sozial und gesellschaftlich eingebetteten Kapitalismus, der sich mit Sozialstaatlichkeit und sozialen Menschenrechten verbunden hatte, gehört der Vergangenheit an. Nicht mehr soziale Sicherheit, Ausbau des Sozialstaates und soziale Menschenrechte, sondern „mehr Markt und weniger Staat" wurden zur Programmformel der gesellschaftlichen Entwicklung ab Mitte der Achtzigerjahre, freie Märkte, damit die wirtschaftliche Dynamik sich möglichst ungehindert entfalten kann. Ein Zurück wird es nicht geben können, wohl aber neue Antworten auf die neue Große Krise. Dabei ist es unabdingbar, dass sich der ökonomische und soziale Neuanfang an den Menschenrechten orientiert.

Gestaltungskraft der Menschenrechte

Es ist unstrittig, dass die Väter und Mütter des Grundgesetzes gegenüber einer expliziten Verankerung sozialer Grundrechte und hinsichtlich etwaiger Vorgaben bei der Ausgestaltung des Sozialstaatsprinzips deutlich zurückhaltend waren. Das Grundgesetz enthält keine ausdrücklichen sozialen Grundrechte. Deshalb bedurfte es einer langen verfassungsrechtlichen Diskussion und zahlreicher Entscheidungen des Bundesverfassungsgerichts, bis der materiell-rechtliche Gehalt der Sozialstaatsklausel des Grundgesetzes geklärt war. Einflussreiche Verfassungsrechtler verweisen stets darauf, dass sich das Sozialstaatsprinzip durch eine relative inhaltliche Unbestimmtheit und Offenheit auszeichne.

Die Zurückhaltung des Grundgesetzes gegenüber sozialen Grund- und Menschenrechten war so lange unerheblich, wie der Sozialstaat dynamisch ausgebaut wurde und weit über menschenrechtliche Standards hinausreichte. Die fehlende menschenrechtliche Verankerung könnte sich jedoch als problematisch erweisen, wenn es zu empfindlicheren Einschnitten in das Sozialsystem kommen sollte und dann kein kritischer Maßstab zur Sicherung sozialer Mindeststandards bereitsteht. Denn im Unterschied zu sozialen Menschenrechten ist die Sozialstaatsgesetzgebung ein parlamentarisch-politisch veränderbares Recht.

Es sind vor allem vier Einwände, die gegen einen ausdrücklichen Bezug auf Menschenrechte geltend gemacht werden:[77]

1. Fehlende Bestimmtheit

Kritisiert wird, dass Menschenrechte zu wenig bestimmt seien, als dass sie konkrete Rechte und Pflichten begründen könnten. Der Vorwurf der Unbestimmtheit jedoch ist selbst unbestimmt, denn alle Rechtsnormen sind unbestimmt, und es ist immer Aufgabe der Rechtsprechung, die Unbestimmtheit in Bestimmtheit zu überführen. So ist der Artikel 1 des Grundgesetzes „Die Würde des Menschen ist unantastbar" unbestimmt und nicht minder konkretisierungsbedürftig wie der Artikel 7 des Sozialpaktes, der ein Recht auf gerechte und günstige Arbeitsbedingungen formuliert. Die Inhalte der im Sozialpakt garantierten Rechte werden durch den Sachverständigenausschuss in „Allgemeinen Bemerkungen" juristisch interpretiert und zu spezifischen Rechten konkretisiert. Nach den Interpretationsvorgaben des UN-Ausschusses für die wirtschaftlichen, sozialen und kulturellen Rechte lassen sich die sozialen Rechte inhaltlich und rechtlich hinreichend bestimmen, um sie gesellschaftspolitisch einzufordern und vor Gerichten einzuklagen.

2. Realisierungskorridor

Die sozialen Menschenrechte werden nur unter einem Realisierungsvorbehalt gewährt. So verpflichtet Artikel 2 des UN-Sozialpaktes,

„… nach und nach mit allen geeigneten Mitteln, vor allem durch gesetzgeberische Maßnahmen, die volle Verwirklichung der in diesem Pakt anerkannten Rechte zu erreichen."

Die sozialen Rechte sind keine unverbindlichen Programmsätze, sondern sollen „nach und nach" mit dem Ziel der vollen Verwirklichung durchgesetzt werden. Das Überwachungsorgan des UN-Sozialpaktes, der UN-Sozialausschuss, differenziert konkrete Respektierungs-, Schutz- und Erfüllungspflichten. Eine weitere Kritik besteht in dem Vorwurf, dass die sozialen Rechte und ihre Auslegungen allenfalls ein Minimum markieren. Daher sei der Menschenrechtsdiskurs für ausgebaute Sozial- und Arbeitsrechtssysteme nicht weiterführend. Der Einwand ist berechtigt, er darf aber nicht die klaren Vorgaben in den Allgemeinen Bemerkungen übergehen.

3. Ressourcenabhängigkeit

Der Staat verletzt nach den Maastricht-Richtlinien seine Rechtspflichten, wenn er die „maximal verfügbaren Ressourcen" zur Verwirklichung der Menschenrechte nicht bereitstellen sollte.[78] Wie aber lässt sich empirisch messen, ob ein Staat dieser Verpflichtung nachkommt und alle ihm zur Verfügung stehenden Ressourcen auch tatsächlich zur Umsetzung der sozialen Menschenrechte einsetzt? Das *Center for Economic and Social Rights* in New York[79] hat ein Instrumentarium vorgelegt, mit dem sich messen lässt, wie Staaten ihren Vertragsverpflichtungen nachkommen. Analysiert werden der Grad der Verwirklichung der Menschenrechte, die politischen Bemühungen sowie die eingesetzten Ressourcen. Der UN-Sozialausschuss hat für die Beurteilung der Rechtmäßigkeit des Ressourceneinsatzes folgende Kriterien formuliert: allgemeine Entwicklungslage des Staates, Schwere der Rechtsverletzung, ökonomische Situation, Notwendigkeit anderer Ausgaben (etwa unvorhersehbare Naturkatastrophen).[80] Wer aber wollte bestreiten, dass zumal in den reichen Ländern genügend Ressourcen zur Realisierung aller Menschenrechte vorhanden sind?

Vorgetragen wird häufig das handelspolitische Argument, dass der Marktmechanismus so wirke, dass ein Unternehmen, das Schäden an Mensch und Umwelt zu vermeiden sucht, also die Menschenrechte einhält, Gefahr läuft, aus dem Markt gedrängt zu werden, weil seine Rentabilität gegenüber Konkurrenten sinkt, die ohne Rücksicht auf Menschenrechte alle Möglichkeiten zur Gewinnmaximierung ausschöpfen. Verbindliche Menschrechte wollen jedoch genau diesen Konkurrenzmechanismus verhindern, indem sie einen für alle einheitlichen Maßstab formulieren. Die Beachtung von sozialen Menschenrechten würde hier keineswegs Leistungsansprüche erwirken, sondern hätte eine abwehrrechtliche Konstellation.

4. Durchsetzbarkeit

Das Hauptproblem der sozialen Menschenrechte ist nicht die lückenlose Erfassung aller schutzbedürftigen Lebenssituationen, sondern ihre rechtliche Verbindlichkeit und Durchsetzbarkeit. Denn mit der Normsetzung ist noch nicht die Normdurchsetzung gewährleistet. Es gibt in den verschiedenen Staaten eine große Brandbreite im Umgang mit den ILO-Übereinkommen. Sie reicht vom schlichten Ignorieren bis zu ihrer vollumfänglichen Umsetzung nach völkerrechtlichen Grundsätzen. In der Regel ignorieren deutsche Gerichte die Übereinkommen der ILO, die *Europäische Sozialcharta* oder den *UN-Sozialpakt,* aber auch weitere UN-Kernabkommen des Menschenrechtsschutzes wie die Frauenrechts-, Kinderrechts-, Behindertenrechts- und Wanderarbeiterkonvention. Dies ist angesichts der Fülle internationaler Rechtsquellen, aber auch nach der Entscheidung des Bundesverfassungsgerichts, die Europäische Sozialcharta wie ein deutsches Gesetzesrecht zu beachten und anzuwenden, keineswegs unproblematisch. Die revidierte Fassung der *Europäischen Sozialcharta* von 1996 wurde von Deutschland unterzeichnet, aber noch nicht ratifiziert.

Der UN-Sozialpakt verfügt mit Berichten, Beschwerden und Untersuchungen über Durchsetzungsinstrumente. Die UN haben zudem ein individuelles Beschwerdeverfahren zum UN-Sozialpakt beschlossen, das nach der Ratifizierung der Vertragsstaaten in Kraft tritt. Die Bundesregierung hat es bislang noch nicht ratifiziert. Sie unterlässt es damit, die Justiziabilität der wirtschaftlichen, sozialen und kulturellen Rechte zu stärken. Bei all dem gilt aber, dass in rechtspolitischen Auseinandersetzungen die Justiziabilität erstritten werden muss.

Die ILO-Übereinkommen gehören streng genommen nicht zum UN-Menschenrechtsregime. Deshalb wäre es wichtig, die UN-Menschenrechtsabkommen und die ILO-Übereinkommen gleichermaßen für den Menschenrechtsschutz zu nutzen. Einmal in der Welt, können soziale Rechte den Kampf und das soziale Recht inspirieren und rechtlich legitimieren. Menschenrechte können aber nur eingeklagt werden, wenn sie in die nationale Gesetzgebung Eingang gefunden haben. Das *Deutsche Institut für Menschenrechte* fordert die deutschen Gerichte immer wieder auf, die Bedeutung der ILO-Übereinkommen nicht kleinzuhalten, sondern durch die Bezugnahme auf den Sozialpakt und die Europäische Sozialcharta an der Rechtsfortbildung mitzuwirken und auf diesem Wege dazu beizutragen, dass diese Rechte auch innerhalb der deutschen Rechtsordnung eine größere Bedeutung erlangen. Ein Weg übrigens, der vom UN-Sozialausschuss regelmäßig gefordert wird.[81]

IV. Pflichten der Staaten und der transnationalen Unternehmen

Transnationale Konzerne lassen ihre Produkte in globalen Lieferketten produzieren. Doch die Arbeitsbedingungen bei Tochterfirmen oder Lieferanten spielen in den Geschäftsbeziehungen kaum eine Rolle, obwohl sie teilweise unmenschlich sind und menschenrechtliche Standards verletzen: geringe Löhne, hohe Überstundenzahlen, gesundheitsgefährdende Arbeitsplätze oder Druck auf Gewerkschaftsmitglieder. Mindestens seit der Gründung der ILO im Jahr 1919 beschäftigen Menschenrechtsverletzungen die internationale Gemeinschaft. Zahlreiche ILO-Übereinkommen sind seitdem vereinbart worden. Und doch ist es bislang nicht gelungen, die Unternehmen zur Einhaltung von sozialen und ökonomischen Menschenrechten zu verpflichten.

Die ILO hatte gerade in den Jahrzenten nach 1945 viel Aufmerksamkeit erfahren und als Anerkennung 1969 den Friedensnobelpreis erhalten. Seit der neoliberalen Wende aber gibt es eine Gegenbewegung: Die Einflussnahme der ILO wurde zunehmend zurückgedrängt. Mit Beginn des 21. Jahrhunderts zeichnet sich allerdings eine Änderung ab. So verabschiedete die ILO 1998 eine wichtige Erklärung über grundlegende Prinzipien und Rechte der Arbeit.[82] Darin fordert die ILO, dass die Globalisierung Hand in Hand gehen muss

„… mit einem Minimum an auf gemeinsamen Werten beruhenden sozialen Spielregeln, die es den Beteiligten selbst ermöglichen, einen gerechten Anteil an dem Wohlstand zu fordern, zu dessen Schaffung sie beigetragen haben."

Diese Erklärung verdient es, eine Vorform für eine Charta globaler Arbeitnehmergrundrechte genannt zu werden. 1999 wurde die Agenda für menschenwürdige Arbeit auf den Weg gebracht, die von der UNO im Jahr 2005 nachdrücklich bestätigt wurde. Die Agenda konzentriert sich auf vier Elemente: die Förderung von Arbeit, Ausbau der sozialen Sicherheit, Förderung des sozialen Dialogs zwischen Arbeitgebern und Arbeitnehmern sowie die Förderung der Rechte in der Arbeit. Im Jahr 2008 folgte die Erklärung über soziale Gerechtigkeit für eine faire Globalisierung.[83]

Diese Meilensteine bedeuten allerdings nicht, dass sich auch eine Globalisierung der Menschenrechte vollzogen hätte. Ein Prozess ist aber angestoßen, in dem es heftige rechtspolitische Auseinandersetzungen gibt und Rechtsfortschritte immer wieder konterkariert werden. Im Gegenzug zum Erstarken der ILO entwickelten die Transnationalen Konzerne ihrerseits nun zahlreiche Verhaltenskodizes, allerdings auf der Basis von Freiwilligkeit. Über eintausend solcher freiwilligen Kodizes mit einer Vielfalt von Standards und Anforderungen gibt es. Doch nur die allerwenigsten beziehen sich auf die Arbeitsnormen der ILO.

Von ihrem Ursprung her definieren Menschenrechte die Beziehungen zwischen dem Staat und den Menschen, die auf seinem Territorium leben. Die Verwirklichung der Menschenrechte in einer globalisierten Welt verlangt aber ein erweitertes Verständnis der menschenrechtlichen Staatenpflichten. Die Menschenrechte enden nicht zu Hause. Deshalb lautet die Frage: Welche Pflichten haben Staaten gegenüber Unternehmen, die im Ausland Menschenrechte verletzen? Welche konkreten Menschenrechtsverpflichtungen existieren für transnationale Unternehmen?

Der Staatengemeinschaft ist es bislang nicht gelungen, transnational tätige Unternehmen auf die Einhaltung von Menschenrechten zu verpflichten. Der Vorschlag aus den Siebzigerjahren für einen Verhaltenskodex ist ebenso gescheitert wie der Entwurf von UN-Normen für transnationale Unternehmen aus dem Jahr 2003. Beide Male stießen die Vorschläge auf heftigen Widerstand der Wirtschaftsverbände. Rechtsverbindliche Regeln für multinationale Konzerne zu erstellen ist ein äußerst kontroverses und schwieriges Unterfangen. Sowohl die Einzelstaaten wie auch die Staatengemeinschaft sind noch weit davon entfernt, ein allgemeines und universell geltendes Regelwerk gegenüber den Konzernen überhaupt formulieren zu wollen.

Der damalige Generalsekretär der UNO, Kofi Annan, unternahm im Jahr 1999 mit dem *Global Compact* auf dem Weltwirtschaftsforum in Davos einen Vorstoß.[84] Er präsentierte den *Global Compact* und erhielt allseits große Zustimmung. In neun Grundsätzen werden einzelne Prinzipien und Mindeststandards aufgeführt – alle sind von einem Großteil der Völkergemeinschaft längst akzeptiert. Nicht wenige kritisieren den *Global Compact* als zu schwach und unwirksam, denn die Einhaltung der Kriterien erfolge lediglich auf freiwilliger Basis. Es gäbe keine Sanktionen, falls ein Unternehmen die selbst gesteckten Ziele nicht erfüllt. Die niedrige Aufnahmebarriere würde zudem dazu führen, dass auch Unternehmen, die gegen die Prinzipien verstoßen, auf der Liste der Teilnehmer wiederzufinden seien. Die Konzerne gehen mit dem *Global Compact* keinerlei Verpflichtungen ein, können ihn aber mit dem Label „United Nations" versehen als Werbeinstrument einsetzen, ohne auch nur die sozialen und ökologische Mindeststandards tatsächlich einhalten zu müssen. Als nach fünf Jahren im Jahr 2004 eine Bilanz gezogen werden sollte, stieß der Vorschlag nach einem verbindlichen Monitoring-Mechanismus zur Überprüfung der Menschenrechte in den Unternehmen auf einhellige Ablehnung. Mehr als Hochglanzbroschüren mit UNO-Label sollten die freiwilligen Selbstverpflichtungen der Unternehmen wohl nicht sein.

Nach langjährigen Vorarbeiten hatte die Menschenrechtskommission der Vereinten Nationen im Jahr 2003 erneut ein Konzept vorgelegt, in dem nicht nur die Staaten, sondern auch die Unternehmen in die Pflicht genommen werden, die völkerrechtlich anerkannten Menschenrechte zu achten, zu schützen und zu gewährleisten. Betont wurden die Menschenrechte der Arbeitnehmer und Arbeitnehmerinnen, die Sicherheit der Person und die Achtung des Umweltschutzes. Diese UN-Normen stießen jedoch auf solch heftigen Widerstand seitens der Unternehmen und mancher Staaten, dass sie der UN nicht einmal zu Abstimmung vorgelegt wurden.

Ein erneuter Vorstoß wurde unter dem Vorsitz des Harvard-Professors John Ruggie unternommen, dem UN-Sonderbeauftragten für Wirtschaft und Menschenrechte. Ruggies Vorschlag wurde vom UN-Menschenrechtsrat verabschiedet. Der Widerspruch zwischen einem umfassenden internationalen Investorenschutz und einem nur sehr lückenhaften Schutz vor Menschenrechtsverstößen durch transnationale Konzerne ist ein Thema für die Vereinten Nationen. John Ruggie wies 2008 als UN-Sonderbeauftragter für Wirtschaft und Menschenrechte auf fundamentale „Regulierungslücken" hin, die im Zuge wirtschaftlicher Globalisierung entstanden seien. Fehlerhaftes Verhalten durch Unternehmen bliebe ohne angemessene Sanktionen und Entschädigung. Er entwickelte im Jahr 2011 *Leitprinzipien für Wirtschaft und Menschen-*

rechte.⁸⁵ In der staatlichen Verpflichtungstrias kommen die Unternehmen nicht vor. Abweichend von der bekannten staatlichen Pflichtentrias, die Menschenrechte zu achten, zu schützen und zu erfüllen, wird nun aus der Erfüllungspflicht die Verpflichtung, die Mängel zu beheben (*to remedy*), also Sorge zu tragen, dass die von Menschenrechtsverletzungen Betroffenen Zugang zu Beschwerdeverfahren und effektivem Rechtsschutz erhalten können. Der Referenzrahmen „achten, schützen und Abhilfe schaffen" baut auf drei Säulen auf: Die erste Säule spricht die staatlichen Pflichten an, die Menschenrechte auch gegenüber Tätigkeiten von Unternehmen zu schützen. Diese Schutzpflicht ist völkerrechtlich verbindlich. In der zweiten Säule wird die Verantwortung der Unternehmen formuliert, die Menschenrechte zu achten. Dabei geht es nicht nur um die Achtung von Gesetzen, sondern darüber hinaus um den minimalen internationalen Menschenrechtskodex sowie die Kernarbeitsnormen der ILO. Die Unternehmensverantwortung beschränkt sich nicht auf eigene Aktivitäten und Unterlassungen, sondern umfasst darüber hinaus auch die Geschäftsbeziehungen des jeweiligen Unternehmens entlang der gesamten Wertschöpfungskette ihrer Produkte oder Dienstleistungen (Prinzip 13). Schließlich hat die dritte Säule die gerichtliche und außergerichtliche Geltendmachung von Menschenrechtsverletzungen durch Unternehmen zum Gegenstand.

Anders als die UN-Normen betrachten die UN-Leitprinzipien die Unternehmen nicht als unmittelbare Träger völkerrechtlicher Verpflichtungen, sondern weisen ihnen lediglich eine „Verantwortung" zur Achtung der Menschenrechte zu. Statt Pflichten, wie sie Staaten obliegen, unterliegen Unternehmen lediglich einer rechtlich keineswegs eindeutig zu fassenden Verantwortung. Nur die Staaten, die relevante internationale Menschenrechtsabkommen ratifiziert haben, unterliegen völkerrechtlich harten Verpflichtungen. Das bedeutet allerdings nicht, dass die Achtung der Menschenrechte durch Unternehmen allein dem Freiwilligkeitsprinzip unterliegen würde. Zentral ist, dass die staatliche Schutzpflicht so verstanden wird, dass sie den Unternehmen die Achtung der Menschenrechte vorzuschreiben haben. Ruggie nimmt die menschenrechtliche Schutzpflicht von Staaten ernst, doch die konkreten Empfehlungen zur Wahrnehmung dieser Verpflichtung sind vage und bleiben unverbindlich. So wird den Staaten empfohlen, die Unternehmen zur Achtung von Menschenrechten „anzuhalten", ihnen „angemessene Unterstützung zu gewähren" oder zu „fördern". Doch Empfehlungen oder gar Forderungen nach Gesetzen und Regulierungen sind selten. Die Staaten, in denen die transnationalen Unternehmen tätig sind, stehen in der Pflicht, die Beachtung der Menschenrechte sicherzustellen. Doch es fehlt eine völkerrechtliche Verpflichtung der Staaten zur Sicherung von Menschenrechten auch außerhalb ihres eigenen Territoriums. Unternehmen sind zwar für Menschenrechtsverletzungen im Zusammenhang ihrer Tätigkeit im Ausland verantwortlich, doch diese Verpflichtung zieht keine Haftung bei Menschenrechtsverstößen nach sich. Zusammengefasst lässt sich sagen, dass Ruggie zwar die Unternehmen in Verantwortung nimmt, nicht aber als Träger völkerrechtlicher Verpflichtungen. Sie sollen mit „gebotener Sorgfalt" Arbeitsbedingungen, Zulieferer, Geschäftspartner und alle Transaktionen auf die Einhaltung der Menschenrechte hin analysieren.

Da es zur staatlichen Schutzpflicht gehört, den Unternehmen die Achtung der Menschenrechte vorzuschreiben, gehen die UN-Leitprinzipien über das Freiwilligkeitskonzept der *Corporate Social Responsibility (CSR)* hinaus. Die Zeiten, in denen die Unternehmen soziale Verantwortung nur angekündigt haben, sind vorbei, denn CSR konnte die schlimmsten gesellschaftlichen, ökologischen und ethischen Folgen der herrschenden Wirtschaftsweise nicht umkehren und ist in diesem Sinne gescheitert. Die UN-Leitprinzipien fallen zwar nicht hinter den Stand der Menschenrechtsentwicklung zurück, geben aber auch keine Antwort auf die Frage, warum sich denn die Völkergemeinschaft so schwer tut, die Menschenrechte gegenüber Unternehmen durchzusetzen.

Während seiner Amtszeit als UN-Sonderberichterstatter war Ruggie auch an der Überarbeitung der OECD-Leitsätze für multinationale Unternehmen[86] beteiligt, die 2010 veröffentlicht wurden. Ziel war es, in Zusammenarbeit mit Unternehmen, Gewerkschaften und der Zivilgesellschaft Leilinien für eine weltweit verantwortliche Unternehmensführung zu entwickeln. Die formulierten Leitsätze sind Handlungsempfehlungen der OECD-Mitgliedsstaaten für international tätige Unternehmen. Sie enthalten einen außergerichtlichen Beschwerdemechanismus und bieten Unternehmen einen Handlungsrahmen für die Bereiche Grundpflichten, Informationspolitik, Menschenrechte, Beschäftigungspolitik, Umweltschutz, Korruptionsbekämpfung, Verbraucherinteressen, Wissenschaft und Technologie, Wettbewerb und Besteuerung. Diese Reglementierungen entfalten aber keinerlei Rechtswirkungen, denn wiederum fehlen wirksame und verbindliche Sanktionsmechanismen. Wie alle Unterzeichnerstaaten ist auch die Bundesregierung verpflichtet, eine Nationale Kontaktstelle für Beschwerden einzurichten. Diese Kontaktstelle ist in Deutschland bezeichnenderweise im Bundeswirtschaftsministerium in der Abteilung für Auslandsinvestitionen angesiedelt – eine Verortung übrigens, die auch Ruggie kritisiert, denn ein struktureller Interessenkonflikt könne sich hier abzeichnen.

Kritiker nehmen die Staaten in die Pflicht und wollen die Außenwirtschaftsförderung und die Vergabe von öffentlichen Aufträgen an die menschenrechtliche Sorgfaltspflicht der Unternehmen koppeln. In der Handels-, Rohstoff- und Investitionspolitik müsse politisch der Vorrang der Menschenrechte durchgesetzt werden. Um eine breitere Wirkung entfalten zu können, müssten die Staaten aufgefordert werden, die Handelspolitik in ihre Berichte an den UN-Wirtschafts- und -sozialrat aufzunehmen. Doch nach wie vor fehlen rechtsverbindliche Vorgaben und Regeln zu Berichtspflichten, Sanktionen, Ersatzansprüchen und Haftpflicht. Sie können erste und notwendige Ansatzpunkte zur Beseitigung von Arbeitsrechtsverletzungen sein. Vor allem aber sollte es nicht nur um Abwehrrechte gegenüber Unternehmen gehen, die gegen Menschenrechte verstoßen. Transnationale Unternehmen sollten auch zu Leistungen verpflichtet werden.

Menschenrechtsinstrumente zum Schutz der Rechte von Beschäftigten in multinationalen Unternehmen liegen längst vor. So verpflichten die Maastricht-Richtlinien die Staaten, dafür Sorge zu tragen, dass Unternehmen die Menschenrechte nicht nur innerhalb, sondern auch außerhalb ihres Territoriums beachten.[87] Nach diesen Prinzipien haben die Staaten nicht nur das Recht und die Pflicht, entsprechende politische und rechtliche Maßnahmen zu ergreifen; sie sind gefordert sicherzustellen, dass die Opfer von wirtschaftlichen, sozialen und kulturellen Menschenrechtsverletzungen von Unternehmen, die außerhalb ihres Staatsgebietes begangen wurden, Wiedergutmachung einklagen können – eine Möglichkeit, die in Deutschland aus rechtlichen Gründen derzeit leider jedoch nicht zur Verfügung steht. Festzustellen ist, dass Ansätze einer unmittelbaren Rechtsbindung der Unternehmen durch völkerrechtlich verbindliche Übereinkommen derzeit nicht weiter verfolgt werden.[88]

Rechtlich gesehen sind Auslandstöchter transnationaler Unternehmen oder Zulieferfirmen selbstständige Firmen. Wenn die Umsätze nicht stimmen, greifen die Mutterfirmen ein, nicht jedoch, wenn es um Menschenrechtsverletzungen geht. Dann beruft man sich auf die Selbstständigkeit der ausländischen Firmen. Diese Diskrepanz zeigt, dass ein rechtlicher Rahmen geschaffen werden muss, der es erlaubt, die Unternehmen juristisch zur Verantwortung zu ziehen, wenn Menschenrechte verletzt werden.

Insgesamt zeigt sich eine gewisse Hilflosigkeit des globalen Rechts im Hinblick auf die Menschenrechtspflichten transnationaler Konzerne. An Initiativen zur Schaffung von Normen für die menschenrechtlichen Verpflichtungen für multinationale Unternehmen mangelt es nicht, doch alle Versuche sind bisher gescheitert, die Unternehmen völkerrechtlich auf universell gültige Rechte der arbeitenden Menschen zu verpflichten. Warum fallen die *UN-Leitprinzipien für Wirtschaft und Menschenrechte*, aber auch andere Reglementierungen so schwach aus? Der Hinweis auf die begrenzten Handlungsmöglichkeiten von Staaten gegenüber den Konzernen kann diese Entwicklung nur teilweise erklären, denn der Referenzrahmen „achten, schützen und Abhilfe schaffen" in den *UN-Leitprinzipien für Wirtschaft und Menschenrechte* braucht auch eine staatliche Beteiligung. Anders als durch Recht wird die Macht der transnationalen Konzerne sich nicht zivilisieren lassen. Die Herrschaft des Rechts hat immer die machtbegrenzende Funktion, die bestehenden Machtverhältnisse zu überformen und in demokratisch legitimierte Bahnen zu lenken.

Gegenüber dem behaupteten Souveränitätsverlust der Staaten ist darauf hinzuweisen, dass es eine politisch gewollte Selbstbeschränkung des politischen Handlungsspielraums der Staaten gibt. Sie hat dazu geführt, dass ein Freiraum entstehen konnte, in dem sich eine Weltwirtschaftsordnung mit einem freien Markt, Freihandel und freiem Kapitalverkehr herausbilden konnte, welche die Interessen der globalen Akteure mit einem entsprechenden globalen Recht schützt und die der Durchsetzung von Menschenrechten entgegensteht. Faktisch existiert eine abgestufte Hierarchie der Rechte: Die Interessen der Eigentümer, der Investoren und Aktionäre sind rechtlich abgesichert und können sich global durchsetzen, die sozialen Rechte der Menschen aber nicht. Die bloße Existenz von Menschenrechten löst den Konflikt zwischen den konkurrierenden Interessen nicht auf. Es hat sich ein globales Recht herausgebildet, das vorrangig die globalen Kapitalakteure schützt und deren Eigentums- und Investitionsinteressen rechtlich durchsetzt. Sie haben es vermocht, ihre Interessen rechtlich abzusichern, ohne dass den Menschenrechten eine vergleichbar hohe Bedeutung zukäme.

Die ILO kritisiert zwar immer wieder die negativen Folgen der Liberalisierung der Wirtschaft und der Finanzmärkte. Doch daraus erwächst keine grundlegende Kritik, sondern man setzt auf das Konzept einer fairen Globalisierung. Nötig wäre eine Abkehr vom neoliberalen Paradigma, das die Durchsetzung der Menschenrechte als Folge einer weiteren Vertiefung von Freihandel erwartet. Solange Diskurse über ökonomische Alternativen kein Thema der ILO sind, wird sie auch aus dem Dilemma nicht herausfinden. Erst wenn diese strukturelle Schwäche der Menschenrechte, die als Folge einer Hierarchie der Rechte zu begreifen ist, thematisiert wird, gelangt die ILO zu einem Gegenentwurf, der die sozialen Menschenrechte auch gegenüber den transnationalen Konzernen wirksam schützen und durchsetzen kann. Deshalb muss die Weltwirtschaftsordnung in das Zentrum der Auseinandersetzung um transnationale Konzerne und Menschenrechte gerückt werden. Einen Anhaltspunkt findet diese Forderung in dem wunderbaren Artikel 28 der *Allgemeinen Erklärung der Menschenrechte*, die einen grundlegenden „Anspruch auf eine soziale und internationale Ordnung, in welcher die in der vorliegenden Erklärung angeführten Rechte und Freiheiten voll verwirklicht werden können" formuliert. Staaten müssen regelmäßig über die Einhaltung von Menschenrechtsabkommen gegenüber den UN Berichte vorlegen, die von speziellen Expertenausschüssen überprüft und kommentiert werden. Doch dies ist im Fall der Leitprinzipien nicht vorgesehen.

Die politische Aufgabe besteht darin, den weltweiten Trend, dass die Märkte den politischen Gestaltungsmöglichkeiten entgleiten, umzukehren. Nur eine souveräne Staatlichkeit zu betonen reicht aber nicht, denn die Fixierung auf einen oberhalb der Interessen angesiedelten Staat – ob national oder supranational – ist illusionär. Nach wie vor sind die Staaten auch in Zeiten der Globalisierung die entscheidenden Akteure, welche die Veränderungen des globalen Rechts herbeiführen könnten. Ohne staatliche und suprastaatliche Einflussmöglichkeiten wird es nicht möglich sein, den Menschenrechten auch gegenüber und in transnationalen Konzernen Geltung zu verschaffen. Die Staaten sind jedoch nicht nur die Lösung, sondern auch Teil des Problems. Denn alle Maßnahmen zur Durchsetzung einer neoliberalen Wirtschaftsverfassung mit ihren zentralen Instrumenten Deregulierung, Privatisierung und Flexibilisierung wurden politisch in Gang gesetzt. Der Vorrang der Politik vor der Macht der Konzerne wird sich ohne ein starkes zivilpolitisches Widerlager nicht durchsetzen lassen. Der Staat muss durch starke zivilgesellschaftliche Gegenkräfte, Bewegungen und Gewerkschaften gedrängt werden, den Interessen der Bürgerinnen und Bürger Vorrang gegenüber den Interessen der Investoren und Unternehmen einzuräumen. Es geht also um einen Kampf um ein globales Recht, das die Rechte der Menschen schützt und durchsetzt. Auch wenn die UN-Leitprinzipien oder die OECD-Leitsätze kein bindendes Recht sind, so geben sie doch klare Vorgaben. Wenn kritisiert wird, dass es sich bei den *UN-Leitprinzipien für Wirtschaft und Menschenrechte* und anderen internationalen Vereinbarungen lediglich um freiwillige Selbstverpflichtungen oder Empfehlungen handelt, nicht aber um bindendes Recht, dann ist damit genau jene Arena benannt, in der der Rechtscharakter erkämpft werden muss.

V. Ökumenische Wirtschaftsethik und Menschenrechte

Lange haben die Kirchen sich schwer getan, die in der Neuzeit entstandenen Menschenrechte anzuerkennen. Die Haltung der katholischen Kirche gegenüber den Menschenrechten war jahrhundertelang durch Zögern, Vorbehalte und Widerstand gekennzeichnet. Ablehnend, ja sogar feindselig gegenüber den Menschenrechten haben sich die Päpste lange verhalten. Bemerkenswert ist allerdings auch, dass die von der Arbeiterbewegung eingeforderten sozialen Rechte dazu beigetragen haben, allmählich die Ablehnungshaltung gegenüber den Menschenrechten zu überwinden. Beginnend mit der Sozialenzyklika von Papst Leo XIII. (*Rerum novarum*, 1891), wurde eine Kursänderung eingeleitet, die dann in den Enzykliken *Mater et Magistra* (1961) und ausführlicher in *Pacem in terris* (1963) von Papst Johannes XXIII. zu einer ausdrücklichen Anerkennung der Menschenrechte führte. Mit dem Zweiten Vatikanischen Konzil kam es schließlich zu einer lehramtlichen Rezeption des Menschenrechtsgedankens in einem umfassenden Sinne.

Im Unterschied zur angelsächsischen Theologie, die stets die christlichen Wurzeln der Menschenrechte betonte und einen unbefangenen Zugang zu den Menschenrechten kannte, fanden evangelische Theologie und Kirche in Deutschland erst nach 1945 unter dem Eindruck des Nationalsozialismus zu einem positiven Verhältnis zu den Menschenrechten. Die Gründungsversammlung des Ökumenischen Rates der Kirchen in Amsterdam von 1948 sprach sich für eine „verantwortliche Gesellschaft" aus, in der menschrechtliche Gesichtspunkte von zentraler Bedeutung sind. Mag es zwischen katholischer und evangelischer Sozialethik manche mehr oder weniger gewichtige Unterschiede in ihren Ethiken geben, so stimmen sie darin doch überein, dass die Menschenrechte eine Grundlage für die christliche Ethik in ihrer katholischen wie auch evangelischen Gestalt bilden können.[89]

Wolfgang Huber macht drei Sachelemente in den Menschenrechten aus, in denen die Losung der Französischen Revolution anklingt: Freiheit – Gleichheit – Teilhabe.[90] Dazu ist anzumerken, dass „Teilhabe" unter Menschenrechtsgesichtspunkten nicht unproblematisch ist, denn sie wird immer von oben nach unten gewährt, nicht aber erkämpft. Beteiligung aber ist ein Begriff der politischbürgerlichen Menschenrechte und meint das Recht von selbstbestimmten und selbstbewussten Bürgerinnen und Bürgern, sich aktiv an den wirtschaftlichen, gesellschaftlichen und politischen Entscheidungsprozessen beteiligen und sich darin selbst vertreten zu können. Bürgerinnen und Bürger haben Rechte, sie dürfen nicht nur gerecht teilhaben. Im Teilhabegedanken entfernt sich der Rechtsgedanke und wird zu einer bloß appellativen Formel. Diejenigen, die an den Rand gedrängt sind, ausgegrenzt oder benachteiligt werden, haben Rechte. Und diese Rechte verpflichten die Staaten und die Wirtschaft dazu, die Benachteiligten zu beteiligen. Die Menschenrechte sind deshalb eine Antwort auf die sozioökonomischen Verhältnisse und die konkrete Lage vieler. Sie wollen die Stellung eines jeden einzelnen Menschen rechtlich bestimmen und sie tun dies so, dass Freiheitsrechte, politische Beteiligungsrechte und soziale Grundrechte die Grundfigur der

Menschenrechte ausmachen. Und diese Rechte sind zu respektieren.

Hatten die neuzeitlichen Menschenrechte sich zunächst als Forderungen nach Freiheit *vom* Staat entwickelt und vornehmlich Freiheitsrechte als Abwehrrechte gegenüber dem Staat zum Inhalt, so erweiterten sie sich zu Gleichheitsrechten *im* Staat mit Partizipations- und Gestaltungs- sowie schließlich zu sozialen Rechten, die *durch* den Staat garantiert werden. Soziale Menschenrechte umfassen etwa Rechte auf Fürsorge, Arbeit, Wohnung, Bildung, also Leistungsrechte im engeren Sinn. Dies sind Rechte des Einzelnen gegenüber dem Staat auf soziale, wirtschaftliche und kulturelle Leistungen oder Güter. Soziale Rechte werden meist als Bürgerrechte angesehen und begründet, für deren Erfüllung staatliche Institutionen angesprochen werden. Zu den sozialen Rechten gehören die arbeitsbezogenen Rechte wie das Recht auf Arbeit, Rechte in der Arbeit und aus Arbeit, aber auch das Recht auf soziale Sicherheit. Die soziale Sicherheit ist Ausdruck der Solidarität der Bürgerinnen und Bürger, die sich soziale Rechte wechselseitig zuerkennen und diese über den Staat organisieren. Menschenrechte sind immer universal und können deshalb keineswegs auf den Bürgerstatus beschränkt werden. Der egalitäre und universalistische Inhalt der Menschenrechte begründet einen moralischen Anspruch auf universale soziale und wirtschaftsbezogene Rechte. Deshalb muss es universale soziale Rechte geben, die zumindest einen elementaren Standard von Gerechtigkeit für alle bereithalten; sie erschöpfen sich jedoch keineswegs darin.

Lange teilte man die Menschenrechte in Generationen auf und unterstellte dabei ihre historische Abfolge, die zugleich eine Hierarchisierung ihrer Geltung bedeutete. Doch die unterstellte historische Abfolge gibt es so nicht.

Die Menschenrechte bilden als ganze ein „modernes politisch-rechtliches Freiheitsethos"[91], das auch die Basis für ein soziales Schutzrecht darstellt. Soziale Rechte dienen dem Schutz von Freiheitsrechten, u. a. in sozial sicheren Verhältnissen leben, Rechte in der Arbeit und aus der Arbeit haben zu können. In diesem Sinne sind soziale Menschenrechte Freiheitsrechte.

Alle Menschenrechte verstärken sich auch wechselseitig. Der Kern der Menschenrechte besteht in einem Ineinander der drei Sachmomente Freiheit, gleiche Beteiligung und Solidarität, die aufeinander bezogen sind und sich wechselseitig bedingen. Es geht immer um die Trias der gleichen Freiheitsrechte, politischen Beteiligungsrechte und sozialen Rechte aller. Die menschenrechtlich gedachte Gleichheit zielt darauf ab, dass jeder sein Leben in Freiheit verwirklichen kann. Die Gleichheit bezieht sich auf die allen Menschen gemeinsame Möglichkeit, Freiheit zu verwirklichen. Menschenrechte sind wiederum auch Beteiligungsrechte, denn Freiheit ist ohne gesellschaftliche Beteiligung kaum möglich. Die sozialen Rechte verknüpfen liberale, soziale und politische Menschenrechte und erfüllen gemeinsam die Funktion, eine politische und soziale Ordnung zu konstituieren, in der Würde und Rechte eines jeden Menschen geachtet und gewährleistet sind. Ohne wirtschaftliche, soziale und kulturelle Rechte bleiben die bürgerlichen und politischen Rechte weitgehend wirkungslos. Doch umgekehrt gilt auch: Ohne persönliche Freiheit und ohne Demokratie gibt es keinen sozialen Fortschritt. Nicht nur die politisch-bürgerlichen Menschenrechte, auch die sozialen Menschenrechte sind deshalb Freiheits- und Gleichheitsrechte.

Die Trias der Menschenrechte aus Freiheitsrechten, politischen Beteiligungsrechten und sozialen Grundrechten bildet jene Sachmomente der Menschenrechte ab, die auch in Grundinhalten der christlichen Ethik ihre Entsprechung finden. Dass jede menschliche Person mit den drei Sachmomenten der Menschenrechte – der Freiheit, Gleichheit und Solidarität – ausgestattet ist, ist ein Gedanke, zu dem sich in der jüdisch-christlichen Tradition deutliche Parallelen finden. Im Folgenden soll begründet werden, dass diese Sachmomente ohne den Wurzelgrund der biblischen Ethik so nicht denkbar wären.

Obwohl zentrale Intentionen der christlichen Ethik als Menschenrechtsethik ausgelegt werden können, wird doch nur vereinzelt im wirtschaftsethischen Diskurs Bezug auf die Menschenrechte genommen.[92] Dabei kann die Idee der Menschenrechte am besten beschreiben, was das Menschliche und das Ethische auch für die Wirtschaft ausmacht. Man scheint wohl den Menschenrechten nicht so recht zuzutrauen, einen kritischen Maßstab für humanes, gerechtes und nachhaltiges Wirtschaften und für entsprechende Strukturen entwerfen zu können.

Die theologische Wirtschaftsethik hat zudem auch eine Scheu, biblisch zu argumentieren. Ausführlich habe ich in meinem Buch *Die Hausordnung der Tora. Impulse für eine theologische Wirtschaftsethik*[93] begründet, dass für eine christlich profilierte Ethik allein die Tora normativer Maßstab und Grundlage sein kann.[94] Unbeschadet des historischen Abstandes vermag die Tora eine biblisch, sozialethisch und sachlich angemessene Grundlage für eine menschenrechtlich fundierte christliche Wirtschaftsethik zu bilden. Sie kann dies überzeugender als andere Ansätze, die sich auf das Naturrecht oder auf Sozialphilosophien beziehen. Dass eine biblische Zitatargumentation nicht gemeint ist, ist selbstredend. Gefordert sind allerdings hermeneutische Überlegungen, wie die Tora so entfaltet und kritisch-kreativ angeeignet werden kann, dass sie für heutige ethische Fragestellungen Orientierungen entwickeln kann. Eine an der Bibel orientierte theologische Wirtschaftsethik wird sich deshalb im Bezugsfeld von Exegese, Hermeneutik und einer sachlichen Durchdringung gegenwärtiger Fragestellungen und Themen bewegen müssen. Wenn die Menschenrechte ohne den biblischen Hintergrund so nicht denkbar sind und Menschenrechte eine Grundlage für eine theologische Ethik sein können, dann bekommt eine theologische Wirtschaftsethik ein doppeltes Profil: Sie argumentiert biblisch und menschenrechtlich.

Arbeit als ein Menschenrecht

Der hier vorgelegte Ansatz für eine theologische Wirtschaftsethik argumentiert von einem moralischen Standpunkt her und will von dem arbeitenden Menschen und der Arbeit her die Moralität wirtschaftlicher Prozesse und Systeme erschließen. Ein wirtschaftsethischer Ansatz, der biblisch argumentiert, muss zunächst das grundsätzlich andere Verständnis von Arbeit in der Antike und der modernen Arbeitsgesellschaft reflektieren.

Die Wortgeschichte bringt häufig auch die Sachgeschichte auf den Punkt: Dem Ausdruck „Arbeit" liegt ein indogermanisches Wort zugrunde, das mit dem slawischen „robota" und dem lateinischen „labor" verwandt ist. Von ihrer Wurzel her bedeutet „Arbeit" körperlich schwere Arbeit, sich verdingen, Knecht sein. Im Hebräischen geht die Wurzel des Wortes „Arbeit" auf Knecht/Sklave zurück. Es ist ein Gegenbegriff zum Herrn und meint eine Arbeit, die als Mühsal verstanden wird.

Die Antike kannte keinen Arbeitsbegriff. Arbeit, das werktägliche Tun, wurde negativ als „Nicht-Muße" (gr.: *a-scholia*, lat.: *neg-otium*) bezeichnet. Arbeiten war im Grunde eine

Beschäftigung für Sklaven und Frauen, nicht für den freien Bürger.[95] Freiheit konnte sich dort nicht ereignen, wo das Leben durch Zwänge bestimmt ist. Humanität und Freiheit gab es nicht in der Arbeit, sondern jenseits von ihr, wo die Zwänge und Notwendigkeiten aufhören. Arbeit schloss aus der Gesellschaft aus und bildete – von der Landarbeit bis zum künstlerischen Schaffen – die unterste Stufe menschlicher Tätigkeiten.

Auf eine solche Bewertung der menschlichen Arbeit trifft das jüdisch-christliche Arbeitsverständnis. Zentral ist nicht, die menschliche Arbeit gemäß dem Bibelwort „Im Schweiße deines Angesichts sollst du dein Brot essen" (Genesis 3,19) mit der Sünde zusammenzubringen. Vielmehr zeichnet es das jüdisch-christliche Arbeitsverständnis aus, jede menschliche Arbeit als Mitarbeit an Gottes Schöpferwerk zu betrachten. Arbeit hat darin ihren Sinn, Gottes Schöpfung „zu bebauen und zu bewahren" (Genesis 2,15). Die Erschaffung des Menschen zum Ebenbild Gottes verbindet sich mit einem Auftrag zur Leitung und Herrschaft über die Mitgeschöpfe im Vollzug menschlichen Arbeitens: „Macht euch die Erde untertan." (Genesis 1,27 f.) Der Fluch nach dem Sündenfall liegt nicht auf der Arbeit als solcher, sondern über die Bedingungen, unter denen sie ausgeübt werden muss, wird gesagt: „So ist verflucht der Ackerboden um deinetwegen." (Genesis 3,17 ff.) Doch Gottes Segen liegt weiterhin auf der Arbeit und zeichnet einen Menschen aus, von dem die biblische Überlieferung gar nicht groß genug reden kann: „Du hast ihn wenig niedriger gemacht als Gott." (Psalm 8,5)

Bis in die Neuzeit hin galt Arbeit als körperliche Mühsal, als unwürdige Tätigkeit, die den unteren Gesellschaftsschichten vorbehalten war; gearbeitet wurde „unten". Erst in der Moderne wurde Arbeit kulturell aufgewertet und schließlich gar zu einem Menschenrecht. Auch die christliche Sozialethik bewertet Arbeit wie die ganze Neuzeit ethisch hoch. Doch ist die biblische Wertung der Arbeit eine andere: Während man in der Moderne Arbeit mit Lebens-, Entfaltungs- und Beteiligungschancen in Zusammenhang bringt, erinnert die Bibel an Fronarbeit, Arbeitslast und Rechtlosigkeit in der Arbeit. So heißt es im sog. biblischen Credo:

„Die Ägypter behandelten uns schlecht, machten uns rechtlos und legten uns harte Fronarbeit auf. Wir schrien zum Herrn, dem Gott unserer Väter, und der Herr hörte unser Schreien und sah unsere Rechtlosigkeit, unsere Arbeitslast und unsere Bedrängnis." (Deuteronomium 26,6 f.)

Der Exodus lässt sich nicht verstehen ohne das Leiden an unmenschlicher Arbeit. Der Exodus ist ein Weg der Befreiung aus unwürdiger Arbeit und rückt Arbeit sozialethisch und theologisch in den Mittelpunkt. Er begründet eine Würdetradition menschlicher Arbeit, auf die sich Israel immer durch die wechselvolle Geschichte hindurch gegen die real erfahrene Würdelosigkeit berufen hat. Ein eigenständiges „Recht der Armen"[96] wurde im Bundesbuch (Exodus 20,22–23.33), im Deuteronomium (Deuteronomium 12–26) und im Heiligkeitsgesetz (Levitikus 17–26) geschaffen. Dieser Impuls vom Exodus her hat eine Dynamik ausgelöst, die eine Fernwirkung bis in die modernen Menschenrechte hinein erzeugen konnte.

Bemerkenswert ist, dass die Befreiung aus Ägypten nicht auf Israel beschränkt, sondern universell gedacht wurde, heißt es doch bei Amos 9,7:

„Seid ihr für mich mehr als die Kuschiter, ihr Israeliten? – Spruch des Herrn. Wohl habe ich Israel aus Ägypten heraufgeführt, aber ebenso die Philister aus Kaftor und die Aramäer aus Kir."

Der Gott der Bibel ist der allgemeine Befreier. Der Exodus ist deshalb auch kein einmaliges Ereignis, sondern einer von vielen Auszügen aus Unfreiheit und Ungerechtigkeiten in der Geschichte der Menschheit bis heute. Der US-amerikanische Sozialphilosoph Michael Walzer nennt dies einen „wiederholenden Universalismus"[97]. Die ursprüngliche Version ist der Exodus, der jeweilige Kampf für mehr Humanität in der Arbeit seine wiederholende Variation.

Was Arbeit in der Antike war und was Arbeit heute bedeutet, ist grundlegend verschieden. Nur scheinbar ist Arbeit eine anthropologische oder überzeitliche Kategorie. Erwerbsarbeit ist ein moderner Begriff, eine Erfindung der Moderne. Seit dem 18. Jahrhundert hat sich ein spezifischer Gesellschaftstyp herausgebildet, in dem der Erwerbsarbeit eine solch zentrale Rolle zukommt, dass man sie als Arbeitsgesellschaft bezeichnet. Was heute Erwerbsarbeit genannt wird, ist im industriellen Kapitalismus entstanden und keineswegs eine überzeitliche Wesenseigenschaft des Menschen; sie ist keine *conditio humana*.

Was die Arbeit in der Arbeitsgesellschaft fundamental von vorherigen Gesellschaften unterscheidet, ist die „freie" Arbeit. Arbeit ist keine Zwangsarbeit oder sonst irgendwie gebundene unfreie Arbeit mehr, auch wenn es einen stummen Zwang der Verhältnisse gibt, der Menschen in Arbeitsverhältnisse zwingt, die sie nicht eingehen würden, wenn sie wirklich frei wären. Die freie Arbeit war zunächst auch kein Rechtsverhältnis. Dieses musste erst nach und nach erkämpft werden, um mit den Mitteln des Rechts Arbeitgebermacht einzuschränken. Die aus feudalen Zusammenhängen befreite Arbeit war nicht frei, sondern wurde es erst durch die Vermittlung des Rechts. Mittels sozialer Rechte wurde der zunächst freie Arbeitsvertrag nach und nach mit gesetzlichen Regelungen flankiert. Erst mit dem Mittel des Rechts konnten die Voraussetzungen dafür geschaffen werden, dass Arbeit mit Freiheit und Würde in Zusammenhang gebracht werden konnte. „Das Arbeitsrecht war das Mittel zur Aushandlung einer gewissen Freiheit der Arbeitenden gegenüber dem Zustand der Abhängigkeit, der den Großteil der Arbeitsverhältnisse vor ihrer Regulation durch das Recht charakterisierte."[98] In der Arbeitsgesellschaft wurde Arbeit – so der französische Arbeitssoziologe Robert Castel – dadurch „dignifiziert", also mit Würde versehen, dass sie zur Grundlage von Rechten geworden war.[99] Dennoch bleibt sie abhängige und fremdbestimmte Arbeit.

Für die übergroße Mehrheit der Menschen verschafft einzig Arbeit den Zugang zu Einkommen und sozialer Sicherheit. Erwerbsarbeit entscheidet über den sozialen Status und ist in der Arbeitsgesellschaft eine zentrale Kategorie sozialer Anerkennung. Nicht mehr Herkunft und Hierarchie sollen über die Würde und die gesellschaftliche Bedeutung eines Menschen entscheiden, sondern die Arbeit. Die Arbeit ist auch der Ort, wo um gesellschaftliche Verteilung und Machtverhältnisse gerungen wird. Die Zentralität der Arbeit bewirkte auch den gesellschaftlichen Ausschluss derer, die ohne Arbeit sind. Erwerbsarbeit hat ein Doppelgesicht: Sie ist und bleibt immer ein Faktor von Fremdbestimmung und Unterordnung; trotz der rechtlichen Einhegung von Arbeitgebermacht wurden Entfremdung, Ausbeutung und Fremdbestimmung nicht gänzlich besiegt. Gleichzeitig aber ist Arbeit auch ein Ort der Anerkennung. Diese doppelgesichtige Arbeit ist in ökonomischer Hinsicht immer auch ein Mittel, das zur Kapitalvermehrung eingesetzt wird. Wertgeschätzt wird sie nur in ihrer Nützlichkeit und Verwendung für eine gewinnorientierte Wirtschaft. In der Antike führte die zur Subsistenz notwendige Arbeit nicht zur gesellschaftlichen

Integration wie in der Arbeitsgesellschaft, sondern war eher ein Exklusionsfaktor. Dass Arbeit zu einem Recht und zentral für das Leben werden könnte, ist dem vorkapitalistischen Menschen in der Antike schlechterdings unvorstellbar. Im Kapitalismus brauche es – so Max Weber – eine „Hingabe an den ‚Beruf' des Geldverdienens"[100].

Arbeit ist mehr als Arbeit: Arbeit gibt der Arbeitsgesellschaft ihren Namen, bestimmt die Stellung des Einzelnen zu dieser Gesellschaft und verspricht Lebens-, Entfaltungs- und Beteiligungschancen. Das biblische Exodusgeschehen begründete eine Würdetradition der Arbeit, die bis in die *Allgemeine Erklärung der Menschenrechte* und die sozialen Menschenrechte hinein wirkte.

Theologische Wirtschaftsethik: biblisch begründet

Die Frage nach der Rolle der Bibel und des biblischen Argumentierens wurde in der Ethik sowohl in ihrer katholischen wie auch evangelischen Gestalt lange Zeit kaum gestellt. Es ist ein Gemeinplatz, dass das Zitieren biblischer Sätze kein ethisches Problem lösen kann. Auch gewinnt kein ethisches Argument irgendeine Autorität durch den Bezug auf die Bibel. Für den Alttestamentler Eckart Otto verbietet schon die historische Distanz „eine normative Applikation alttestamentlicher Handlungsanweisungen auf die heutige Gesellschaft"[101]. Natürlich sind die wirtschaftlichen, politischen und sozialen Verhältnisse des Alten Israel weit entfernt vom gegenwärtigen finanzmarktgetriebenen globalen Kapitalismus. Der bloße Hinweis auf die historische Ferne entsorgt aber weitere Fragen vorschnell, denn entscheidend ist nicht die historische Distanz, sondern die Frage, ob und wie es möglich ist, sie zu überwinden.

Die Menschenrechte sind in der Lage, einen Bezugsrahmen zu bilden, der die historischen Distanzen überwinden und Kontinuitäten sichtbar machen kann. Es gibt eine wichtige Kontinuität, die ihren Grund in der Universalität der „Autorität der Leidenden" (Metz) hat. Immer schon haben die Beleidigten, Gedemütigten, die Armen und Schwachen gegen die Verletzung ihrer Würde gekämpft und um ihr Recht gerungen. Das hat eine ethische Substanz begründet, die in der Tora fassbar ist und die in den Menschenrechten wirksam werden konnte. Diese Kontinuität besteht in einem „wiederholenden Universalismus" (Michael Walzer). Das biblische Sozial-, Arbeits- und Wirtschaftsrecht, das weiter unten ausführlich dargestellt wird, stellt einen frühen rechtlichen Versuch dar, die Menschenwürde für ihre Zeit durchzubuchstabieren und mit den Mitteln des Rechts zu schützen.[102]

Es gibt eine weitere Kontinuität, die in der Rechtsidee besteht, die Rechte der Menschen und ihre Gerechtigkeitsforderungen gegenüber der Ökonomie zu behaupten. „Die Gesetze Gottes" – so der Alttestamentler Frank Crüsemann – „durchbrechen die ökonomischen Gesetze da, wo sie zu Ausbeutung und Abhängigkeit führen."[103] Das bedeutet nicht, dass die Bibel als ein Reservoir für allzeit gültige Antworten zu verstehen wäre. Aber es gibt ein Grundethos, das in je neuen sozialen und ökonomischen Situationen die bleibend verpflichtende „Meta-Norm und kritische Instanz" (228) jeweils neu und kreativ durchbuchstabiert. Dieses Grundethos der Solidarität des wirtschaftlich Starken mit dem Schwächeren ist das „entscheidende Prinzip der Tora" (228), mit dem Humanität, Recht und Gerechtigkeit durchgesetzt werden. Dieses je neu und anders durchbuchstabierte Grundethos schuf eine inneralttestamentliche Rezeptionsgeschichte, die mit der eigenen Tradition so kreativ-dynamisierend umging, dass eine talmudische Legende sagen kann: Mose kommt in das Lehrhaus des Rabbi Akiba, setzt sich in die achte Reihe und – versteht nichts.[104]

Theologische Wirtschaftsethik: aus der Perspektive der Würde des Menschen und seiner Rechte

In offenen und uneindeutigen Situationen, die eine Vielzahl von Optionen erlauben, müssen Entscheidungen getroffen werden. Das biblische Grundethos bietet für solche Situationen einen Maßstab an: den ökonomisch Schwachen und an den Rand Gedrängten Recht zu verschaffen.

Die *Option für die Armen* besagt, dass der Gott, der in der biblischen Botschaft begegnet und der in der Person des Jesus von Nazaret den Menschen unmittelbar nahe kommt, Partei für die Rechtlosen, Gedemütigten, Beleidigten und an den Rand Gedrängten nimmt. Die Wertschätzung Jesu für die Armen wird in den Evangelien vielfach deutlich, am eindringlichsten aber in der Gerichtsrede des Matthäusevangeliums, wo die Hilfsbedürftigen aufgezählt werden – die Hungrigen, die Fremden, die Kranken und Durstigen – und über alle gesagt wird: „Was ihr für einen meiner geringsten Brüder getan habt, das habt ihr mir getan." (Matthäus 25,40) Die *Option für die Armen* entstammt dem befreiungstheologischen Kontext und ist zu einer gängigen sozialethischen Leitformel geworden, die aber keineswegs inhaltlich eindeutig bestimmt ist. Es geht um einen Standpunkt an der Seite der Armen, ökonomisch Schwachen und Benachteiligten. Zunächst meint dies eine *analytische Option*; sie fragt, warum Menschen ausgeschlossen oder an den Rand gedrängt sind. Gestellt wird diese Frage zweitens von einem *erkenntnistheoretischen*

Standort an der Seite der Armen und Benachteiligten. Sozialethisch erfordert dies eine argumentative Parteinahme für die Armen. Die sozioökonomischen Verhältnisse werden dann nicht aus einer Zuschauerperspektive oder von oben nach unten wahrgenommen und gedeutet, sondern in einem unterstellten „Ortswechsel" aus der Sicht derer, die unter den Verhältnissen leiden, die benachteiligt oder ausgegrenzt sind. Das aber bedeutet, dass nur solche ökonomischen Theorien und Strukturen als „sachgemäß" gelten können, die der ethischen Option für die Armen gerecht werden.[105] Schließlich drängt die *Option für die Armen* auf den *Imperativ*, die Lage der Armen und an den Rand Gedrängten wirksam zu verändern.

Was mit der theologischen *Option für die Armen* ausgesagt wird, überschneidet sich mit dem Anliegen der Menschenrechte. Der neuzeitliche Menschenrechtsgedanke brachte Intentionen zur Geltung, die schon mit der biblischen Orientierung des Rechtsgedankens an der Situation der Schutzbedürftigen, Entrechteten und Armen gegeben war. Was theologisch und ethisch mit der *Option für die Armen* zur Sprache gebracht wird, ist eine Empörung, die auch die Schutzdimension der modernen Menschenrechte begründet hat. Wie die *Option für die Armen* auch wollen die neuzeitlichen Menschenrechte für Menschen in gedemütigten, bedrängenden und entrechteten Lebens- und Arbeitssituationen sozialen Schutz und Freiheit stiften. Schließlich ermutigen sie, sich gegen Entrechtung zu wehren und Machtunterschiede auszugleichen. Von den Menschenrechten kann eine theologische Wirtschaftsethik, die menschenrechtsbasiert und biblisch begründet ist, lernen, dass die Würde des Menschen immer den Schutz des Rechtes braucht, wenn die Würde zu ihrem Recht kommen soll.

Die *Option für die Armen* ist in der prophetischen und jesuanischen Tradition verankert, aber auch in die Tradition der biblischen Sozialgesetze aufgenommen worden. Wie die Tora, die im Freiheitsimpuls des Exodus wurzelt, sind die modernen Menschenrechte auch ein „weltweites Freiheitsethos" (Heiner Bielefeldt). Gerechte soziale Verhältnisse sollen frei machen. Die Erklärung der ILO von Philadelphia aus dem Jahr 1944 hat allen Menschen ein Leben „in Freiheit und Würde" (Art. 2) zugesprochen. Nur wenige Jahre später forderte die *Allgemeine Erklärung der Menschenrechte* in Artikel 22 die Gewährleistung wirtschaftlicher, soziale und kultureller Rechte, damit jeder unter Bedingungen leben könne, die „für seine Würde und die freie Entwicklung seiner Persönlichkeit unentbehrlich" sind. In Situationen, in denen die Würde des Menschen verletzt wird und Menschen Opfer bedrängender und unerträglicher Arbeits- und Lebensbedingungen, von Ausgrenzung und Rechtlosigkeit sind, wollen die Menschenrechte Freiheit und sozialen Schutz geben. Sie sind daher immer auch eine Parteinahme zugunsten der Menschen, die würde- und rechtlos zu leben gezwungen sind. Die theologische und ethische *Option für die Armen* will das gleiche Anliegen wie die Menschenrechte zur Geltung bringen: Die Würde des Menschen soll zu ihrem Recht kommen.

Auf diese ethische Regel hat Robert Castel aus arbeitssoziologischer Perspektive aufmerksam gemacht.[106] Laut Robert Castel spalten sich die Arbeitsgesellschaften in Zonen von unterschiedlichen Sicherheitsniveaus. Unter einer „Zone der Integration" mit sozial geschützten Arbeitsverhältnissen weitet sich eine „Zone der Prekarität" mit unsicheren Beschäftigungsverhältnissen aus. Unterhalb der „Zone der Prekarität" entsteht eine „Zone der Entkopplung", in der sich die Überflüssigen der Hochleistungsarbeitsgesellschaft ohne reale Chance auf einen Zugang zum ersten Arbeitsmarkt wiederfinden. Erwerbsarbeit hat sich pluralisiert. Es zeigen sich Trends, zuvor bestehende sozial abgesicherte Beschäftigungsverhältnisse sozial zu entsichern. Neue Formen von Arbeit minderer Qualität wie Minijobs, Midijobs, Leiharbeit, Werkverträge, befristete Beschäftigung oder Ein-Euro-Jobs sind entstanden. Keineswegs ist mehr gesichert, dass Erwerbsarbeit Zugang zu einem ausreichenden Einkommen und einer verlässlichen sozialen Absicherung verschafft und das Versprechen der Arbeitsgesellschaft auf gesellschaftliche Integration durch Arbeit einlösen kann. Die Arbeitsgesellschaft befindet sich in einem tiefen Umbruch. Und das Verständnis von Arbeit bleibt davon nicht unberührt. Sozial abgesicherte Arbeitsplätze werden knapp, die Arbeitsverhältnisse für immer mehr Menschen prekär. In der Arbeitswelt ist eine Dynamik wirksam, die zu Ausgrenzungstendenzen führt. Unten befinden sich unsicher und prekär Beschäftigte und Arbeitslose, die zwischen Arbeitslosigkeit und prekärer Beschäftigung hin und her zirkulieren. Sie sind „Fürsorgearbeitnehmer" – gleichzeitig beschäftigt und doch auf Fürsorge angewiesen – in einer Vollerwerbswirtschaft, in der alle irgendwie beschäftigt sind, auch wenn die Erwerbsarbeit kein auskömmliches Einkommen mehr sichern kann.[107] *To become redundant*, wörtlich: überflüssig werden, ist die im Englischen gängige Bezeichnung für den Verlust des Arbeitsplatzes.

Der Sozialethiker Arthur Rich geht in seiner Wirtschaftsethik davon aus, dass Wirtschaftsethik bei aller Sachbezogenheit „beharrlich und unerbittlich nach dem Menschengerechten im Sachgemäßen zu fragen"[108] habe. Was aber ist menschengerecht? Mit der Tora ist das Menschengerechte darin zu bestimmen, die ökonomischen Gesetze vom Menschen und besonders von den Schutzbedürftigen, ökonomisch und rechtlich Schwachen her in den Blick zu nehmen. In diesem Sinn ist „das Sachgemäße an das Menschengerechte" (73) zu binden. Was menschengerecht genannt werden kann, entscheidet sich immer „unten": bei den ökonomisch Schwachen, die rechtlichen Schutz brauchen. Sie sind der Maßstab, an dem sich entscheidet, was menschengerecht ist. Die Orientierung an dem Menschengerechten ist der feste Maßstab, flexibel sind die ökonomischen Verhältnisse. Deshalb müssen die ökonomischen Verhältnisse und die sie stützende Rechtsordnung so „flexibilisiert" werden, dass Menschen zu ihrem Recht kommen können.

Die hermeneutische Regel einer *vorrangigen Option für die Armen* bedeutet wirtschaftsethisch: Wirtschaftliche Strukturen und Prozesse müssen sich vor jenen legitimieren, die am Rand stehen oder ausgeschlossen sind. Sie sind der Maßstab.

Theologische Wirtschaftsethik: in Rechtsform gefasst

Die biblischen Sozial- und Wirtschaftsgesetze sind dadurch gekennzeichnet, dass sie drei Themen miteinander verbinden. Sie enthalten erstens Regeln über den Kult, genauer: die Verehrung des einen Gottes Israels. Sie enthalten darüber hinaus Regeln der Gerechtigkeit, also Regeln darüber, wie Menschen sich verhalten sollen, damit im Umgang miteinander erkennbar wird, dass sie sich wechselseitig als gleiche anerkennen. Drittens sind sie Regeln der Barmherzigkeit. Gemeint ist damit nicht die Aufforderung zu einem gelegentlichen Handeln angesichts der Not von Mitmenschen: Barmherzigkeit wird verstanden als erwartbare und verpflichtende Zuwendung zum Nächsten. Es geht nicht um Gnade, sondern um Recht und Rechtsansprüche. Die Sozialgesetze verknüpfen die Verehrung des einen Gottes, die Gerechtigkeit als wechselseitige Anerkennung von Gleichen und die Barmherzigkeit als verpflichtende und verlässliche Zuwendung zu denen, die in die Position der Schwäche gedrängt werden oder geraten sind. Die Sozialgesetze stehen unter der Maßgabe: „Wer die Gesetze hält, wird durch sie leben." (Levitikus 18,5)

Erbarmen drängt auf Gerechtigkeit hin. Erbarmen steht deshalb auch nicht in einer Antithese zu Recht und Gerechtigkeit, sondern ist die innere Kraft zu einer Gerechtigkeit, die das „Recht der Armen" (Milton Schwantes) sichern will. Allein das Recht kann eine gegenseitige Verlässlichkeit über das herstellen, was für alle gelten soll. Auch wenn das altorientalische Recht inhaltlich und sachlich mit dem alttestamentlichen in enger Beziehung steht, so gibt es doch einen bedeutenden Unterschied: Die Armen sind in den biblischen Sozialgesetzen keine Almosenempfänger, sondern Rechtsträger. Sie verdanken ihr Recht auch nicht einer hoheitlichen Huld eines Königs als Gesetzgeber, sondern Gott. Deshalb haben die Armen und Schwachen eine starke Rechtsposition auch gegenüber den politisch und wirtschaftlich Mächtigen. Funktional sind die Rechtspositionen ähnlich unantastbar wie in den modernen Menschenrechten.

Die Arbeits-, Wirtschafts- und Sozialgesetze der Hebräischen Bibel hatten prägenden Einfluss auf die drei Weltreligionen Judentum, Christentum und Islam. Durch sie angestoßen, konnten diese Sozialgesetze eine weltweite ideengeschichtliche Prägung auch über diese Religionen hinaus erwirken.[109] Gerechtigkeit als Sorge um die Herstellung lebensfreundlicher Verhältnisse für die in ihrer Existenz oder ihrem Wohl Bedrohten macht den Kern der biblisch-jüdischen Ethiktradition aus, aber auch den Kern des Korans.[110] Auch wenn der neuzeitliche Menschenrechtsgedanke oftmals gegen kirchliche Machtinteressen erkämpft werden musste, so brachte er doch Intentionen zur Geltung, die bereits in der Ausrichtung des biblischen Rechts an den Armen, Schwachen und Schutzbedürftigen zu finden sind. In den biblischen Sozialgesetzen sind jene Grundmomente der Freiheit, Beteiligung und Solidarität vorgeprägt, welche auch die Rechtsfigur der neuzeitlichen Menschenrechte ausmacht.

Analog zu den neuzeitlichen Menschenrechten hatte Israel auch seinen Gesetzeskodex als universal verstanden und ein „Licht für die Völker" (Jesaja 49,6; 42,6) genannt. Doch der Anspruch wurde nicht nur theoretisch behauptet, sondern an den Erweis guter Praxis gebunden:

„Ihr sollt auf sie achten und sollt sie halten. Denn darin besteht eure Weisheit und eure Bildung in den Augen der Völker. Wenn sie dieses Gesetzeswerk kennenlernen, müssen sie sagen: In der Tat, diese große Nation ist ein weises und gebildetes Volk. Denn welche große Nation hätte Götter, die ihr so nah sind, wie unser Gott uns nah ist, wo immer wir ihn anrufen? Oder welche große Nation besäße Gesetze und Rechtsvorschriften, die so gerecht sind, wie alles in dieser Weisung, die ich euch heute vorlege?" (Deuteronomium 4,6–8)

Der hier ausgesagte Universalismus ist partikulär. Er muss in pluralistischen Gesellschaften heute so zur Sprache gebracht werden, dass er für einander fremde Kulturen, Ethiken, Paradigmen und Lebensformen bereichernd wirken und ihnen gegenüber seine Vernünftigkeit erweisen kann. Andere partikuläre normative Überzeugungen des Guten müssen neben den eigenen Überzeugungen als gleichberechtigt akzeptiert und miteinander ausgeglichen werden, damit eine Ethik des Gerechten für eine Gesellschaft entworfen werden kann.

Menschenrechte sind an der Frage orientiert, wie Individuen in Freiheit zusammen leben können. Sie sind der Modus, Konflikte und Unterschiede zu regeln. Begründet man die Funktion des Rechts mit der Ermöglichung von Freiheit, dann braucht Ethik das Mittel des Rechts, wenn sie dazu beitragen will, dass Menschen sich wechselseitig als Freie und Gleiche anerkennen. Im Recht wird die wechselseitige Ankerkennung verhandelt und Freiheit für alle ermöglicht.[111] Im Konflikt um diese Anerkennung gilt die Orientierung an der Würde des Menschen, besonders derer, die in der Situation der Schwächsten verletzt werden, und an den Menschen, denen wichtige Voraussetzungen der Freiheit und Selbstbestimmung fehlen. Nach dem israelischen Philosophen Avishai Margalit kommt eine anständige Gesellschaft nicht ohne die Gewährleistung grundlegender Rechte aus:

„Der Kerngedanke dabei ist, dass nur eine Gesellschaft mit einem Begriff von Rechten jenes Konzept von Selbstachtung und Demütigung entwickeln kann, das die notwendige Voraussetzung einer anständigen Gesellschaft bildet. Das Projekt einer anständigen Gesellschaft hat demnach nur Sinn, wenn es sich auf eine Gesellschaft mit einer klaren Vorstellung von Rechten bezieht."[112]

Nicht das Recht des Stärkeren soll entscheiden, sondern die Stärke des Rechts.

Auch wenn die Menschenrechte in vielen Fällen unzureichend geschützt, rechtlich zu wenig durchsetzbar sind und vor allem nicht allen zugute kommen, sind sie doch Rechtsbestimmungen, die als ethische Orientierung für die weitere humane Entwicklung der Weltgesellschaft wirksam werden können. Heiner Bielefeldt geht es um die Selbstbehauptung des Menschen als Subjekt. Sie findet erst „im Medium des Rechts dadurch wirksame Rückendeckung, dass jedem Menschen von Staats wegen seine grundlegenden Rechte gewährleistet werden. Darin besteht der spezifische Zusammenhang zwischen Menschenwürde und Menschenrechten."[113] Sie bezeichnen einen möglichen Übergang zu idealen Zielen einer gerechten Wirtschaftsordnung, die auch rechtlich verankert ist. Dazu nehmen die Menschenrechte die Politik in die Pflicht, die Wirtschaft so einzubinden, dass die in den Menschenrechten formulierten Ziele des guten Lebens und gerechten Zusammenlebens möglich werden. Die Menschenrechte setzen dabei nicht auf fertige institutionelle Großentwürfe, fordern auch keinen bislang noch illusorischen Weltstaat, der es richten soll – wobei bis dahin die Welt so bleibt, wie sie ist. Menschenrechte ermutigen, in die konkreten Auseinandersetzungen um mehr Menschenwürde und Gerechtigkeit mit der Perspektive des versprochenen Anspruchs auf die Menschenrechte in die Kämpfe einzugreifen.

Wirtschaftsethisch bedeutet die *Option für die Armen*, das wirtschaftliche Geschehen aus der Perspektive der Arbeit und der arbeitenden Menschen wahrzunehmen, eine menschengerechte Wirtschaft vom Menschen, seiner Arbeit und den Menschenrechten her zu entwerfen, damit die Menschen als Freie und Gleiche und in Solidarität leben können. Eine christliche Wirtschaftsethik gewinnt dadurch ihr spezifisches Profil, dass sie die dreifach bestimmte Grundfigur der Menschenrechte mit ihren Freiheitsrechten, politischen Beteiligungsrechten und sozialen Grundrechten aus der Perspektive der ökonomisch Schwachen wahrnimmt und rechtlich zur Geltung bringen will.

VI. Menschenrechte und ökumenische Wirtschaftsethik: Analogie und Differenz

Mit der Korrespondenz von „Analogie und Differenz"[114] lassen sich nach Wolfgang Huber die Menschenrechte und Grundinhalte christlicher Ethik so in Beziehung setzen, dass die Menschenrechte in ihrer säkularen Herkunft ernst genommen werden, aber auch theologisch und sozialethisch zugänglich sind. Eine wirtschaftsethische Argumentation wird deshalb die drei Sachmomente der Menschenrechte – die Freiheitsrechte, die politischen Beteiligungsrechte, die sozialen Rechte – in ihrer Bedeutung für arbeitende Menschen auslegen und ihnen eine entsprechende Gestalt geben. Worin genau besteht die Beziehung der Menschenrechte, besonders der sozialen Menschenrechte, zu ihrer biblischen Grundinspiration?

Zurückhaltung wird gegenüber jenen Versuchen geboten sein, die vorgeben, die neuzeitlichen Menschenrechte mehr oder weniger direkt aus den Inhalten der biblischen Tradition abzuleiten. Das hindert aber nicht daran, nach Impulsen und Anstößen zu suchen, welche die biblischen Motive mit denen der neuzeitlichen Menschenrechte vermitteln. Eine direkte Ableitung der Menschenrechte verbietet sich; dennoch sind die Menschenrechte, und gerade auch die sozialen Menschenrechte, ohne den biblischen Hintergrund kaum denkbar.

Es reicht nicht, den Graben zwischen der Welt des Alten Orients, in der die Bibel zu Hause war, und der Gegenwart durch zeitlose „Meta-Normen" (Crüsemann) überwinden zu wollen. Ein zeitloses Ethos wäre selber unterbestimmt. Es kommt darauf an, die Geschichtlichkeit und Kontextualität der biblischen Tradition ernst zu nehmen und nach geschichtlichen Kontinuitäten und Diskontinuitäten zu fragen. Gibt es gegenwärtig Probleme, Situationen, Verhältnisse, welche die zeitliche Kluft verbindet, weil sie vergleichbar sind? Immer schon haben sich Menschen zur Wehr gesetzt und empört, wenn sie erniedrigt, beleidigt oder gedemütigt wurden. Sie haben gelitten unter Entrechtung, Ausbeutung, unter unfairer Behandlung in der Arbeit oder schlecht bezahlter Arbeit. Die Tora und die neuzeitlichen Menschenrechte haben eine gemeinsame Intention: Sie zehren von der Empörung über die Verletzung der Würde des Menschen.

Wirtschaftsethisch ist der Blick auf solche sozio-ökonomischen Verhältnisse zu richten, in denen die Würde des arbeitenden Menschen verletzt wird. Die biblischen Sozialgesetze lassen sich als eine Form von frühen sozialen und wirtschaftlichen Menschenrechten für arbeitende Menschen begreifen, stellen sie doch den Versuch dar, unter den damaligen gesellschaftlichen und ökonomischen Gegebenheiten die Würde der arbeitenden, sozial ungeschützten und ökonomisch schwachen Menschen zu ihrem Recht kommen zu lassen. Im biblischen Wirtschafts-, Arbeits- und Sozialgesetz wurde der Versuch gemacht, Ethik und Recht zusammenhalten. Für die damalige Zeit wurde vorgedacht, was Jahrhunderte später auch in den Menschenrechten für die Neuzeit zum Ausdruck gekommen ist.

Das Buch Deuteronomium nimmt frühere Sozialgesetze aus dem Bundesbuch auf und führt Veränderungen und Ergänzungen ein, die für die konkrete historische Situation im 7. Jh. v. Chr. von Bedeutung waren. Es ist wirtschaftsethisch besonders ertragreich, denn es versteht sich als „eine durchdachte Sozialgesetzgebung, die darauf abzielt, dass die Arbeitenden das von ihnen Produzierte selbst zu essen vermögen, wo aber zugleich die daran partizipieren, denen eigenes Produzieren nicht möglich ist"[115]. Das Buch Deuteronomium enthält ein bewusst konzipiertes arbeits-, sozial- und wirtschaftsrechtliches Regelwerk, das weit über ein bloßes Sozialrecht hinausreicht. In seinem *Arbeitsrecht* schützt es die Arbeit mit zahlreichen Detailauflagen vor Ausbeutung und Abhängigkeit. Die *Sozialgesetze* zielen darauf, die am Rand der Gesellschaft stehenden Bevölkerungsschichten materiell und sozial abzusichern und gesellschaftlich zu integrieren. Die *Wirtschaftsgesetze* regulieren die Wirtschaft und scheuen nicht vor tiefen Eingriffen zurück, wenn das Humanum gefährdet sein sollte.

Im Einzelnen enthält das Wirtschafts-, Sozial- und Arbeitsrecht u. a. folgende detaillierte Einzelbestimmungen, von denen einige exemplarisch aufgeführt werden sollen:[116]

1. Sozialrecht

Rechtlicher Schutz:

„Er verschafft Waisen und Witwen ihr Recht. Er liebt die Fremden und gibt ihnen Nahrung und Kleidung." (Deuteronomium 10,18; auch Deuteronomium 24,17; 27,19)

Armensteuer:

„In jedem dritten Jahr sollst du den ganzen Zehnten deiner Jahresernte in deinen Stadtbereichen abliefern und einlagern und die Leviten, die ja nicht wie du Landanteil und Erbbesitz haben, die Fremden, die Waisen und die Witwen, die in deinen Stadtbereichen wohnen, können kommen, essen und satt werden, damit der Herr, dein Gott, dich stets segnet bei der Arbeit, die deine Hände tut." (Deuteronomium 14,29 ff.; auch Deuteronomium 26,12 ff.)

Grundversorgung: Recht der Nachlese

„Wenn du dein Feld aberntest und eine Garbe auf dem Feld vergisst, sollst du nicht umkehren, um sie zu holen. Sie soll den Fremden, Waisen und Witwen gehören." (Deuteronomium 24,19–22; 23,25f.; auch Levitikus 19,9f.; 23,22; Exodus 23,10f.; Levitikus 25,6f.)

Schutz vor Pfändung bei Verschuldung:

„Du sollst nicht nach der Frau deines Nächsten verlangen und du sollst nicht das Haus deines Nächsten begehren, nicht sein Feld, seinen Sklaven oder seine Sklavin, sein Rind oder seinen Esel, nichts, was deinem Nächsten gehört." (Deuteronomium 5,21)

Beschränkung der Pfandnahme:

„Man darf nicht die Handmühle oder den oberen Mühlstein als Pfand nehmen; denn dann nimmt man das Leben selbst als Pfand." (Deuteronomium 24,6.10ff.; auch Exodus 22,25f.)

2. Arbeitsrecht

Sabbatgebot als Recht auf einen arbeitsfreien Tag:

„Achte auf den Sabbat: Halte ihn heilig, wie es dir der Herr, dein Gott, zur Pflicht gemacht hat. Sechs Tage darfst du schaffen und jede Arbeit tun." (Deuteronomium 5,12ff.; auch Exodus 20,8ff.; 23,12)

Zeitliche Befristung der Schuldsklaverei:

„Wenn sich dein Bruder, ein Hebräer oder eine Hebräerin, dir verkauft, so soll er dir sechs Jahre dienen; im siebenten Jahr sollst du ihn als frei entlassen." (Deuteronomium 15,12; auch 23,16f.)

Tägliche Ausbezahlung des Lohnes an die Tagelöhner:

„An dem Tag, an dem er arbeitet, sollst du ihm auch seinen Lohn geben. Die Sonne soll darüber nicht untergehen; denn er ist in Not und lechzt danach." (Deuteronomium 24,14f.)

Recht auf humane Behandlung:

„Du sollst einen armen und bedürftigen Tagelöhner nicht bedrücken." (Deuteronomium 24,15, vgl. auch Deuteronomium 23,17; Levitikus 25,43.46.53; Exodus 21,20f. 26f.)

Schutz der geflohenen Sklaven:

„Du sollst den Knecht nicht seinem Herrn ausliefern, der von ihm zu dir geflüchtet ist. Er soll bei dir bleiben an dem Ort, den er erwählt, in einer deiner Städte, wo es ihm gefällt." (Deuteronomium 23,16 f.)

3. Wirtschaftsrecht

Schuldenerlass:

„Alle sieben Jahre sollst du ein Erlassjahr halten. So aber soll's zugehen mit dem Erlassjahr: Wenn einer seinem Nächsten etwas geborgt hat, der soll's ihm erlassen und soll's nicht eintreiben von seinem Nächsten oder von seinem Bruder; denn man hat ein Erlassjahr ausgerufen dem HERRN." (Deuteronomium 15,1 f.; auch Levitikus 25,1 ff.)

Jobeljahr:

„Und ihr sollt das fünfzigste Jahr heiligen und sollt eine Freilassung ausrufen im Lande für alle, die darin wohnen; es soll ein Erlassjahr für euch sein. Da soll ein jeder bei euch wieder zu seiner Habe und zu seiner Sippe kommen." (Levitikus 25,10 ff.)

Zinsverbot:

„Du sollst von deinem Bruder nicht Zinsen nehmen, weder für Geld noch für Speise noch für alles, wofür man Zinsen nehmen kann." (Deuteronomium 23,20 f. auch Exodus 22,24; Levitikus 25,35–38)

Das biblische Arbeits-, Sozial- und Wirtschaftsrecht will eine sozialgerechte Sozialverfassung herstellen. Gegenüber der Tora ist eingewandt worden, dass diese noch keinen Begriff vom neuzeitlichen Individuum gehabt habe, das in den Menschenrechten Träger von subjektiven Rechten ist. Doch in der Tora, besonders im Buch Deuteronomium, wird der einzelne Mensch angesprochen. Stereotyp werden die Rechtsregeln mit der Formel begründet: „Denk daran, dass du ein Sklave in Ägypten warst ..." (Deuteronomium 5,15; 24,22; 24,28; auch u. a. Exodus 22,20; 23,9; Levitikus 19,34.36). Im Dekalog wird mit dem „Du" der einzelne

Mensch auf seine Verantwortung angesprochen, dass die Menschen in einer Sozialordnung leben können, die ihnen materielle Sicherheit und sozialen Schutz bieten kann.

Für das biblische Sozialrecht im Buch Deuteronomium lässt sich die historische Lage recht gut bestimmen. Es ist die krisenhafte Situation in der Achsenzeit seit dem 8. Jh., in der die üblichen Verschuldungsvorgänge zu einer andauernden Überschuldung umschlugen und eine Rechtsreform durchgeführt wurde, die soziales Recht mit Freiheits- und Solidarrechten für die Armen und Schwachen durchsetzte. Es ist der Versuch, die Krise durch gezielte Maßnahmen zu regulieren oder wenigstens die Folgen abzumildern. Gemahnt wird der König, „Recht und Gerechtigkeit" auszuüben, und zwar zugunsten der „Schwachen und Armen" (Jeremia 22,15f.).

Das Deuteronomium hat das Arbeits-, Sozial- und Wirtschaftsrecht nach einem Siebener-Rhythmus konzipiert.[117] Nach dem Vorbild des Sabbats alle sieben Tage (Deuteronomium 5,12ff.; Exodus 20,8ff.) gibt es alle sieben Jahre ein Sabbatjahr. Im Sabbatjahr soll die Erde ruhen, und was sie hervorbringt, gehört den Armen (Exodus 23,10f.; Deuteronomium 15,1). Die Ackerbrache des Sabbatjahres wird später in einen Schuldenerlass umgeformt: So wie die Ausnutzung der Erde ruhen soll, so soll alle sieben Jahre die aufgelaufene Überschuldung „ruhen": ein Schuldenerlass (Deuteronomium 15,2ff.). Der Schuldner wird aus der ökonomischen, sozialen und politischen Abhängigkeit von den Gläubigern befreit. Alle siebenmal sieben Sabbatjahre findet im Jobeljahr (Levitikus 25,1–55) ein Schuldenerlass statt und soll eine Landreform durchgeführt werden. Eine geradezu revolutionäre Vorstellung!

Das programmatische Ethos des Jobeljahres mit der Hoffnung auf einen Schuldenerlass blieb bis in die neutestamentliche Zeit hinein lebendig und gehört zum Kernbestand der jesuanischen Botschaft.[118] Die Jesusbewegung hat die biblische Erlassjahrtradition bekräftigt. So fordert Matthäus 5,42: „Gib dem, der dich bittet, und wende dich nicht von dem ab, der etwas von dir borgen will." In Lukas 4,18f. wird „ein Gnadenjahr des Herrn" ausgerufen, ein Erlassjahr nach dem Jobeljahr. Auch die Vaterunser-Bitte um Vergebung oder Erlass der Schulden (Lukas 11,4 / Matthäus 6,12) gehört in diese Erlassjahrtradition. Die Ursprungsbedeutung der Vaterunser-Bitte um den Erlass der Schuld(en) bezieht sich auf die biblische Erlasstradition, die eine neue Freiheit angesichts unbezahlbarer Verschuldung proklamiert und das Recht auf einen Schuldenerlass erbittet.

Der Siebener-Rhythmus von Sabbat, Sabbatjahr und Jobeljahr ist ein Freiheitsprogramm, das alle ökonomischen Faktoren einbezieht. Der *Sabbat* befreit den arbeitenden Menschen von den Zwängen der Arbeit und aus der Verfügungsgewalt des Herrn; die *Ackerbrache des Sabbatjahrs* befreit den Boden von ununterbrochener Ausnutzung; der *Schuldenerlass im Sabbatjahr* befreit die Schuldner von der Last unbezahlbarer Schulden; in der Landreform im *Jobeljahr* bekommen die Landlosen das Recht auf eigenen Boden zur Sicherung der Existenz. Der Siebener-Rhythmus der Sabbatökonomie befreit also den abhängig Arbeitenden, den Boden, den Schuldner und den Sklaven. Und diese Befreiung tritt nicht als moralischer Appell auf, sondern als ein Freiheitsrecht und ein soziales Schutzrecht.

Zwischen den sozialen Menschenrechten, wie sie insbesondere nach dem Zweiten Weltkrieg formuliert worden sind, und den sozialen Rechten, wie sie bereits in der Tora formuliert worden sind, gibt es eine überraschende Fülle von gemeinsamen Trends, ja sogar Übereinstimmungen und materialen Entsprechungen. So sehr überraschend ist dies allerdings nicht. Denn die Menschenrechte wie die Sozialgesetze der Tora haben auf elementare Unrechts- und Leiderfahrungen reagiert. Sie zehren also von einer gemeinsamen Substanz. Hier begegnet man dem, was Michael Walzer einen „wiederholenden Universalismus" genannt hat und was Metz von einer „Autorität der Leidenden" sprechen ließ. Menschen haben zu allen Zeiten danach gefragt, welche strukturellen Gründe Unrecht verursachen, wie sie zu ihrem Recht kommen können und wie die leiderzeugenden sozialen, politischen und wirtschaftlichen Verhältnisse umgestaltet werden können.

Das biblische Wirtschafts-, Sozial- und Arbeitsrecht greift Themen auf, die auch die modernen Menschenrechte zum Inhalt haben. Es verknüpft auch die Rechte der Menschen mit Gerechtigkeitsansprüchen. So ist das Sabbatgebot ein uraltes Recht auf einen freien Arbeitstag, wie auch der Sozialpakt in Art. 7 ein Recht auf Begrenzung der Arbeitszeit und Feiertage kennt. Zahlreiche Rechtsregeln des biblischen Sozialrechts betreffen gerechte, würdige Arbeitsbedingungen, so tägliche Ausbezahlung des Lohnes an die Tagelöhner (Deuteronomium 24,14f.) oder das Recht auf humane Behandlung (Deuteronomium 24,14). Solche Anforderungen finden sich der Sache nach auch in ILO-Übereinkünften und im Art. 7 des Sozialpaktes mit dem Recht auf gerechte und günstige Arbeitsbedingungen. Das Recht auf soziale Sicherheit, das Recht auf einen angemessenen Lebensstandard und das Recht auf ausreichende Ernährung in Artikel 11 des Sozialpaktes drücken einen Anspruch aus, der auch im Zehnten für Witwen, Waisen, Leviten und Fremde (Deuteronomium 14,29ff.; auch Deuteronomium 26,12ff.) aufgenommen ist. Mit dem Recht der Nachlese wird das gleiche Anliegen unter den Bedingungen der altorientalischen Agrargesellschaft Israels geregelt (Deuteronomium 24,19; 23,25f. auch: Levitikus 19,9f.; 23,22; Exodus 23,10f.; Levitikus 25,6f.). Bekräftigt werden diese Rechtsregeln mit der Mahnung, das Recht der Armen, Witwen und Waisen nicht zu beugen (Deuteronomium 24,17f.). Die bedrängenden Lebens- und Arbeitssituationen führen zu einer Analogie des Rechtsgedankens in der Tora und in den Menschenrechten.

Die Auflistung in Abb. 2 (S. 142) will nur gemeinsame Anliegen und Motive nennen, die sich in der Allgemeinen Erklärung der Menschenrechte, dem Sozialpakt und dem Arbeits-, Wirtschafts- und Sozialrecht der Tora, hier am Beispiel des Deuteronomiums, niedergeschlagen haben. Sie will keineswegs vorschnelle Übereinstimmungen abbilden, aber einen Eindruck über gemeinsame Anliegen veranschaulichen, die rechtlich geregelt werden.

Wie bereits gesagt: Die Fülle von Übereinstimmungen oder zumindest gemeinsamen Tendenzen ist so überraschend nicht. Wie die Menschenrechte zehren die biblischen Wirtschafts-, Arbeits- und Sozialgesetze auch von einer Universalität der Empörung über die Verletzung der Würde des Menschen. Die Menschenrechte sind nicht beliebig zustande gekommen, gleichsam irgendwie aufgesammelt. Sie sind Ausdruck eines „wiederholenden Universalismus" (Michael Walzer), der sich durch die Menschheitsgeschichte durchzieht. Diese Empörung, zu der es immer wieder und allenthalben Gründe genug gab und gibt, wurde in den Rechtsregeln der Tora wie auch im neuzeitlichen Menschenrecht aufgenommen. Dennoch gibt es nicht nur Analogie, sondern auch Differenzen. Die biblisch inspirierte christliche Ethik setzt spezifische Akzente, denen auch eine theologische Wirtschaftsethik, die biblisch argumentiert, verpflichtet ist. Die *Option für die Armen* kann sicherlich als ein Spezifikum einer theologischen Ethik angesehen werden.

Bemerkenswert ist, dass trotz der lang andauernden feindseligen Haltung der Kirchen gegenüber den Menschenrechten gleichwohl immer wieder beim Kampf um die Menschenrechte biblische Bilder und Metaphern von Exodus, dem langen Marsch durch die Wüste und der Verheißung eines Gelobten Landes geradezu beschworen wurden. Jean-Jacques Rousseau, Begründer der verfassungspolitischen und menschenrechtlichen Idee eines Gesellschaftsvertrags, bezieht sich ausdrücklich auf Mose, den er als Vorbild einer Herrschaft des Rechts in Anspruch nimmt. Für ihn ist die Gesetzgebung des Mose, die Tora, ein Musterbeispiel guter Gesetzesherrschaft. Die mosaische Gesetzgebung gerät bei Rousseau zu einem Urbild aller modernen Verfassungen, und zwar besser als dies die Vorbilder republikanischer Verfasstheit in Athen zu sein vermögen. In seinen *Betrachtungen über die Regierung Polens* lobt Rousseau den Vorbildcharakter der biblischen Tora:

„Juden geben uns ein erstaunliches Beispiel. Die Gesetze des Solons, des Numa, des Lykurg sind tot, die viel älteren Gesetze des Mose aber leben noch immer. Athen, Sparta, Rom sind zugrunde gegangen und haben keine Kinder auf der Erde zurückgelassen."[119]

Dann fragt Rousseau: „Welche Kraft muss eine Gesetzgebung haben, die solcher Wunder fähig ist?" Israel habe sich allein durch sein Recht konstituiert und dadurch über die Jahrtausende hinweg seine Existenz sichern können.

Die Philosophen und Denker hätten mit ihren Ideen von den Menschenrechten allein keine Wirkung und agitatorische Kraft erzielen können. Es waren nicht unwesentlich biblische Metaphern und Bilder, mit denen die republikanische Intellektuellenrhetorik in der Zeit der

Aufklärung das Volk überhaupt erreichen konnte. Das kann beispielhaft der *Hessische Landbote* von Georg Büchner und Friedrich Ludwig Weidig aus dem Jahr 1834 zeigen, der voller biblischer Motive ist. Traditionen, die durch die Bibellektüre fest im Volk verankert waren, haben Büchner und Weidig aufgegriffen und zugleich radikalisiert:

„Im Jahr 1834 siehet es aus, als würde die Bibel Lügen gestraft. Es siehet aus, als hätte Gott die Bauern und Handwerker am 5ten Tage und die Fürsten und Vornehmen am 6ten gemacht, und als hätte der Herr zu diesen gesagt: Herrschet über alles Gethier, das auf Erden kriecht, und hätte die Bauern und Bürger zum Gewürm gezählt. Das Leben der Fürsten ist ein langer Sonntag; […] das Volk aber liegt ihnen wie Dünger auf dem Acker."[120]

Die biblische Paradieserzählung wird in Anspruch genommen, eine ursprüngliche Gleichheit aller Menschen zu begründen. Genesis 2–3 kennt nur die Gleichheit der Menschen, keine Edelleute. Eine Gesellschaft der Freien und Gleichen wird aus den biblischen Vorbildern behauptet, um den Widerspruch zwischen der biblischen Paradieserzählung von der Gleichheit aller und der Realität zu skandalisieren. Seit dem Mittelalter gehört ein geradezu widerständiger, subversiver Rückgriff auf die biblische Schöpfungsgeschichte zum Argumentationsgut egalitaristischer Bewegungen. Orthodox war diese Aneignung der biblischen Tradition nie; aber dennoch im Volk sehr lebendig, wie der revolutionäre herrschaftskritische Weckruf des der Häresie verdächtigen eingesperrten Priesters John Ball 1381 lautete:

„Als Adam grub und Eva spann,
wo war denn da der Edelmann?"

Hier wurde eine Grundüberzeugung der jüdisch-christlichen Tradition artikuliert, die sich in dieser Form in den meisten anderen Hochkulturen nicht finden lässt: Der Gedanke der Gleichheit aller Menschen vor Gott, der sie „nach seinem Bilde" geschaffen hat, gehört der biblischen Tradition. Vom Gott der Bibel wird gesagt: „Dem Armen und Schwachen verhalf er zum Recht." (Jeremia 22,16) Im *Hessischen Landboten* wird die gleiche Semantik angeschlagen: „… dass Gott alle Menschen frei und gleich in ihren Rechten schuf und dass keine Obrigkeit von Gott zum Segen verordnet ist"[121]. Im Volk wurde gegen die offizielle, auf den Sündenfall bezogene Lesart der Schöpfungsgeschichte eine andere von der Gleichheit des Menschengeschlechts wachgehalten. Die Idee von der ursprünglichen Gleichheit aller Menschen ist der Grundmythos Europas, der eine wirkmächtige Tradition begründet. Sie musste sich gegen Mächte in Staat und Kirche durchsetzen. Die Kirchen hatten nämlich nicht die natürliche und gottgegebene Gleichheit der Menschen in ihrem theologie- und ideengeschichtlichen Erbe. Vielmehr hat sich der christliche Widerspruch gegen die Idee allgemeiner Menschenrechte bis in die Neuzeit gerade darauf berufen, dass durch den Sündenfall die Schöpfungsordnung der natürlichen Gleichheit der Menschen verwirkt worden sei.

Die jüdisch-christliche Tradition der Gleichheit aller Menschen war immer die Voraussetzung aller Debatten über Ungleichheit. Ungleichheit wird dadurch zum Problem, dass sie von der natürlichen Gleichheit her kritisiert wird. Geformt wurde dadurch der Gedanke, allen Menschen ohne Unterschied Rechte zukommen zu lassen und für die Armen und ökonomisch Schwachen eine besondere Verantwortung zu übernehmen. Dieser Universalitätsgedanke wurde in den Menschenrechten und in besonderer Weise auch in den sozialen Menschenrechten wirksam. Die griechischen Mythen und Philosophien oder die römischen Klassiker mögen die Intellektuellen erwärmt haben, doch die Massen erreichten sie nicht. Gerade deshalb sind die biblischen Bezüge in den Begründungen der Menschenrechte mehr als nur schmückendes Beiwerk. Man würde dann genau jene Kraft unterschätzen, die aus der zupackenden Bildsprache der Bibel und der Propheten rührt und die den Massen geläufig war.

Die Wertschätzung eines jeden Menschen und der universalistische Gedanke der Gleichheit aller ist ein spezifisch jüdisch-christliches Erbe und kulturell keineswegs selbstverständlich. Es ist jener Universalismus der gleichen Würde aller, die sich wesentlich jüdisch-christlichen Impulsen verdankt und tief in das europäische Grundverständnis eingelassen ist, die immer wieder aufleuchtete: in den Bauernkriegen, im *Hessischen Landboten* oder in den frühen Menschenrechtsdeklarationen. So verwundert es dann auch nicht, dass die ersten Sozialgesetze, die ab den Achtzigerjahren des 19. Jahrhunderts unter Bismarck eingeführt wurden, religiös begründet wurden. Bismarck nannte die Einführung der sozialstaatlichen Sicherung „praktisches Christentum in gesetzlicher Betätigung"[122]. Ein Abgeordneter nahm gar die Tora zum Vorbild:

„Wenn das die mosaische Gesetzgebung getan hat, wie viel größer und tiefer muss die Erkenntnis der Pflicht des christlichen Volkes sein, Fürsorge zu treffen durch die Gesetzgebung für diejenigen, die der Fürsorge bedürfen."[123]

Die Anerkennung der Würde eines jeden unabhängig von seiner sozialen Stellung und der Gedanke des moralischen Universalismus prägen Roosevelts Programm der sozialen Sicherheit und finden schließlich ihren Niederschlag in der wohl einflussreichsten moralischen Grundlage für das globale Zusammenleben, der *Allgemeinen Erklärung der Menschenrechte* und dem Sozialpakt. Eine Weltgesellschaft wird darin zum Zielpunkt, in der das universalistische und egalitäre biblische Ethos der unbedingten Anerkennung der Würde eines jeden Menschen sich in ein Projekt verwandelt, in dem die Gerechtigkeit als Schaffung gleicher Bedingungen für jeden gilt, damit jeder von seiner Freiheit Gebrauch machen kann. Diese vom jüdisch-christlichen Erbe geprägte Anerkennung der Würde eines jeden wurde in der *Allgemeinen Erklärung der Menschenrechte* zur wohl am weitesten reichenden moralischen Grundlage für das Zusammenleben der Menschen. Neuere Untersuchungen können anhand der internationalen Länderberichte an den UN-Sozial- und Wirtschaftsrat aufzeigen, dass sich seit 1989 mit dem Niedergang des Sozialismus und der Ausbreitung des globalen Kapitalismus ein Prozess abzeichnet, in dem sich die Interpretationen sozialer Rechte auch in Staaten unterschiedlicher politischer Orientierung und ökonomischer Entwicklung zunehmend angleichen.[124] Die Gewährleistung grundlegender sozialer Rechte als Individualrechte für alle Menschen, unabhängig von Geschlecht, Rasse, Religion oder anderen sozialen Unterschieden, wird als zentrale Staatsverantwortung anerkannt. Soziale Rechte werden immer mehr zu einem internationalen Konsens, wenn auch auf einem niedrigen Niveau. So wird Armut als ein Indikator dafür angesehen, dass grundlegende soziale Rechte des Sozialpaktes nicht erfüllt werden.

Ein geschichtlicher Prozess wurde in Gang gebracht, in dem der jüdisch-christliche Universalismus auch außerhalb der Kirchen wirkmächtig werden konnte. Dass jeder Mensch Inhaber von unbedingten Rechten ist, nannte der jüdische Sozialphilosoph Erich Fromm ein „tief in der religiösen und humanistischen Tradition des Westens verwurzeltes Prinzip"[125]. Und er fährt fort: „Dieses Recht auf Leben, Nahrung und Unterkunft, auf medizinische Versorgung, Bildung usw. ist ein dem Menschen angeborenes Recht, das unter keinen Umständen eingeschränkt werden darf, nicht einmal im Hinblick darauf, ob der Betreffende für die Gesellschaft ‚von Nutzen ist'." (310)

Diese tief in die europäische Kultur eingelassenen Traditionen haben auch neuere Forschungen aufgedeckt, die begründen können, dass dem Christentum ein spezifisches gesellschaftsprägendes Potenzial zuzusprechen ist.[126] Im internationalen Vergleich mit Kulturen und Ländern, die von anderen Werten geprägt sind, zeigt sich, dass die für den Westen typische Entwicklung von Wohlfahrtsstaaten nicht freigesetzt werden kann, wenn das Motiv universeller Brüderlichkeit nicht wertgeschätzt wird. Die Motive, welche der jüdisch-christlichen Tradition entstammen, haben faktisch wie ein Katalysator gewirkt, der einen Prozess zu einer sozialstaatlichen Entwicklung in Gang bringen konnte. Wohlfahrtsstaaten, die als Ausdruck sozialer Rechte zu verstehen sind und die Solidarität in einer Gesellschaft organisieren, sind kulturell durch eine universelle Brüderlichkeitsethik geprägt. Sozialstaatlichkeit, die immer auch ein Ausdruck der Anerkennung der sozialen Grund- und Menschenrechte ist, lässt sich als eine Wirkung der jüdisch-christlichen Tradition deuten, die auch in säkularen Gesellschaften fortwirkt. Es zeigt sich in der Herausbildung von Sozialstaaten, dass jüdisch-christliche Ethik-Traditionen jene Bedingungen begünstigt haben, um eine Verantwortlichkeit für das Wohlergehen aller Mitglieder einer Gesellschaft zu entwickeln. Sozialstaat und Sozialpolitik liegt eine kulturelle Orientierung zugrunde, die allen Menschen die gleiche Würde und deshalb auch gemeinsame Rechte zuspricht.

Rechte	Allgemeine Erklärung der Menschenrechte	Sozialpakt	Sozial-, Wirtschafts- und Arbeitsrecht der Tora
Recht auf Leben und Freiheit	Art. 3	Präambel	Deuteronomium 5,17; 18,10; 22,8; 27,24
Verbot der Sklaverei	Art. 4	Verbot im Zivilpakt	zeitliche Befristung der Sklaverei: Deuteronomium 15,12–18 Deuteronomium 5,14; 15,12–18; 16,11.14; 23,16 f.; Sklavenhandel: Deuteronomium 21,14; 24,7.
Anerkennung als Rechtsperson	Art. 6	Präambel	Deuteronomium 1,16 f.; 16,18 f.; 15,16; Jeremia 22,15 f.
Recht auf Rechtsschutz	Art. 8		Deuteronomium 10,18; 17,8–13; 19,16–21; 24,17; 26,12.
Schutz der Kinder	Art. 16 Art. 25	Art. 10	Deuteronomium 14,29 u. ö. (Waisenschutz)
Recht auf Arbeit	Art. 23	Art. 6	Deuteronomium 20,12
Schutz auf Eigentum	Art. 17		Deuteronomium 15,1 (Schuldenerlass); 19,21.21; 19,14; 22,1–3.
Recht auf soziale Sicherheit	Art. 22 Art. 25	Art. 9	Deuteronomium 14,22–29; 15,1–6.7–11,12–18; 23,25; 24,10–13.19.20; 26,12 f.; 26,16.
Recht auf gerechte Arbeit	Art. 23 Art. 5	Art. 7	Recht auf humane Behandlung: Deuteronomium 24,14; Levitikus 25,43 ff.; 23,17
Recht auf gerechten Lohn	Art. 23	Art. 7	Deuteronomium 24,15 (Auszahlung des Lohns)
Recht auf Begrenzung der Arbeitszeit	Art. 24	Art. 7	Sabbatgebot: Deuteronomium 5,12; Exodus 23,12; 20,8.
Recht auf Nahrung	Art. 25	Art. 11	Deuteronomium 14,28 f.; 10,18; 24,19
Schutz der Frauen / Witwen	Art. 25 Art. 16	Art. 10	Deuteronomium 14,29; Deuteronomium 15,12–18: Sklavinnenrecht
Recht auf Teilhabe am kulturellen Leben	Art. 27	Art. 15	Deuteronomium 14,29; 16,11;
Recht auf eine Sozialordnung	Art. 28		Deuteronomium 4,8–8
Recht auf einen Schuldenerlass / Insolvenz			Deuteronomium 15,1 ff.; Levitikus 25,8 ff.

Abb. 2

Freiheitsrechte

Biblisch

Das biblische Rechtsdenken hat ein Leben in Freiheit zum Inhalt, wie der Dekalog zeigt.[127] Er ist die Magna Charta biblischer Freiheit und beginnt mit der Erinnerung an eine Befreiung: „Ich bin Jahwe, dein Gott, der dich aus Ägypten geführt hat, dem Sklavenhaus." (Deuteronomium 5,6; Exodus 20,2). Gelesen wird der Dekalog zumeist als Folge von Geboten. Dabei wird der entscheidende Ausgangspunkt des Dekalogs übergangen: die Verbindung zwischen Gott und einer Befreiung, die in den zehn Weisungen bewahrt werden soll. Das Buch Deuteronomium begründet sein Sozialrecht ausdrücklich mit der Herausführung und Befreiung „aus Ägypten, dem Sklavenhaus" (Deuteronomium 5,6). „Herausführen" ist ein hebräischer Rechtsbegriff für Sklavenbefreiung.[128] Die Rechtsordnung mit ihren „Satzungen, Gesetzen und Rechtsvorschriften" (Deuteronomium 4,45) ist ein Freiheitsrecht. Ihr Ziel ist eine Sozial- und Wirtschaftsordnung, in der Menschen als Freie und Gleiche leben können. Die Tora wäre missverstanden, wenn sie nur als Gebotsforderung erschiene. Sie ist vor allem ein Freiheitsrecht: Die gleiche Freiheit aller ist der Ausgangspunkt, soziale Rechte das Mittel, eine Gesellschaft der Freien und Gleichen das Ziel. Dazu dienen die Regeln und Gesetze einer „Hausordnung der Tora", die eine Sozial- und Wirtschaftsordnung der Freiheit und Gleichheit ist.

Von zentraler Bedeutung für eine Sozial- und Wirtschaftsordnung der Freiheit und Gleichheit ist der Sabbat, das Herz der biblischen Ökonomie. Wie der Sabbat gleichsam „entdeckt" wird, erzählt die Manna-Geschichte. (Exodus 16,13–36)[129] Sie wäre missverstanden als Wundergeschichte, die nur davon erzählte, wie Menschen satt werden. Die materielle Sättigung allein wäre eine Verkürzung der Geschichte. Denn satt werden kann man auch bei den Fleischtöpfen Ägyptens (Exodus 16,3). In der Mannageschichte werden in erzählerischer Weise ökonomische Grundfragen geklärt, mit denen sich jede Ökonomie auseinandersetzen muss.

Die ganze Geschichte der Menschheit hindurch zieht sich der Tatbestand, dass Menschen sich die Dinge und Güter des Lebens besorgen und beschaffen müssen.[130] Das ließ sie zu allen Zeiten und unter verschiedensten Umständen fragen: *Was* sollen wir essen? *Wie* verteilen wir die Güter? *Für wen* sollen wir arbeiten? Bei den drei fundamentalen ökonomischen Fragen nach dem Was, Wie und Für wen geht es um die Grundfrage: Welche Werte sollen für wen geschaffen werden? Wer so fragt, der stellt eine ethische Frage. Die Effizienz der Wirtschaft wird in eine Beziehung zu den ethischen Aspekten des individuellen Sinns und der sozialen Gerechtigkeit gesetzt. Während es bei der Frage nach dem Sinn des Wirtschaftens um dessen Bedeutung für das gute Leben geht, spricht die Frage nach der Legitimität die Bedeutung der Wirtschaft für das gerechte Zusammenleben der Menschen an. Die Sinnfrage durchbricht eine auf die bloße Nutzenmaximierung verkürzte Sicht des Wirtschaftens und die Frage nach dem gerechten Wirtschaften nimmt Rücksicht auf die Ansprüche anderer Menschen. Sie fragt deshalb nach den Möglichkeiten eines guten Lebens aller. „Ist unser Wirtschaften uns selbst *zuträglich*? Ist unser Wirtschaften gegenüber allen *vertretbar*?"[131]

In der Manna-Erzählung geht es um solche ökonomischen Grundfragen, mit denen es die Wirtschaftsethik auch heute zu tun hat. Die Manna-Erzählung beantwortet die Grundfragen jedoch nicht abstrakt und theoretisch, sondern mit dem Mittel einer Weisheitserzählung.

Die erste Grundfrage lautet: *Was* bekommen wir zum Leben? Gott schickt Manna vom Himmel. Ein „Menschenrecht auf Nahrung" ohne Einschränkungen wird hier wohl erstmals in der Weltgeschichte formuliert. Doch Gott verbindet diese gute Gabe mit der Weisung: Jede Familie soll nur so viel sammeln, wie zum Essen gebraucht wird. Erstaunlicher als die Existenz des Manna ist die Tatsache, dass jeder ernährt werden kann. „Jeder hat" – so verdeutscht Martin Buber in seiner Bibelübersetzung – „nach seinem Essbedarf." Beantwortet wird die zweite ökonomische Grundfrage, wie die Güter verteilt werden sollen: Alle sollen essen können, ein jeder nach seinem Bedarf. Die dritte ökonomische Grundfrage lautet: Wie sollen die Güter verteilt werden? Auf diese Frage wird mit der Mahnung geantwortet, nicht zu horten und nicht habgierig zu sein. Wenn über den Bedarf hinaus angesammelt und gehortet wird, wird selbst Gottes Gabe „wurmig und stinkend" (Exodus 16,20). Mit der Warnung vor der Habgier wird der Sabbat entdeckt. Mose fordert auf, am Tag vor dem Sabbat die doppelte Menge einzusammeln, und gibt zugleich die Zusicherung, dass es auch für den Sabbat ausreicht. Reduziert man das Sabbatgebot auf ein Arbeitsverbot, so hat man es um seine entscheidende Sinnspitze gebracht: Es geht um eine „Dritte Zeit" neben Arbeit und Ruhe. Die Weisheitslehre lautet: Sechs Tage für die Beschaffung der Nahrungsmittel reichen, um sieben Tage leben zu können. So zu denken setzt ein Vertrauen voraus, dass die Gaben der Schöpfung für alle ausreichend sind. Der Sabbat ist eine Institution gegen die Unersättlichkeit des Anhäufens und lehrt ein Genug. „Genug haben" ist wohl die Grundbedeutung der Wurzel des hebräischen Wortes Schalom. Schalom bezeichnet einen Frieden, in dem jeder genug hat.

Franz Rosenzweig, der zusammen mit Martin Buber die Bibel verdeutscht hat, hat die Unterscheidung der gleichen Tätigkeit, jedoch für unterschiedliche Zwecke so beschrieben, dass er am Sabbat zwar keinen Scheck unterzeichne, wohl aber am Sabbat ein Buch schreibe. Erich Fromm hat eine schöne Definition im Sinne der biblisch-rabbinischen Tradition formuliert: Der Sabbat ist ein Tag, an dem der Mensch lebt, „als *hätte* er nichts, als verfolgte er kein Ziel außer zu *sein*, d. h. seine wesentlichen Kräfte auszuüben – beten, studieren, essen, trinken, singen, lieben"[132]. Der Sabbat ist also der Tag, an dem der Mensch nichts anderes zu tun hat, als *Mensch zu sein*. Alles andere als Verzicht oder Langeweile soll herrschen. Der Sabbat verdrängt Ökonomie von einem zentralen Platz in der Gesellschaft und räumt der Lebenswelt einen Vorrang gegenüber den Ansprüchen und Interessen der Ökonomie ein. Der wöchentlich wiederkehrende Sabbat ist der wöchentlich wiederkehrende Einspruch gegen die Ökonomisierung aller Lebensbereiche. Das Sabbatgebot ist ein *Aufruf zur Freiheit* und der Sabbat ein *Protesttag gegen alle Unterjochung* und Ausbeutung des Menschen. Deshalb soll man nach jüdisch-rabbinischer Lehre am Sabbat nicht einmal Geld anfassen. Der Sabbat ist eine Institution, welche dem Markt eine Grenze setzt. Der Sabbat eröffnet einen Raum, in dem schon jetzt ein Jenseits des Marktes erlebbar ist.

Narrativ, mit den Mitteln einer Weisheitserzählung, wird der Zweck des Wirtschaftens erläutert: Wirtschaften ist keine Veranstaltung zur Anhäufung von Gütern oder zur Gewinnerzielung, sondern dient der Befriedigung des Bedarfs der Menschen. Sie hat für eine Gerechtigkeit zu sorgen, die alle Menschen in den Genuss ihres Rechts auf Leben, Nahrung und gute Arbeit kommen lässt. Der Sabbat relativiert und begrenzt die Logik der Ökonomie, indem er an einem Tag real erlebbar macht, dass die Wirtschaft stets nur Mittel im Dienst höherer Zwecke ist.

Die Manna-Geschichte ist die in eine Erzählung gefasste Garantie, dass Menschen genug haben, wenn gerecht verteilt wird. Es gibt eine nur wenig bekannte Gegenerzählung zum Manna-Wunder in Numeri 11,4 ff.: Die Leute wurden „von der Gier gepackt" und „murrten": „Wenn uns doch jemand Fleisch zu essen gäbe." (Numeri 11,4) Sie sehnen sich nach den „Fleischtöpfen Ägyptens" zurück und erinnern sich an das Gemüse, den Knoblauch und das Fleisch. Mose wendet sich an Gott, doch der antwortet anders als erwartet und verspricht Fleisch: „Nicht nur einen Tag, nicht zwei, nicht fünf, nicht zehn, nicht zwanzig Tage lang, sondern einen Monat lang, bis ihr's nicht mehr riechen könnt und es euch zum Ekel wird!" (Numeri 11,19 ff.) Die Wachteln werden gierig gegessen. Das „Gesindel" stirbt an seiner Gier. „Daher heißt die Stätte ‚Giergräber', weil man dort das gierige Volk begrub." (Numeri 11,34 f.) Die Lehre lautet: Das „Immermehr-haben-Wollen" wird zum Verhängnis – ein deutliches Gegenbild zur solidarischen Ökonomie des Genug für alle.

Was der Sabbat ist, wird im Zusammenhang der Manna-Geschichte und ihrer Warnung vor dem Horten geklärt und entdeckt. Der Sabbat ist eine uralte Errungenschaft. Arbeit und Muße werden nicht wie in der Antike nach Klassen aufgeteilt, sondern gelten egalitär für alle. Herr und Knecht haben das Recht auf Ruhe. Der jüdische Gelehrte und Rabbiner Benno Jacob hat darauf aufmerksam gemacht, dass der Sabbat nicht Arbeit an sich verbiete, auch nicht Ruhe an sich wolle, sondern es geht um ein Ruhen des „objektiv nützlichen, zweckdienlichen Schaffens"[133]. Sabbat ist ein Freiheitstag: Er befreit von nützlicher, zweckdienlicher Arbeit unter der Verfügung des Herrn.

Aus der Exoduserinnerung wird Freiheit aus unwürdigen Arbeits- und Lebensbedingungen zentral. Die Mahnung: „Denk daran, als du Sklave warst in Ägypten" (Deuteronomium 15,5) begründet den Sabbat als Tag der Freiheit für alle. Das biblische Ethos des Exodus formt mit dem Sabbat eine sozial- und arbeitsrechtliche Institution der Freiheit für die ökonomisch Schwachen und Ausgebeuteten. Die drei Sachmomente der Menschenrechte – Freiheit, gleiche Beteiligung und Solidarität – werden in der Institution des Sabbats zusammengehalten.

Menschenrechtlich

Heiner Bielefeldt nennt die Menschenrechte die „Grundlagen eines weltweiten Freiheitsethos"[134]. Obwohl sie zunächst in Europa und Nordamerika entstanden, ist es historisch und auch ethisch nicht unproblematisch, die Menschenrechte der westlichen Rechtskultur allein zuzusprechen. Ihre spezifische Eigenart besteht nicht primär in ihrer Herleitung aus antikem oder biblischem Denken. Zentral ist ein Freiheitsethos, das allen gehört, die in ihrer Würde verletzt werden und unter unwürdigen Arbeits- und Lebensbedingungen zu leiden haben. Die Menschenrechte halten wirtschaftliche und soziale Rechte zusammen, denn wer die Freiheit von den sozialen Rechten abspaltet, der macht am Ende die Freiheit selber fraglich. Denn materielle Grundlagen müssen gesichert sein, damit politische und bürgerliche Freiheitsrechte wahrgenommen werden können. Wirtschaftliche und soziale Rechte sind deshalb originäre Freiheitsrechte. Man muss frei sein, um sich für soziale Rechte einsetzen zu können, und braucht soziale Rechte, um frei sein zu können. Erst dann, wenn politisch-bürgerliche Rechte und wirtschaftlich-soziale Rechte sich wechselseitig stärken, kann Freiheit sich ereignen. Eine menschenrechtlich fundierte theologische Wirtschaftsethik, die biblisch argumentiert, hält aus der Exoduserinnerung Freiheitsrechte, Beteiligungsrechte und soziale Rechte zusammen. Zusammengefasst bedeutet dies, dass sich in der menschenrechtlichen Grundfigur der Freiheit nicht nur eine „Analogie und Differenz" (Huber) zwischen Grundinhalten christlicher Ethik und den Menschenrechte zeigt, sondern näherhin auch zwischen der biblischen Wirtschaftsethik und den neuzeitlichen sozialen Menschenrechten.

Politische Beteiligungsrechte

Biblisch

Hans Joas deutet in seiner *Genealogie der Menschenrechte* den Kampf der Menschen gegen die Verletzung ihrer Würde als einen Vorgang der „Sakralisierung der Person"[135]. Gemeint ist mit „Sakralität" keine ausschließlich religiöse Qualifizierung, vielmehr der Respekt vor dem Menschen, der in den Menschenrechten auch in Recht gefasst ist. Auch wenn die normative Substanz der gleichen Menschenwürde eines jeden sich aus Motiven und Denkfiguren der Stoa und der Aufklärung herleitet, so kommt doch der christlich-jüdischen Tradition eine besondere Prägung zu, auf die Jürgen Habermas verweist:

„Das Christentum ist für das normative Selbstverständnis der Moderne nicht nur eine Vorläufergestalt oder ein Katalysator gewesen. Der egalitäre Universalismus, aus dem die Ideen von Freiheit und solidarischem Zusammenleben, von autonomer Lebensführung und Emanzipation, von individueller Gewissensmoral, Menschenrechten und Demokratie entsprungen sind, ist unmittelbar ein Erbe der jüdischen Gerechtigkeits- und christlichen Liebesethik. In der Substanz unverändert, ist dieses Erbe immer wieder kritisch angeeignet und neu interpretiert worden."[136]

Bemerkenswert ist „die späte Karriere des Menschenwürdebegriffs"[137], auf die Jürgen Habermas aufmerksam gemacht hat. Obwohl der Begriff der Menschenwürde bereits in der Antike aufgekommen war und bei Kant seine heute gültige Fassung erlangt hatte, gelangte er doch erst seit dem Ende des Zweiten Weltkriegs in völkerrechtliche Dokumente. Als Rechtsbegriff kam er in den klassischen Menschenrechtserklärungen des 18. oder 19. Jahrhunderts nicht vor. Dieser Umstand deutet nach Habermas darauf hin, dass der Begriff der Menschenwürde nicht nachträglich die Menschenrechte moralisch aufgeladen habe, sondern dass die Menschenrechte von der Empörung über die Verletzung der menschlichen Würde zehren. Menschenrechte und Menschenwürde sind deshalb gleichursprünglich. Der zentrale Gedanke der menschenrechtlichen Gleichheit und Herrschaftslosigkeit hat seine kräftigen Wurzeln aber keineswegs vor allem in Athen und Rom, sondern in Jerusalem, wie Hauke Brunkhorst steil gerade im Hinblick auf soziale Rechte behauptet: „Europa begann nicht in Salamis, sondern in Jerusalem."[138] Brunkhorst spricht eine universelle Ethik an, die sich jedem, auch dem Feind, zuwendet und die im Gedanken der Gottebenbildlichkeit wurzelt. Die klassische Idee der attischen Demokratie kannte keinen vergleichbaren universellen Begriff der gleichen Würde aller. Sie sprach Teilen der Gesellschaft wie den Frauen die vollen Partizipationsrechte ab und erkannte Sklaven nicht als gleichberechtigte Rechtssubjekte an. Anders als die republikanische Bürgersolidarität Griechenlands vermochte es die biblische Solidaritätsethik, ein Ethos zu begründen, das die Hoffnung auf eine Form menschlichen Zusammenlebens ausdrücken konnte, in der alle Menschen als Menschen, und zwar ohne Vorleistungen oder Vorbedingungen, ohne Unterscheidung von Klasse, Rasse, Herkunft etc. geachtet werden. Ob jemand arm, versklavt oder fremd ist – er ist immer gleichen Rechts.

Dieses im biblischen Denken verwurzelte universalistische und sozial-egalitäre Ethos enthält folgende drei Elemente:

- Die Anerkennung der Würde eines jeden, unabhängig von seinen Leistungen. Jeder hat das Recht auf Beteiligung und soziale Teilhabe, weil er lebt.
- Gerechtigkeit als Schaffung gleicher Bedingungen für jeden, damit ein jeder, eine jede von seiner Freiheit Gebrauch machen kann.
- Solidarität als Zuwendung zu den Lebensmöglichkeiten des anderen.

Die Solidarität wird mitunter das „Andere der Gerechtigkeit" genannt. Über die wechselseitige Anerkennung der gleichen Würde aller hinaus meint das „Andere der Gerechtigkeit" die Solidarität einer Parteinahme für die Schwachen, die Ausgeschlossenen oder an den Rand Gedrängten. Dieser egalitäre und ethische Universalismus entstammt dem innersten Kern der biblischen Religion: die Grunderfahrung, ursprünglich selber unfreie und unterdrückte Sklaven in Ägypten gewesen zu sein. Er verbleibt nicht in einer „Brüderlichkeit", die allenfalls zu einer „Mit-Brüderlichkeit" führt, sondern eröffnet eine alle Unterschiede und Verschiedenheiten überwindende „Mit-Bürgerschaft" prinzipiell egalitärer Beziehungen zwischen Menschen. Aus diesem Kern stammt eine egalitäre Stoßrichtung, alle Menschen als Gleiche anzuerkennen und durch eine Praxis der Solidarität dafür Sorge zu tragen, dass jeder in solchen Lebensverhältnissen leben können sollte, die seiner Würde gemäß sind.

Auch wenn der Gedanke der Menschenwürde sich auch in den klassischen Philosophien, insbesondere der Stoa, findet, so formte doch nur die Idee der Gottebenbildlichkeit den Gedanken einer universellen Gleichheit aller Menschen, die in der Schöpfungserzählung der Hebräischen Bibel zur Sprache kommt und von Paulus weitergeführt wird, wenn er sagt: „Ihr seid alle durch den Glauben Söhne Gottes in Christus Jesus. Denn ihr alle, die ihr auf Christus getauft seid, habt Christus (als Gewand) angelegt. Es gibt nicht mehr Juden und Griechen, nicht Sklaven und Freie, nicht Mann und Frau; denn ihr alle seid ‚einer' in Christus Jesus." (Galater 3,26–28)

Der alttestamentliche Textbefund über die „Gottebenbildlichkeit" des Menschen ist recht schmal.[139] Neuere exegetische Forschungen unterstreichen, dass die Gottebenbildlichkeit des Menschen nicht ontisch-qualitativ zu verstehen sei, sondern funktional. Mit der Formulierung, Gott habe die Menschen „nach seinem Bilde" (Genesis 1,26) geschaffen, werden Menschen zu Repräsentanten Gottes auf Erden. Das hebräische Wort für „Bild" bezeichnet eine handwerklich hergestellte Statue. Die Redeweise, Gott habe den Menschen „nach seinem Bilde" geschaffen, meint demnach, dass der Mensch gleichsam Gottes Bild oder Statue darstellt und ihn auf Erden repräsentiert. Nach dem Bilderverständnis des Alten Orients ist die verehrte Gottheit selbst im Götterbild gegenwärtig. Die Gottheit wird also nicht bloß abgebildet, sondern ist in der Statue präsent.

Die Vorstellung, dass der Mensch sich die Erde untertan machen soll (Genesis 1,26 ff.), ist ein der altorientalischen Königsvorstellung entnommenes Bild. Dem Menschen wird eine königliche Stellung und Würde zugesprochen, entsprechend der Königswürde mit der Schöpfung umzugehen. Die Rede von der Königswürde des Menschen enthält aber auch ein herrschaftskritisches Potenzial und ist darin utopisch. Die in der Schöpfung angelegte Idealordnung widerspricht der real erlebten Wirklichkeit. Die königliche Bestimmung des Menschen, „Gott gleich" zu sein, würde der Mensch dagegen geradezu verlieren, wenn ihm die umgebende Schöpfung nur noch Gegenstand der Nutzung oder gar der Ausbeutung wäre.

Der babylonische Kodex Hammurapi (1792 bis 1750 v. Chr.) formulierte bereits Rechte, die den gerechten König als den „Herrn des Rechts" anerkennen. Es sind „gerechte Rechtssätze, die Hammurapi, der fähige König, festsetzt". Die Aufgabe des Königs besteht darin, Recht zugunsten der Schwachen in der Gesellschaft durchzusetzen, „damit nicht der Starke den Schwachen bedrückt" und „um Waise und Witwen zu ihrem Recht zu verhelfen".[140] Den Hungrigen Brot zu geben, Wasser den Dürstenden, Kleider den Nackten ist ein fester Topos der idealen Königsbiografien in der babylonischen wie auch der altägyptischen Kultur. Seit den frühesten Kulturen in der ägyptisch-mesopotamischen Welt des Alten Orients wird mit der Rede von der Königswürde auch der Imperativ erhoben: Beistand für die Schwachen, den Armen, Schutzlosen und Schwachen zu ihrem Recht zu verhelfen. Doch im Unterschied zur Umwelt des Alten Orients tritt in Israel nicht der König als Gesetzgeber in Erscheinung. Gesetzgeber der Tora ist Gott. Sie ist deshalb Gottes Wille.

Das Ethos der gleichen Würde aller wird in vielfältiger Weise wirksam in einer Solidarethik: in der Befreiung aus bedrängenden Situationen wie der Entschuldung durch einen Schuldenerlass (Deuteronomium 15,1), in der Beseitigung von Armut mit der Leitformel, dass es eigentlich keine Armen geben sollte (Deuteronomium 15,4), in der humanen Behandlung geflohener Sklaven (Deuteronomium 23,16), in der täglichen Lohnauszahlung bei Tagelöhnern (Deuteronomium 24,14f.), im Rechtsschutz für ökonomisch Schwache (Deuteronomium 24,17), im Recht auf Nachlese (Deuteronomium 24,19 ff), in der rechtlichen Gleichstellung (Deuteronomium 24,17) oder der materiellen Unterstützung der Fremden (Deuteronomium 10,8). Diese Regelungen begründen eine Solidarität, die sicherstellen will, dass niemand aus dem sozialen Gefüge herausfällt. „Das judäische sich zum Ethos entwickelnde Recht fordert die permanente Solidarität des wirtschaftlich Starken mit dem Schwächeren."[141] Die einzelnen Elemente dieses Rechts heben sich kaum von der Umwelt ab. Auch in Mesopotamien ist ein Ethos der Hilfe für die Schwächeren bekannt. Doch in Israel wird das Recht theologisch begründet. Nicht der König, sondern Gott ist die Quelle des Rechts. Das Recht der Tora war damit vor dem Zugriff des Königs geschützt. Soziale und gesellschaftliche Reformen, aber auch Kritik der bestehenden Verhältnisse konnten so zu einem Bestandteil israelitischen Rechts werden. Solidarität der Starken mit den Schwachen fand darin eine viel wirksamere Rechtsbegründung als im altorientalischen Recht, wenn der König das Recht zugunsten der Gerechtigkeit außer Kraft setzen musste. Die Stärke des biblischen Ethos ist ihre staats- und gesellschaftskritische Dimension.

Menschenrechtlich

Den Menschenrechten ist von Anbeginn der Rechtsgedanke der gleichen Würde aller eingeschrieben. Die Gleichheit besteht darin, dass sich die Mitglieder einer an den Menschenrechten orientierten Gesellschaft und Wirtschaft wechselseitig den gleichen moralischen Anspruch zugestehen, mit der gleichen Achtung und Rücksicht behandelt zu werden wie jeder oder jede andere auch. Sie behandeln sich nicht gleich, wohl aber als Gleiche. Hans Joas geht von einer „kreativen Reinterpretation"[142] der Menschenrechte aus, bei der einerseits die Menschenrechte „eine Weiterführung jüdisch-christlicher Motive" (106), andererseits aber auch eine „moderne Neuartikulation des christlichen Ethos" (17 f.) darstellen.

Erstmals im Völkerrecht wurde von der Internationalen Arbeitsorganisation (ILO) 1944 in der Philadelphia-Erklärung Bezug auf die Menschenwürde genommen:

„Alle Menschen, ungeachtet ihrer Rasse, ihres Glaubens und ihres Geschlechts, haben das Recht, materiellen Wohlstand und geistige Entwicklung in Freiheit und Würde, in wirtschaftlicher Sicherheit und unter gleich günstigen Bedingungen zu erstreben." (Abs. 2a)

Im Jahr 1948 proklamierte die Generalversammlung der Vereinten Nationen in der *Allgemeinen Erklärung der Menschenrechte* in der Präambel die „Anerkennung der allen Mitgliedern der menschlichen Familie innewohnenden Würde und ihrer gleichen und unveräußerlichen Rechte" als eine „Grundlage der Freiheit, der Gerechtigkeit und des Friedens in der Welt". Im Unterschied zur vorgeblichen geschichtlichen Abfolge, in der die Menschenrechte als Antwort auf offensichtliche Ungerechtigkeiten proklamiert worden sind, nämlich zuerst die bürgerlichen Freiheitsrechte, dann die wirtschaftlich-sozialen Anspruchsrechte und schließlich die politischen Beteiligungsrechte, gehen die politischen Beteiligungsrechte von einer diese Stufen integrierenden egalitären Logik aus: Jedes Mitglied der Gesellschaft hat das gleiche Recht, sich an den wirtschaftlichen und politischen Entscheidungen zu beteiligen und sich selbst darin zu vertreten. Damit aber ein solches Recht auch wahrgenommen werden kann, bedarf es einer gleichen Grundausstattung mit solchen materiellen, sozialen und kulturellen Gütern, die in der jeweiligen Gesellschaft als unverzichtbar gelten.

Die Begründung der Menschenrechte mit der Menschenwürde wird im Art. 1 des *Grundgesetzes der Bundesrepublik Deutschland* von 1949 noch deutlicher als in der *Allgemeinen Erklärung der Menschenrechte* formuliert, wenn es heißt:

„Die Würde des Menschen ist unantastbar. Sie zu achten und zu schützen ist Verpflichtung aller staatlichen Gewalt. Das deutsche Volk bekennt sich darum zu unverletzlichen und unveräußerlichen Menschenrechten als Grundlage jeder menschlichen Gemeinschaft, des Friedens und der Gerechtigkeit in der Welt."

Auch wenn die Väter und Mütter des Grundgesetzes kein einheitliches Vorverständnis von der Würde des Menschen hatten, so war es doch ihr Anliegen, einen Maßstab für das Recht zu benennen, den das Recht sich nicht selbst geschaffen hat. Juristen sprechen von einem Siegeszug des Verfassungsbegriffs Menschenwürde, obzwar Bedeutung und Tragweite der Menschenwürde weithin umstritten und unklar sind.

Zusammengefasst zeigt sich, dass die menschenrechtliche Grundfigur der Beteiligungsrechte in der biblischen Ethik eine bemerkenswerte Entsprechung findet. Die Gleichheit der Personen wird zum normativen Grundsatz moralischer Gleichheit. Moralische Gleichheit besagt, dass jede Person einen moralischen Anspruch darauf hat, mit der gleichen Rücksicht und Achtung behandelt zu werden wie jede andere. Der in der Menschenwürde verankerte Grundsatz moralischer Gleichheit bedeutet, dass wirtschaftliche und gesellschaftliche Verhältnisse gegenüber denen, die am schlechtesten gestellt sind, legitimiert werden müssen.

Soziale Grundrechte

Biblisch

Das Sozialrecht des Deuteronomiums steht unter dem Leitbegriff: „Eigentlich sollte es bei dir gar keine Armen geben." (Deuteronomium 15,4) Es ist wohl das älteste bekannte Recht auf eine Art Sozialhilfe. Es verknüpft Barmherzigkeit, Recht und Gerechtigkeit so miteinander, dass den Mittellosen ein Recht auf Nahrung und soziale Existenzsicherung zugesprochen wird. Zielvorstellung ist eine Gesellschaft ohne Arme, und sie wird auch für möglich gehalten, sofern die Gerechtigkeitsforderungen und Rechtsregeln der Tora eingehalten werden. Deshalb enthält die Tora auch Instrumente, mit denen diese Zielvorstellung erreicht werden kann. Im scheinbaren Widerspruch zu dem Leitbild einer Gesellschaft ohne Randgruppen und Arme heißt es nur wenige Verse später: „Die Armen werden niemals ganz aus deinem Land verschwinden." (Deuteronomium 15,11 auch: Matthäus 26,11; Markus 14,7) Diese Aussage ist durch die Zitierung in den Evangelien bekannt geworden. Trotz der Leitvorstellung einer Gesellschaft ohne Arme gibt es Armut. Sie wird jedoch nicht als unausweichlich oder gar naturgegeben verstanden, sondern sie entsteht dadurch, dass die Tora-Weisungen nicht geachtet werden. Wenn Menschen „auf die Stimme Gottes hören und das Gebot achten und halten" (Deuteronomium 15,5), dann bräuchte es keine Armut zu geben. Der

Schuldenerlass wie in Deuteronomium 15,2 ff. ist ein wichtiges Instrument gegen die Überschuldung, denn diese war in der Antike der wichtigste Auslöser für Armut.

Ein weiteres Instrument gegen Armut ist eine Art Sozialsteuer in Gestalt einer Abgabe des Zehnten an die „die Fremden, die Waisen und Witwen" (Deuteronomium 14,29). Den Armen wird ein Recht auf einen Anteil am Ertrag der Ernte zugesprochen, durch den sie eine rechtlich gesicherte Lebensgrundlage bekommen. Die Ernte, der gesellschaftliche Reichtum, wird zu einer Quelle von Gerechtigkeit. Darin drückt sich ein Solidaritätsethos aus, das über die Versorgung im Nahbereich hinausreicht. Es ist das Recht auf eine soziale Grundversorgung und stellt eine frühe institutionelle Form der Wohlfahrtspflege dar – wohl die erste in der Menschheitsgeschichte.

Die antike Wirtschaftsordnung basierte auf Sklavenarbeit. Doch anders als in der Antike spricht das Deuteronomium den Sklaven Beteiligungsrechte zu. Sklaven meint im Hebräischen keine soziale Klasse, sondern ein Unterwerfungs- und Machtverhältnis. Den Sklaven wurde das Menschsein nicht abgesprochen, sondern sie stehen in einem Herrschaftsverhältnis von Herrn und Sklave, das zeitlich auf die Dauer von sechs Jahren begrenzt ist (Deuteronomium 15,12 f.). Die zeitliche Begrenzung ist ein Schritt zur Aufhebung von Sklaverei überhaupt, da Schuldsklaverei faktisch in Lohnarbeit umgewandelt wird. Der Schuldsklave behält seine persönliche Freiheit, er steht in einem zeitlich definierten Arbeitsverhältnis und soll wie ein Lohnarbeiter und „nicht mit Gewalt und Härte" (Levitikus 25,43) behandelt werden. Aus der Schuldsklaverei durfte zudem niemand mit leeren Händen entlassen werden, sondern jeder sollte eine Art Starthilfe bekommen, um sich „mit Schafen, Ziegen, von deiner Tenne und von deiner Kelter" (Deuteronomium 15,14) eine neue ökonomische Existenz aufbauen zu können. „Im Deuteronomium ist es nicht mehr der Sklave, dem etwas gestattet, sondern sein Herr, dem etwas vorgeschrieben wird – eine Parteilichkeit, mit der die deuteronomistischen Gesetze auch sonst für die Schwachen und Armen optieren."[143] Das biblische Sozialrecht hat eine deutliche soziale Schutzabsicht. Es achtet vorrangig auf das Recht der Sklaven und nicht auf den Anspruch des Sklavenhalters. Der Schuldsklave wird mit Rechten ausgestattet und tritt als Rechtssubjekt mit eigenen Rechten auf, die auch nachwirken. Ein solches Sklavenrecht ist beispiellos in der gesamten altorientalischen Rechtstradition.

Die Haltung, Sklaven Rechte zuzugestehen und sie in ihrer Würde zu achten, zeigt sich überdeutlich am Rechtsschutz geflohener Sklaven. Bestimmt wird, dass der Sklave nach seiner Flucht „bei dir wohnt, in deiner Mitte, in einem Ort, den er sich in einem deiner Stadtbereiche auswählt, wo es ihm gefällt. Du sollst ihn nicht ausbeuten" (Deuteronomium 23,16f.). Den entlaufenen Sklaven Asyl zu gewähren ist für die Antike ein geradezu ungehöriger Vorgang. Die Sklaven sollen zudem vor Ausbeutung geschützt werden. So kann sich Gleichheit auch für Sklaven ereignen.

Aus der Erfahrung von Ausbeutung und Unrecht in Ägypten hat Israel ein „Recht der Armen"[144] geschaffen: Ein Recht für „die Armen, Witwen und Waisen" (Deuteronomium 10,18; 24,17 u. ö.), die „Fremden" (Deuteronomium 10,18), die „Sklaven" (Deuteronomium 15,12f.). In den biblischen Schriften ist nicht vorrangig von Barmherzigkeit und Fürsorge für die Armen die Rede, sondern davon, dass die Armen ein Recht haben. Leo Baeck beschreibt diese Besonderheit folgendermaßen:

„Die Gesetze in der Welt ringsumher – in der orientalischen, in der griechischen, in der römischen Welt – waren geschrieben vom Standpunkte der Besitzenden aus. [...] Das alte biblische Gesetz, wie dann die Propheten es verkündeten, ist vom Standpunkt des Kleinen, des Schwachen, des Bedürftigen aus geschrieben. [...] Ein ganz anderer Standpunkt ist eingenommen: Vom Standpunkte des Schwachen, des Bedürftigen, des Kleinen aus werden die Gesetze gegeben, werden sie immer neu verkündet und proklamiert."[145]

Die zentrale ethische Leitvorstellung einer Gesellschaft der Freien und Gleichen ohne ausgeschlossene und an den Rand gedrängte Gruppen wird in eine Rechts- und Sozialordnung der Tora übersetzt, welche die Armen mit den Mitteln des Rechts schützt.

Menschenrechtlich

Die sozialen Menschenrechte sind eine Antwort auf die Weltwirtschaftskrise Ende der Zwanzigerjahre des zwanzigsten Jahrhunderts, die massenhaft zu Arbeitslosigkeit, materieller Not und sozialer Unsicherheit geführt hatte. Die sozialen Menschenrechte stellen die entscheidende Innovation dar, die aus den Erfahrungen in der Großen Weltwirtschaftskrise erwachsen ist. Neu ist nicht so sehr die Vorstellung, dass Menschen einen staatlich gewährleisteten Rechtsanspruch auf soziale Leistungen haben. Das kannte bereits das Bismarck'sche Sozialsystem. Neu aber ist der Rechtsgedanke, dass den Bürgern Rechte als soziale Menschenrechte zustehen. Bislang kannte man nur Menschenrechte als Abwehrrechte gegen Übergriffe des Staates. Doch jetzt wurde der Staat selber zu einem Garanten von Freiheitsrechten der Bürger. Die Programmformel eines Lebens „frei von Furcht und Not" in der *Atlantic Charta* von 1941 ist die Absage an die bisherige sozialpolitische Abstinenz der Staaten. Nur wenig später bekräftigte 1944 die *Erklärung von Philadelphia* der ILO, dass alle Menschen das Recht „auf materiellen Wohlstand und geistige Entwicklung in Freiheit und Würde" haben. Die universalistische Orientierung der sozialen Rechte wird offenkundig, wenn bekräftigt wird, dass die Grundsätze „für alle Völker der Welt volle Geltung haben".

Zusammengefasst ist festzuhalten, dass das biblische Sozialdenken soziale Rechte, ein „Recht der Armen" (Milton Schwantes), kennt. Wie beim Freiheitsmoment zeigt sich in der dritten menschenrechtlichen Grundfigur der sozialen Rechte ebenfalls eine starke Entsprechung der Grundinhalte biblischer Sozialethik mit den neuzeitlichen Menschenrechten. Ohne soziale Rechte kann es keine Freiheit für alle geben. Soziale Rechte sind ein originäres Freiheitsrecht. Sie gewähren und schützen die sozialen Voraussetzungen freier Selbstbestimmung.

Die Grundinhalte einer christlichen Sozial- und Wirtschaftsethik lassen einen gemeinsamen Kern mit den neuzeitlichen sozialen und wirtschaftlichen Menschenrechten erkennen: Die Stellung eines jeden Menschen soll so bestimmt sein, dass jeder frei sein kann, an der Gesellschaft beteiligt ist und Subjekt mit Rechten ist. Für die Tora ist Gottes Recht ein Menschenrecht.[146] In der Sprache der neuzeitlichen Menschenrechte: Jeder Mensch ist ausgestattet mit Freiheitsrechten, Beteiligungsrechten und sozialen Rechten. Die neuzeitlichen Menschenrechte als ein „weltweites Freiheitsethos" (Heiner Bielefeldt) zum Schutz derer, denen Freiheit, Beteiligung und soziale Rechte am massivsten verweigert werden, haben eine Intention, die auch in der theologischen Option für die Armen aufgenommen ist.

VII. Ökumenische Wirtschaftsethik – biblisch und menschenrechtlich fundiert

Die Anerkennung der Menschenrechte ist die Bedingung für eine menschengerechte Wirtschafts- und Sozialordnung. Menschenrechte bestimmen die Stellung des einzelnen Menschen in einer Gesellschaft und tun dies so, dass es für jeden Menschen das Recht auf ein Leben in Freiheit, Gleichheit und Solidarität gibt. Eine menschenrechtsbasierte theologische Wirtschaftsethik hat den einzelnen Menschen zum Mittelpunkt. Er ist der Maßstab, und nicht das System. Deshalb geht es in der Wirtschaftsethik um die Gestaltung einer Wirtschaftsordnung, in der die Menschenrechte zur Geltung kommen können.

Arbeit besitzt für eine theologische Ethik einen hohen Stellenwert. Eine Arbeit, die immer Ausdruck des Menschen als Menschen ist, begründet auch autonome Rechte auf Arbeit, Rechte in der Arbeit und Rechte aus Arbeit. Arbeitende Menschen, die zur Sicherung ihrer Existenz auf den Verkauf ihrer Arbeitskraft angewiesen sind und deshalb abhängige Arbeit tun, brauchen demokratische und soziale Rechte, wenn sie ein würdevolles Leben führen wollen. Bürgerinnen und Bürger in einer Demokratie sind deshalb Bürgerinnen und Bürger mit „Wirtschaftsbürgerrechten"[147] in den Betrieben und Unternehmen.

Würde des Lebens der ganzen Schöpfung

Die ökologische Krise, die auch Ausdruck eines anthropozentrischen Denkens ist, erfordert eine Sicht, die den ganzen Planeten der Erde im Blick hat, sich von einem Anthropozentrismus verabschiedet und Wege in einen Ökozentrismus eröffnet. Mitten in diese Auseinandersetzungen kommt aus der andinen Welt Lateinamerikas ein Fremdwort in die Debatte: die Idee des „guten Lebens für alle", *buen vivir*. „Buen vivir" meint mehr als „Gutes Leben", wie es in der europäischen Philosophietradition seit Aristoteles verstanden wird. „Buen vivir" will das gute Leben aller Bewohner der Erde, das nicht von der ganzen Schöpfung getrennt gedacht werden kann. Dieses Denken bricht mit einem Anthropozentrismus, der eine auf Aneignung, Akkumulation und Wirtschaftswachstum zielende Wirtschaftsweise hervorgebracht hat. Dieses andere, andine Verständnis des Verhältnisses von Mensch und Natur überschreitet die rationalistische und dann im Kapitalismus globalisierte Praxis der Herrschaft des Menschen über die Natur und die ununterbrochene Inwertsetzung von Naturressourcen. Diese verwandelt die Naturreichtümer, die allen gehören, in einen mit Geld gemessenen ökonomischen Wohlstand einzelner. „Buen vivir" zielt nicht auf eine bessere oder eine nachhaltigere Nutzung der Natur; sie will ein grundsätzlich anderes Denken und einen anderen Umgang mit der Natur.[148]

Dem biblischen Auftrag, sich die Erde untertan zu machen (Genesis 1,28), wurde vorgeworfen, für die Umwelt- und Klimakrise verantwortlich zu sein, denn er hätte eine Haltung hervorgerufen, die auf Beherrschung und Aneignung aus wäre. Dazu ist anzumerken, dass bis zur anthropozentrischen Wende mit dem beginnenden 17. Jahrhundert Genesis 1,28 keineswegs als Rechtfertigung schrankenloser

Verfügung über die Schöpfung gelesen wurde. Erst seit Beginn der Neuzeit bediente man sich mit der Durchsetzung eines rationalistisch-instrumentellen Weltverständnisses und des kapitalistischen Denkens entsprechender biblischer Bezügen. Die umstrittene Formulierung „sich die Erde untertan machen" meint biblisch-exegetisch kein „Niedertreten" im Sinne von zerstören, sondern die Bewirtschaftung von Grund und Boden in einer Agrargesellschaft.[149] Bauern und Viehzüchtern kommt sehr wohl eine Herrschaftsfunktion zu, doch sie dient der Sicherung des Lebensraumes und der eigenen Subsistenz, nicht ihrer Zerstörung.

Sensibilisiert durch die Umweltkrise, haben die Kirchen in einer gemeinsamen Schrift im Jahr 1985 ein „Naturverständnis, das den Menschen in falscher Weise in den Mittelpunkt stellt, die Natur bloß als Objekt betrachtet [...] und den Eigenwert der Natur nicht wahrnimmt"[150], einer grundlegenden Kritik unterzogen. Sie haben darin gefordert, einen Anthropozentrismus zu überwinden, der die Mitgeschöpflichkeit aus den Augen verloren und die nichtmenschliche Natur als Objekt menschlicher Herrschaft betrachtet hatte.

Im Jahr 2009 hat die Versammlung der Vereinten Nationen nach langen und komplizierten Verhandlungen einstimmig die dem westlichen Denken fremde Vorstellung akzeptiert, dass die Erde eine Mutter sei. Die Erde dürfe nicht länger als eine Ware behandelt werden. Was das bedeutet, hat der bolivianische Präsident Evo Morales bei der Proklamation des *Internationalen Tages der Mutter Erde* vor der UNO am 22. April 2009 erklärt: „Wir erwürgen den Planten – wir erwürgen uns selbst. Wir haben keinen Planten, wir sind sein Teil."[151]

Diese Einsicht widerspricht einer Auffassung, nach der die Ressourcen und alles Geschaffene in Waren verwandelt werden können. Aus dem Gedankengut des „Buen vivir" hatte im Jahr 2010 eine Konferenz der Völker zum Klimawandel und zu den Rechten der Völker in Cochabamba (Bolivien) ein neues planetarisches Paradigma formuliert, das wirtschaftsethisch bedeutsam ist:[152]

„Wir schlagen den Völkern der Welt die Rückgewinnung, Wiederaufwertung und Stärkung der überlieferten Kenntnisse, Weisheiten und Praktiken der indigenen Völker vor, die sich in der Lebensweise und dem Modell des ‚Vivir Buen' (Gutes Leben) bestätigt finden, indem die Mutter Erde als ein lebendiges Wesen anerkannt wird, zu dem wir in einer unteilbaren, wechselseitigen, sich gegenseitig ergänzenden und spirituellen Beziehung stehen.

Deshalb schlagen wir die beigefügte ‚Allgemeine Erklärung der Rechte der Mutter Erde' vor, in der ihr zugesichert werden:

- das Recht auf Leben und Existenz;
- das Recht, respektiert zu werden;
- das Recht auf Fortsetzung ihrer Zyklen und Lebensprozesse frei von menschlichen Eingriffen;
- das Recht auf Erhaltung ihrer Identität und Integrität als unterschiedliches, selbstreguliertes und untereinander in Beziehung stehendes Wesen;
- das Recht auf Wasser als Lebensquelle;
- das Recht auf saubere Luft;
- das Recht auf integrale Gesundheit;
- das Recht, frei von Kontamination und Verschmutzung, von giftigen und radioaktiven Abfällen zu sein;
- das Recht, keine genetischen Veränderungen und Modifizierungen ihrer Struktur zu erleiden, die ihre Integrität oder ihre lebenswichtigen und gesunden Funktionen bedrohen;
- das Recht auf volle und schnelle Wiederherstellung bei Verletzungen der in dieser Erklärung anerkannten Rechte, die durch menschliche Aktivitäten verursacht werden.
- Der Ansatz darf nicht allein ökonomische Kompensierung sein, sondern hauptsächlich wiederherstellende Gerechtigkeit, das heißt die Wiederherstellung der Integrität der Personen und der Glieder, die eine Lebensgemeinschaft auf der Erde bilden."

Die Mutter Erde wird ein Subjekt mit eigenen Rechten genannt. Ihre Rechte aber sind so stark verletzt, dass sie Wiedergutmachung fordern kann.

Die Bibel hat den Menschen zwar immer in einem Gegenüber zur Natur verstanden; das schließt aber Rechte für die nichtmenschliche Schöpfung keineswegs aus. „Du sollst dem Ochsen zum Dreschen keinen Maulkorb anlegen." (Deuteronomium 25,4): Dieser bewegende Satz veranschaulicht, dass dem Ochsen zwar nicht erspart wird, stumpfsinnig beim Dreschen im Kreis zu laufen. Doch bei all dem wird er nicht nur als Arbeitstier genutzt, sondern als ein Geschöpf mit eigenen Bedürfnissen und Rechten wahrgenommen. Nach der biblischen Tradition gibt es in der Sabbatgesetzgebung eine Rechtsgemeinschaft der Erde und aller Geschöpfe: Die wöchentlichen Sabbate und das Sabbatjahr schließen Menschen, Tiere und das Land ein. Alle im Haus, „der Sklave, die Sklavin, das Rind, der Esel und das ganze Vieh" (Deuteronomium 5,14), sollen am Sabbat ruhen. Im siebenten Jahr, dem Brachjahr, gibt es einen „Sabbat für das Land" (Levitikus 25,5). Auch biblisch ist zu sagen, dass die Erde und das Leben auf ihr eine Grundlage der Rechte der Menschen und der Rechte der gesamten Schöpfung bilden.

Die Anerkennung der Würde und der Rechte allen Lebens auf der Erde sind eine Grundbedingung für eine lebensdienliche Wirtschafts- und Sozialordnung. Die Erde und alle, die sie bewohnen, haben ihre eigene Würde und verdienen Respekt; wer sie respektvoll behandelt, der wird auch die Menschenrechte respektieren und umgekehrt. Ein derartiges Verständnis des Mensch-Natur-Verhältnisses und des Menschen in der Natur ist ökonomisch folgenreich: So finden beispielsweise die Rechte von Unternehmen an der Ausbeutung von Ressourcen an den Rechten der Natur eine Grenze. Die Erde steht mit ihren

Ressourcen nicht für eine grenzenlose Ausbeutung zur Verfügung. Da der Mensch auch ein Naturwesen ist, sind die Rechte des Menschen immer auch auf die nichtmenschliche Natur bezogen. Ohne die ihn umgebende nichtmenschliche Natur kann kein Mensch leben. Die Zerstörung der Natur ist deshalb immer auch eine Zerstörung der Rechte des Menschen, dessen erstes Recht nach Artikel 3 der *Allgemeinen Erklärung der Menschenrechte* das „Recht auf Leben" ist.

Würde des Menschen: Vorrang der Arbeit vor dem Kapital

Die Marktwirtschaft ist eine Wirtschaftsweise, die auf dem Zusammenspiel der beiden gesellschaftlichen Gruppen basiert, die Arbeit und Kapital genannt werden. Dass Menschen ihre Arbeit einbringen und das Kapital die technischen Voraussetzungen bereitstellt, unter denen Menschen arbeiten können, und in diesem Sinn Arbeit und Kapital zusammenwirken, ist nicht das Problem. Die Frage ist, wie die Zusammenarbeit der gesellschaftlichen Gruppen Kapital und Arbeit organisiert wird. Im Kapitalismus bestimmt die Gruppe, die über Kapital verfügt, auch die Richtung der Produktion und der Investition. Sie hat also die Führung inne. Deshalb ist auch die Bezeichnung „Kapitalismus" nicht ideologisch, sondern schlicht sachgerecht, benennt sie doch treffend, wie diese Zusammenarbeit erfolgt.

Unter der Bedingung kapitalistischer und arbeitsteiliger Produktionsverhältnisse sind Kapital und Arbeit getrennt. Sachlich notwendig jedoch für die Produktion ist eine Kooperation von Kapital als den Sachmitteln und von Arbeit als Verrichtung an diesen Sachmitteln. Die Eigentümer an Produktionsmitteln können nicht ohne fremde Arbeit ihr Kapital rentabel verwerten. Der trennende Dualismus bezieht sich also nicht auf Kapital und Arbeit an sich, also nicht auf den Produktionsprozess, sondern auf die gesellschaftlichen Klassen, die hinter Kapital und Arbeit stehen. Die Trennung zwischen Kapital und Arbeit ist weder sachnotwendig noch angesichts der Vermögenskonzentration gerecht; sie spiegelt nur bestimmte Machtsituationen wider.

Da das Kapital nur instrumentellen Charakter besitzt, Arbeit aber einen personalen, können Arbeit und Kapital nicht gleichwertig sein. Anthropologisch steht Arbeit, nicht aber Kapital mit der Würde des Menschen in einem Zusammenhang. Kapital besitzt keine Würde, die irgendwie mit der anthropologischen Würde vergleichbar wäre. Arbeit ist unmittelbar mit der Person verbunden, was vom Kapital nicht gesagt werden kann. Im Verhältnis zum Kapital kommt der menschlichen Arbeit deshalb eine unvergleichlich höhere anthropologische Bedeutung zu. Eine Gleichwertigkeit von Kapital und Arbeit zu postulieren hieße den personalen Charakter des Menschen auf eine Stufe mit dem instrumentellen Charakter des Kapitals zu stellen.[153]

Da Arbeit aber einen personalen Charakter hat und Kapital nur instrumentell ist, können Arbeit und Kapital nicht gleichwertig sein. Deshalb gibt es einen anthropologisch begründeten Vorrang der Arbeit vor dem Kapital. Diese Position ist ein fester Bestandteil der katholischen Soziallehre und wurde in der Sozialenzyklika *Laborem exercens* (1981) bekräftigt. Auch in der evangelischen Sozialethik ist die sozialethische Leitformel zwar unbestritten, wird aber nur vereinzelt erhoben.[154] Der evangelische Sozialethiker Arthur Rich nennt den Vorrang der Arbeit vor dem Kapital menschengerecht, weil der Vorrang des

Kapitals die Unterordnung der Arbeit unter eine Sache und damit die Preisgabe des Menschen als Subjekt bedeuten würde; der Vorrang sei auch sachgemäß, weil sich ökonomisch mehr als Gleichrangigkeit des Kapitals mit der Arbeit als Produktionsmittel nicht begründen ließe. Für Rich ist die Arbeit als personal-gesellschaftliche Leistung der eigentliche Produktionsfaktor in der Wirtschaft.[155] Deshalb kann es keine legitime Vorrangstellung des Kapitals vor der Arbeit geben. Ein Vorrang des Kapitals steht im Gegensatz zum Menschengerechten, denn dann wäre der Mensch nicht mehr Subjekt, Grund und Zweck der Wirtschaft. Ein Vorrang des Kapitals ist aber darüber hinaus auch nicht sachgemäß, weil sich ökonomisch mehr als Gleichrangigkeit des Kapitals mit der Arbeit als Produktionsmittel nicht begründen ließe.

Wirtschaftsethisch ist daher zu sagen, dass dem Kapital nicht das Recht zukommt, sich zum einzigen oder führenden Ordnungsfaktor der Wirtschaft aufzuwerfen und die Arbeit als zweitrangig und folgerichtig untergeordneten Faktor gelten zu lassen. Mit der Forderung nach einem Vorrang der Arbeit vor dem Kapital wird die politisch brisante Forderung wirtschaftsethisch erhoben, die im Kapitalbesitz begründete Machtüberlegenheit zu beseitigen, auszuräumen oder irgendwie unschädlich zu machen.

Eine menschengemäße und sachgerechte Leitformel ist die sozialethische Forderung nach einem Vorrang der Arbeit. Der Arbeit des Menschen kommt eine ökonomisch, sozial und rechtlich führende Rolle zu. Die Forderung nach einem Vorrang der Arbeit vor dem Kapital thematisiert die Machtfrage. Sozialethisch ruft der Kapitalbesitz kein Verfügungsrecht über Menschen hervor, denn die Verfügung über Eigentum kann nicht die Herrschaft über Sachen und die Herrschaft über Menschen legitimieren.

Vorrang der Arbeit bedeutet deshalb auch, dass bei Interessenkollisionen die Interessen des Kapitals hinter jenen der Arbeit zurücktreten müssen.

Normativ kommt den Rechten der Menschen ein höherer Wert zu als dem Kapital, dem nicht die Qualität von Menschenrechten eignet. Die menschenrechtliche Anerkennung der Würde und der unbedingten Freiheit des Menschen ist ein Rechtsdenken, das in der wirtschaftsethischen Leitformel eines Vorrangs der Arbeit vor dem Kapital einen sachgemäßen Ausdruck findet. Wirtschaftliche Strukturen und wirtschaftliche Praxis stehen deshalb in einer Legitimationspflicht gegenüber den arbeitenden Menschen.

Die wirtschaftsethische Leitformel des Vorrangs der Arbeit vor dem Kapital ist nicht von der Eigentumsfrage zu trennen. Die Eigentumsfrage ist so zu gestalten, dass ein Höchstmaß an gerechter Partizipation aller am Sozialprozess des Wirtschaftens sichergestellt wird. Mitbeteiligung der Arbeitnehmer und Arbeitnehmerinnen am Produktivkapital ist eine ebenso alte sozialethische Forderung wie die Mitbestimmung, die weiter unten in Kapitel VII ausführlich thematisiert wird. Eine theologische Wirtschaftsethik, die vom Vorrang der Arbeit her argumentiert, muss sich an der Entwicklung eines Unternehmensrechts beteiligen, das dieser anthropologischen Grundüberzeugung auch eine rechtliche Gestalt verleihen kann.

Dabei wird die Selbstverwaltung der Produzierenden auch in vergesellschafteten Unternehmen und Betrieben im Gefälle eines wirtschaftsethischen Ansatzes liegen, für den der Vorrang der Arbeit, der Bedürfnisse und der Rechte der arbeitenden und wirtschaftenden Menschen von zentraler Bedeutung ist. Die christliche Eigentumsethik hat immer die Sozialpflichtigkeit des Eigentums und die Unterordnung des Privateigentums unter die universelle Bestimmung der Güter für alle betont. Die Güter der Erde sind für alle Menschen bestimmt, die auf diesem Planeten leben. Diesem Grundsatz ist das Recht auf Privateigentum untergeordnet. Die Enzyklika *Laborem exercens* von Johannes Paul II. folgert aus dem Grundsatz des Vorrangs der Arbeit vor dem Kapital die Leitlinie, dass das Kapital der Arbeit zu dienen habe, und zieht den Schluss: „Die christliche Tradition hat dieses Recht nie als absolut und unantastbar betrachtet. Ganz im Gegenteil, sie hat es immer im größeren Rahmen des gemeinsamen Rechtes aller auf die Nutzung der Güter der Schöpfung insgesamt gesehen: *das Recht auf Privateigentum als dem gemeinsamen Recht auf Nutznießung untergeordnet*, als untergeordnet der Bestimmung der Güter für alle." (LE 14) Papst Franziskus zitiert in seinem Schreiben *Evangelii Gaudium* den Kirchenvater Johannes Chrysostomos: „Die eigenen Güter nicht mit den Armen zu teilen bedeutet, diese zu bestehlen und ihnen das Leben zu entziehen. Die Güter, die wir besitzen, gehören nicht uns, sondern ihnen." (EG 57) Dass das Privateigentum kein unbedingtes und unumschränktes Recht darstellt, ist eine weit zurückreichende Grundüberzeugung christlicher Sozialethik, auch wenn diese vergessen scheint. Aus der Priorität der Arbeit und der universelle Bestimmung der Güter entwickelt die Enzyklika *Laborem exercens* auch einen Zugang zur Sozialisierung der Produktionsmittel. Vergesellschaftung ist auch in Artikel 15 des Grundgesetzes vorgesehen, wenn es im klar definierten Gesamtinteresse liegt. Dies mag ein vergessener Verfassungsartikel sein. Er ist aber heranzuziehen, wenn es darum geht, die Macht von Partikularinteressen zu begrenzen. Die christliche Eigentumsethik, die von der allgemeinen Bestimmung der Güter für alle ausgeht, hat die sozialethische Tradition wie auch die Verfassung auf ihrer Seite.

Das Recht auf eine menschenrechtlich fundierte Wirtschaftsordnung

Die *Allgemeine Erklärung der Menschenrechte* hat in Artikel 28 einen ethisch und politisch außerordentlich folgenreichen Anspruch formuliert. Er ist kein zusätzliches Menschenrecht, sagt aber Entscheidendes über die Menschenrechte aus:

„Jeder hat Anspruch auf eine soziale und internationale Ordnung, in der die in dieser Erklärung verkündeten Rechte und Freiheiten voll verwirklicht werden können."

Dieser Artikel verbindet die Zielvorgabe mit einem Gestaltungsauftrag und gibt beiden einen Maßstab: Alle Institutionen sind danach zu bewerten, wie sie die Menschenrechte achten, schützen und erfüllen. Thomas Pogge nennt den Artikel 28 einen „institutionellen Menschenrechtsbegriff"[156], denn er formuliert ethische Anforderungen an die gesellschaftlichen Institutionen, damit die Menschenrechte erfüllt werden können. Wie es um die Menschenrechte bestellt ist, hängt entscheidend von der Verfasstheit der gesellschaftlichen Ordnung ab.

Den sozialen und wirtschaftlichen Rechten wird nicht selten vorgehalten, nicht einlösbar oder zu utopisch zu sein. Das Recht auf Arbeit in Artikel 23 der *Allgemeinen Erklärung der Menschenrechte* wird als Unmöglichkeit in einer Markwirtschaft und das Recht auf einen gerechten, existenzsichernden Lohn als ökonomisch schädlich abgetan. Die Spannung zur bestehenden Wirtschaftsverfassung ist offensichtlich. Ihr lässt sich aber nicht mit der Auskunft begegnen, dass die Wirtschaftsverfassung selber darüber entscheidet, welche sozialen Menschenrechte gelten sollen und welche nicht. Sie kann allenfalls darüber entscheiden, welche sozialen Menschenrechte unter den gegebenen Verhältnissen geltend gemacht werden können oder sollen. Eine theologische Wirtschaftsethik wird an das „Sabbatkriterium" erinnern, das sich auf Jesu Auskunft bezieht: „Der Sabbat ist für den Menschen da, nicht der Mensch für den Sabbat." (Markus 2,27) Ausgesagt ist darin der Vorrang der Person und ihrer Rechte vor den Institutionen; ein Vorrang, der auch gegenüber der Wirtschaft gilt: Nicht etwa der Mensch ist für die Wirtschaft da, sondern die Wirtschaft ist für den Menschen da.

Damit die Rechte auf Arbeit, aus Arbeit und in der Arbeit politisch und moralisch verbindlich werden, müssten sie als objektive Rechtsnorm in die Verfassung aufgenommen werden. Damit würde die Förderung der arbeitsbezogenen sozialen Menschenrechte zu einem Staatsziel, an dem der Gesetzgeber, aber auch die Sozialpartner ihre Entscheidungen als einer Leitnorm ausrichten würden.

Der Ort, wo die Wirtschaftsordnung so zu gestalten ist, dass sie den Menschenrechten gerechter werden kann, ist die Rahmenordnung, die der Staat der Wirtschaft setzt. Was ethisch geboten ist, kann nicht vorrangig vom tugendhaften Verhalten eines „ehrbaren Kaufmanns" erwartet werden, sondern muss institutionell durch einen Primat einer Politik gesichert werden. Vorrang hat die Regelethik vor der Tugendethik. Unter einer wirtschaftsethischen Perspektive ist die moralische Qualität eines Wirtschaftssystems umso höher, je weniger sie auf die moralische Qualität der Akteure zur Sicherung der Menschenrechte angewiesen ist. Das entlastet nicht die Unternehmensleitungen, sondern nimmt sie ihrerseits in die Pflicht, alles zu tun, damit sich eine menschenrechtsgemäße Ordnung etablieren und durchsetzen kann. Aber die Unternehmensleitungen wären ethisch überfordert, auf der Unternehmensebene das zu tun, was durch eine menschenrechtsgemäße Wirtschaftsordnung strukturell zu sichern wäre. Deshalb gibt es eine Vorrangregel: Vorrangig ist die Wirtschaftsordnung, nachrangig die unternehmensethische Verantwortung. Diese unternehmensethische Verantwortung aber braucht ethische „Rückenstützen" durch eine Wirtschaftsordnung, damit sie ethisch nicht überfordert wäre.

Wirtschaftsethisch gewendet, benennt Artikel 28 das Recht auf eine menschenrechtsgemäße Wirtschaftsordnung und auch die damit verbundenen Pflichten. Der Staat kommt seiner Pflicht nicht nach, wenn er nicht „nach und nach" (Artikel 2 Sozialpakt) eine Wirtschaftsordnung schafft, welche die Menschenrechte achtet, schützt und durchsetzt. Aber auch Manager, Unternehmen und Konzerne, welche ihre Unternehmen menschengerechter gestalten könnten, es jedoch nicht tun, kommen ebenfalls ihren menschenrechtlichen Pflichten nicht nach.

Dass eine menschenrechtsgemäße Ordnung zustande kommt, kann jedoch nicht allein vom Staat und den Unternehmen erwartet werden. Peter Ulrich dringt darauf, dass in einer demokratischen Gesellschaft die Gestaltung menschengerechter Verhältnisse eine „Bürgerpflicht" ist. Deshalb sagt der Schweizer Wirtschaftsethiker Peter Ulrich zu Recht: „Der wahre Ort der Moral sind die republikanisch gesinnten Wirtschafts- und Staatsbürger."[157] Wenn die Märkte zivilisiert werden sollen, dann durch Bürgerinnen und Bürger. Sie sind in einer demokratischen Gesellschaft zunächst für die demokratische Ordnung verantwortlich, die eine ökonomische Ordnung formt und aufrechterhält. Als Einzelne wären sie indessen aber völlig überfordert. Denn nur soziale Bewegungen können ein Widerlager gegen die ökonomische Macht bilden. Geschichtlich gab es einen ethisch bedeutsamen und politisch wirksamen Beitrag sozialer Bewegungen, die den Kapitalismus umgebogen haben. Sie haben diesem in einem langen geschichtlichen Prozess, der noch immer andauert, Humanität und Gerechtigkeit abgerungen.

Verkürzt wäre es allerdings, zwischen einer Rahmenordnung, die der Staat erstellt, und einem ethischen Verhalten zu trennen. Immer wieder wechselt nämlich der moralische Ort zwischen der Rahmenordnung und der Verantwortung der demokratisch gesinnten Bürgerinnen und Bürger, die auf eine menschenrechtsgemäße Gestaltung der Rahmenordnung drängen.

Recht *auf* Arbeit

Zu Beginn des 19. Jahrhunderts wurde von utopischen Sozialisten wie Charles Fourier erstmals ein Recht auf Arbeit als Äquivalent zu den natürlichen Rechten des Zugangs zur Existenzsicherung gefordert. Für Fourier war das Recht auf Arbeit „das elementare Menschenrecht […], ohne das alle anderen null und nichtig sind"[158]. Beim Recht auf Arbeit geht es demnach von seinem Ursprung her nicht um ein Recht darauf, arbeiten zu können. Es geht um ein Recht auf Existenzsicherung.

Das Recht auf Arbeit ist eine der zentralen Forderungen der Arbeiterbewegung und ist in zahlreichen Völkerrechtsquellen fest verankert: in der *Allgemeinen Erklärung der Menschenrechte* (Art. 23), im *Sozialpakt* (Art. 7), in der *Sozialcharta der EU* (Art. 1) sowie in zahlreichen Länderverfassungen. Trotzdem wird das Recht auf Arbeit immer wieder kontrovers beurteilt, mitunter gar „oft belächelt und missverstanden"[159]. Zahlreiche Einsprüche aus den Rechts-, den Wirtschafts- und Sozialwissenschaften werden vorgetragen. Den meisten erscheint es in einer marktwirtschaftlichen Ordnung undurchführbar und wird deshalb abgelehnt. Deshalb muss Klarheit über die Rechtsposition herbeigeführt werden, die mit dem Recht auf Arbeit gemeint ist.[160]

Nach Martina Körner sind die Inhalte des Rechts auf Arbeit „umso abstrakter, unschärfer und damit unverbindlicher, je ausdrücklicher es Erwähnung findet"[161]. Die Rechtsprechung hat nur zu punktuellen Klarstellungen führen können, und zudem wird das Recht auf Arbeit verhältnismäßig viel zu selten thematisiert.

In den erklärenden Allgemeinen Bemerkungen des UN-Wirtschafts- und Sozialrats wird das Recht auf Arbeit ein „Grundwert" genannt, der ein zweiseitiges Recht bezeichnet:[162] ein individuelles Recht für jede Person und ein kollektives Recht. Beim Recht auf Arbeit als einem individuellen Recht geht es nicht um das Recht auf einen Arbeitsplatz, sondern um das Recht auf eine frei gewählte und humane Arbeit, eine realistische Chance auf eine Arbeit, die diskriminierungsfrei gewählt werden kann und frei von Arbeitszwang ist. Es schützt beispielsweise vor ungerechtfertigter Entlassung. Nach der ILO-Übereinkunft Nr. 158 bedeutet das Recht auf Arbeit, dass befristete Arbeitsverhältnisse nicht dazu missbraucht werden, den Kündigungsschutz von Beschäftigten zu umgehen. Überbordender Einsatz von Leiharbeitern sowie Befristung von Arbeitsverträgen sind menschenrechtspolitisch kritisch zu bewerten. Als kollektives Recht verpflichtet es den Staat zu einer Beschäftigungs- und Arbeitsmarktpolitik, die Arbeitsverhältnisse sichert und vor Arbeitslosigkeit sowie Diskriminierung schützt.[163] Die internationalen Überwachungsorgane der UNO stimmen darin überein, dass eine allgemeine Arbeitspflicht mit dem Recht auf Arbeit unvereinbar ist.[164]

In der theologischen Arbeitsethik sind die Inhalte eines Rechts auf Arbeit breit verankert.[165] Arbeit ist eine fundamentale Dimension des Menschseins, sie konstituiert aber nicht den Menschen. Das Menschenrecht auf Arbeit ist ein freiheitsverbürgendes Recht, denn Arbeit ist die Grundvoraussetzung für ein eigenständiges, sozialgesichertes und gutes Leben. Arbeit ist aus christlicher Sicht unmittelbarer Ausdruck der Menschenwürde. „Durch sein Werk" – so die Enzyklika *Laborem exercens* von 1981 – „formt der Mensch nämlich nicht nur die Dinge und die Gesellschaft um, sondern vervollkommnet er auch sich selbst" (LE 26,5). Der personale Aspekt der Arbeit führt dazu, dass der Mensch „sich selbst als Mensch verwirklicht, ja gewissermaßen ‚mehr Mensch' wird" (LE 9,3). Der Mensch ist nicht Zuschauer einer fertigen Welt, sondern Mitarbeiter an der fortdauernden Erschaffung der Welt. Er ist Mitarbeiter Gottes. In der Pastoralkonstitution des Zweiten Vatikanischen Konzils, *Gaudium et spes*, wird das Recht auf Arbeit als ein Recht darauf verstanden, dass „der ganze Vollzug werteschaffender Arbeit [...] auf die Bedürfnisse der menschlichen Person und ihrer Lebensverhältnisse auszurichten" (GS 67) sei. Nur eine Arbeit unter menschenwürdigen Bedingungen und zu menschendienlichen Zwecken kann mit dem Recht auf Arbeit gemeint sein.

Der Staat ist der oberste Handlungsträger. Er hat eine solche Wirtschafts-, Gesellschafts- und Sozialpolitik zu betreiben, die einen möglichst hohen Beschäftigungsstand ermöglicht. Die moralische Legitimität eines Wirtschaftssystems ist daran gebunden, dass es arbeitsfähige und arbeitswillige Menschen und Gruppen nicht in die Arbeitslosigkeit entlässt, solange die Existenz und die gesellschaftliche Achtung normativ an Teilhabe an Erwerbsarbeit gebunden ist.

In ihrem gemeinsamen Wirtschafts- und Sozialwort aus dem Jahr 1997[166] haben die Kirchen ein „Menschenrecht auf Arbeit" bestimmt als einen „Anspruch der Menschen auf Lebens-, Entfaltungs- und Beteiligungschancen" (Ziff. 51). Es wird verstanden als ein „Anrecht auf Erwerbsarbeit", nicht aber als ein „individuell einklagbarer Anspruch". Als Adressaten des Rechtes „verpflichtet es die Träger der Wirtschafts-, Arbeitsmarkt-, Tarif- und Sozialpolitik, größtmögliche Anstrengungen zu unternehmen, um die Beteiligung an der Erwerbsarbeit zu gewährleisten". Inhalt des Rechtes ist jedoch „mehr als entlohnte Beschäftigung".

Das „Menschenrecht auf Arbeit" wird im Wirtschafts- und Sozialwort der Kirchen dreifach bestimmt:

Erstens ist Arbeit nicht „notwendigerweise Erwerbsarbeit". Erst durch den Einfluss der Industrie sei Arbeit auf Erwerbsarbeit reduziert worden. Nötig ist ein erweiterter Arbeitsbegriff, der Erwerbsarbeit, Care-Arbeit und gesellschaftlich notwendige und nützliche Arbeit gleichermaßen aufnimmt. Ein Menschenrecht auf Arbeit ist deshalb mehr und anderes als ein Recht auf eine Erwerbstätigkeit. Es ist das Recht, dass jeder und jede einen „Anspruch [...] auf Lebens-, Entfaltungs- und Beteiligungschancen" hat.

Zweitens wird gefordert, den Zugriff der Erwerbsarbeit auf das Leben außerhalb der Erwerbsarbeit zu begrenzen: Arbeitswelt und Gesellschaft seien kinder- und familienfreundlicher zu gestalten, indem Haushalte mit Kindern höhere Einkommen erzielen und die Menschen eine größere Souveränität im Umgang mit der Zeit erhalten. Die Fixierung auf Erwerbsarbeit allein wirke destruktiv für das Leben und die Gesellschaft.

Schließlich wird drittens eine „stärkere politische und soziale Anerkennung der Tätigkeiten außerhalb der Erwerbsarbeit" gefordert.

Das „Menschenrecht auf Arbeit" lässt sich folgendermaßen darstellen:[167]

Der *Anspruchsinhalt* des „Menschenrechts auf Arbeit" bezieht sich auf das grundlegende Recht, seinen Lebensunterhalt durch freiwillig gewählte und angenommene Tätigkeit selbst verdienen zu können und diskriminierungsfreien Zugang zu humaner Arbeit zu haben. Durch ein Recht auf Arbeit wird das Recht eines jeden auf gesicherten Lebensunterhalt, soziale Kontakte und persönliche Entfaltung angesprochen.

Anspruchsträger des Rechts auf Arbeit sind alle selbstständig und abhängig Beschäftigten. Ungelöst ist die Problematik, wie informelle Arbeit einbezogen werden könnte.

Anspruchsadressat ist der Staat. Wie alle Menschenrechte hat auch das Recht auf Arbeit drei Pflichtenebenen:[168]

Das Recht auf Arbeit ist zu *achten*. Das heißt: Der Einzelne darf nicht an der Ausübung des Rechts gehindert werden. Das Recht wird durch ein Verbot von Zwangs- und Kinderarbeit, durch diskriminierungsfreien Zugang zum Arbeitsmarkt, Tarifverträge und den Schutz vor ungerechtfertigten Kündigungen geachtet.

Geschützt wird das Recht auf Arbeit durch Schutzmaßnahmen des Staates. Hier geht es um die Regelungen des Arbeitsrechts, vor allem die Schutzgesetze, wie zum Beispiel den Schutz vor willkürlichen Kündigungen. Dazu gehören entsprechende Maßnahmen zum Schutz des Arbeitsplatzes, sei es gegen ungerechtfertigte Kündigungen oder bei Privatisierungen und Flexibilisierungen des Arbeitsmarktes. Gerade auf der arbeitsrechtlichen Ebene kann das Recht auf Arbeit wirkungsvoll geltend gemacht werden, und zwar politisch wie prozesstaktisch. Politisch kann das Recht auf Arbeit als Argument gegen den Abbau arbeitsrechtlicher Sicherungen herangezogen werden. Prozesstaktisch kann das Recht auf Arbeit insofern eine Rolle spielen, als sich Betroffene in geeigneten Fällen vor

Gericht darauf berufen können, und sei es nur als Auslegungshilfe.

Erfüllt wird das Recht auf Arbeit u. a. durch die Verankerung in internationalen Handelsabkommen, eine beschäftigungsorientierte Wirtschaftspolitik, den Abbau von Arbeitslosigkeit, Schutz von Arbeitsemigranten und Hausangestellten. Allerdings wird sich diese Politik nach Artikel 2 des Sozialpaktes nur „nach und nach" durchführen lassen. Ein Verstoß gegen das Recht auf Arbeit durch (unterlassene) beschäftigungspolitische Maßnahmen wird aber nur selten feststellbar sein.

Rechte *in der* Arbeit

Grundrechte in der Arbeit: Kernübereinkommen der ILO

Sozialethisch gibt es ein Recht auf Arbeit immer nur als ein Recht auf humane Arbeit. Arbeit als Wahrnehmung menschlicher Freiheit in der Gestaltung der Welt impliziert ihren humanen Vollzug. Wenn Arbeit zum Menschsein des Menschen gehört, dann gehört auch die Humanität in der Arbeit zum Kern eines Rechts auf Arbeit. In zentralen Erklärungen hat die ILO sich immer wieder für die Rechte der Arbeit ausgesprochen: in der *Erklärung von Philadelphia* (1944), der *Erklärung über grundlegende Prinzipien und Rechte der Arbeit* (1998) und in der *Erklärung über soziale Gerechtigkeit für eine faire Globalisierung* (2008). Bis heute hat die ILO rund 190 weltweit gültige, rechtsverbindliche Übereinkommen und rund 200 rechtlich nicht bindende Empfehlungen zur Gestaltung von Arbeitsbedingungen geschaffen. Doch ist die Kluft zwischen Anspruch und Wirklichkeit so groß wie in keinem anderen Rechtsgebiet.

1998 brach die ILO mit der Tradition der Gleichrangigkeit aller ILO-Übereinkommen und stellte vier Grundprinzipien heraus, die für alle Mitglieder verbindlich sind. Sie bilden das Kraftzentrum der ILO: Vereinigungsfreiheit und das Recht auf Kollektivverhandlungen, Verbot der Zwangsarbeit, Abschaffung der Kinderarbeit und das Verbot der Diskriminierung in Beschäftigung und Beruf. Diese Grundprinzipien werden in acht Übereinkommen, die auch als Kernarbeitsnormen bezeichnet werden, konkreter ausgestaltet:

- Vereinigungsfreiheit und Schutz des Vereinigungsrechtes (ILO-Übereinkommen 87, 1948)
- Vereinigungsrecht und Recht zu Kollektivverhandlungen (ILO-Übereinkommen 98, 1949)
- Verbot der Zwangsarbeit (ILO-Übereinkommen 29, 1930)
- Abschaffung der Zwangsarbeit (ILO-Übereinkommen 105, 1957)
- Gleichheit des Entgelts (ILO-Übereinkommen 100, 1951)
- Verbot der Diskriminierung in Beschäftigung und Beruf (ILO-Übereinkommen 111, 1958)
- Mindestalter (ILO-Übereinkommen 138, 1973)
- Verbot und unverzügliche Maßnahmen zur Beseitigung der schlimmsten Formen der Kinderarbeit (ILO-Übereinkommen 182, 1999).

Die Kernarbeitsnormen bestimmen eine für alle geltende Grenze. Dadurch wollen sie eine destruktive Abwärtsentwicklung in einem Dumpingwettbewerb verhindern. Sie stärken die Gegenmacht der Arbeitnehmer zur Verbesserung ihrer Arbeits- und Lebensbedingungen. Sozialethisch sind Arbeitsnormen ein internationales und öffentliches Gut, das jedem zur Verfügung steht und niemandem Schaden zufügt, weil alle die gleichen Bedingungen haben. Die grundlegenden Übereinkommen und Rechte formulieren nur Spielregeln für einen ökonomisch und rechtlich fairen Wettbewerb. „Zur Förderung der Menschenwürde bei der Arbeit sind sie unabdingbar, zur Verbesserung der Arbeits- und Lebensbedingungen allein unzureichend."[169] Diese Normen und Rechte sind nicht in der Lage, materiellen Schutz zu formulieren und zu bieten: Sie garantieren keinen fairen Lohn, keinen ausreichenden Lebensunterhalt, keine soziale Sicherheit und keine gesunden Arbeitsbedingungen. Seit 1999 bemüht sich die ILO, mit ihrer *Agenda für menschenwürdige Arbeit* den Fehlentwicklungen der Globalisierung im Arbeitsleben entgegenzutreten. Man könnte dies ein Programm für mehr Achtsamkeit für die Würde des Menschen in der Globalisierung nennen. Die Kernarbeitsnormen wurden in der *Agenda für menschenwürdige Arbeit* mit vier strategische Ziele verknüpft: Vollbeschäftigung, universelle Achtung der Arbeitnehmerrechte, Ausweitung des sozialen Schutzes und die Förderung des sozialen Dialogs von Gewerkschaften und Arbeitgeberverbänden.

In der Arbeitsethik wird die Notwendigkeit, sozialethische Überzeugungen mit den Mitteln des Rechts abzusichern, damit sie gestaltende Kraft entfalten können, viel zu wenig bedacht. Das ist ein schwerwiegendes Manko, denn sozialethische Kriterien können nur durch Recht, nicht aber durch Appelle und Einsichten eine gestaltende und verbindliche Wirkung entfalten.

Zu den arbeitsethischen Grundüberzeugungen gehört, dass die Arbeitskraft an die Person des Menschen und seine Würde gebunden ist. Der Arbeitsmarkt darf daher nicht als ein Markt wie jeder andere begriffen werden. Bereits bei der Gründung der ILO im Jahr 1919 wurde erklärt, „dass die Arbeit nicht lediglich als Ware oder Handelsgegenstand angesehen werden darf".

Das Recht auf Arbeit gibt es immer nur als ein Recht auf humane Arbeit. Arbeit muss also so organisiert werden, dass sie die Würde des Menschen nicht verletzt. Die arbeitsethische Grundüberzeugung, dass Arbeit keine Ware ist, ist eine widerständige Überzeugung, denn ökonomisch und betriebswirtschaftlich wird Arbeit als eine Ware verstanden. Sie wird „eingekauft", um sie im Interesse der Unternehmen, genauer: der Kapitalverwertung einzusetzen. Eine christliche Arbeitsethik zeichnet sich durch die Priorität der arbeitenden Menschen mit ihren Bedürfnissen und Fähigkeiten aus. Sie steht deshalb gegen jene Strukturen, für die der lebendige „Faktor" Mensch nur eine beliebige Verfügungsmasse darstellt. Die Behandlung des Menschen als bloße Arbeitskraft und als Instrument im Dienste fremder Kapitalinteressen ist abzulehnen. Wenn der Mensch nicht als Person geachtet ist, sondern nur als Mittel für außerhalb seiner selbst liegende Zwecke genutzt wird, liegt sozialethisch eine strukturell-systemische Verletzung der Würde des Menschen vor. Dies ist auch die Stelle, an der das Arbeitsrecht einsetzt. Ihr Anliegen ist es, die Menschenwürde in abhängigen Arbeitsverhältnissen so zu regeln, dass jeder trotz rechtlicher Abhängigkeit in solchen Rechtsverhältnissen arbeiten kann, die seiner Würde als Mensch, seiner Persönlichkeitsentfaltung und demokratischen Rechten angemessen sind. Arbeit unter abhängigen und fremdbestimmten Bedingungen ist rechtlich geregelt. Rechtlich sind deshalb Grenzen gezogen worden: Allein die vereinbarte Arbeitsleistung wird geschuldet, die ihrerseits unter dem Vorbehalt unentziehbarer und individuell oder kollektiv auszuhandelnder Rechte steht. Arbeit kann verweigert werden, wenn sie mit dem Gewissen unvereinbar oder aus anderen Gründen unzumutbar ist. Wer abhängig arbeitet, hat Persönlichkeitsrechte sowie ein Recht auf

Mitbestimmung und Kündigungsschutz. Aufgabe eines humanen Arbeitsrechts und der Tarifpolitik ist es, diese humanen Rechte, die mit der Arbeit verbunden sind, zu stärken und auszubauen.

In den zahlreichen ILO-Übereinkünften werden die grundlegenden Arbeitsrechte durchbuchstabiert. In ihnen zeichnen sich Konturen eines internationalen Arbeitsrechts mit folgenden Elementen ab: Recht auf einen existenzsichernden Lohn, Recht auf gesunde und sichere Arbeitsbedingungen, Recht auf Begrenzung der Arbeitszeit durch Arbeitspausen, bezahlten Urlaub und Freizeit.

Arbeit, in der man menschlich leben kann

Das Recht auf Arbeit und Rechte auf gerechte und günstige Arbeitsbedingungen (Artikel 7 Sozialpakt) gehören untrennbar zusammen. Es geht um eine Arbeit, bei der die grundlegenden Rechte der menschlichen Person ebenso geachtet werden wie das Recht auf sichere Arbeitsbedingungen und gerechte Entlohnung.[170] Es liegt an den Staaten, dass viele von ihnen das Recht auf gerechte und angemessene Arbeitsbedingungen nicht nur selbst nicht achten; oftmals ergreifen sie auch keine Maßnahmen, um die Menschenrechte zu schützen und die Missstände zu beheben. Es gibt Staaten, die in minderem Arbeitsschutz sogar einen Vorteil in einer globalisierten Wettbewerbswirtschaft ausmachen. Eine verbindliche Rechtsauslegung dieses Menschenrechtsartikels zu den Pflichten der Staaten steht leider noch aus.

Bemerkenswert ist, dass die ILO den Dialog mit den Weltreligionen sucht, um ihre *Agenda für menschenwürdige Arbeit* ethisch und spirituell zu untermauern. Sie tut dies aus der Überzeugung, dass eine globale Wirtschaft auf der

Grundlage einer menschenwürdigen Arbeit beruhen muss. Den vier strategischen Zielen der ILO in der *Agenda für menschenwürdige Arbeit* (1999) und den *Grundlegenden Prinzipien und Rechten bei der Arbeit* (1998) liegen Werte wie Menschenwürde, Achtung vor dem Nächsten, Verantwortung für Solidarität und Gerechtigkeit zugrunde.

Am Ende eines Dialogprozesses mit Vertretern aller Weltreligionen kristallisierten sich fünf gemeinsame arbeitsethische Überzeugungen der Religionen heraus:[171]

- Alle religiösen Traditionen bewerten Arbeit positiv, sei es auf der Grundlage einer göttlichen oder einer ethischen Verpflichtung zur Arbeit.
- Arbeit wird als grundlegender Ausdruck der inneren menschlichen Würde verstanden, die spirituelle und materielle Dimensionen aufweist.
- Arbeit hat nicht nur eine persönliche Dimension (Selbstverwirklichung), sondern auch eine soziale Dimension (Arbeit als Bindeglied zwischen dem Einzelnen und der Gesellschaft).
- Jenseits der sozialen Dimension der Arbeit verweisen die religiösen und spirituellen Dimensionen auch auf eine transzendente Dimension.
- Die religiösen, spirituellen und humanistischen Welttraditionen sprechen sich nachdrücklich für die ethische Dimension der Arbeit aus.

Einig sind sich alle Vertreter der Religionen in ihrer kritischen Haltung gegenüber dem gegenwärtigen globalen neoliberalen und wirtschaftlich-materiellen Paradigma des Konsumdenkens und der Marktwirtschaft, in dem Profite, Kapital, Wohlstand und Aktien wichtiger als die Menschen sind. Aus dieser Kritik heraus unterstützen die am Dialog beteiligten Religionsvertreter den wertebasierten Dialog der ILO und die *Agenda für menschenwürdige Arbeit* und vertreten folgende Grundüberzeugung: Die Würde des Menschen ist die Basis. In den Werten zeigt sich eine transzendente Dimension. Ausdrücklich nehmen die Religionen auch auf die Rechte Bezug: Rechte entscheiden in ganz maßgeblicher Weise über die Anerkennung eines Menschen oder einer Gruppe und bestimmen die Beziehung des Einzelnen zur Gemeinschaft. Aufgabe der Politik ist es, die Werte umzusetzen, indem Rechtspositionen gestärkt und Rechte geschaffen werden.

Verbot von Sklaverei, Zwangs- und Pflichtarbeit

Gemäß Artikel 2 des ILO-Übereinkommen Nr. 29 aus dem Jahr 1930 gilt als Zwangsarbeit

„… jede Art von Arbeit oder Dienstleistung, die von einer Person unter Androhung irgendeiner Strafe verlangt wird und für die sie sich nicht freiwillig zur Verfügung gestellt hat."

Das Verbot von Sklaverei und Zwangsarbeit bezieht sich nicht allein auf offensichtlich sklavenähnliche Arbeitsverhältnisse, sondern wird ausgeweitet auf alle Formen von Arbeit, die unter Sanktionen und Zwang stehen. Deshalb wurden seit den 1980er- und 1990er-Jahren sklavenähnliche Praktiken wie Wander- und Kinderarbeit in die völkerrechtlichen Abkommen aufgenommen.
Dieser UN-Wirtschafts- und Sozialrat überwacht die Umsetzung dieser Rechte und hat nach Anhörung von Vertretern mehrerer Bundesministerien im Mai 2011 in seinen Abschließenden Bemerkungen für die Bundesrepublik Deutschland dezidiert in 26 von 39 Absätzen Verfehlungen bei der Umsetzung der Menschenrechtskonven-

tion in so grundlegenden Bereichen wie Bildung, Arbeit, Nahrung, Gesundheit und soziale Sicherheit festgestellt. In seinen Abschließenden Bemerkungen hat er mit Besorgnis festgestellt,

„dass bestimmte Regelungen des Vertragsstaates im Bereich der Arbeitslosenunterstützung und der Sozialhilfe, unter anderem die Verpflichtung der Bezieher von Leistungen bei Arbeitslosigkeit, ‚jede zumutbare Beschäftigung' anzunehmen, was in der Praxis fast als jede Arbeit ausgelegt werden kann, und die Zuweisung von unbezahlten gemeinnützigen Arbeiten an Langzeitarbeitslose, zu Verstößen gegen die Artikel 6 und 7 des Pakts führen können (Art. 6, 7 und 9 Sozialpakt)."[172]

Der UN-Wirtschafts- und Sozialrat kritisiert, dass in Deutschland Verfehlungen gegen das Recht auf Arbeit, das Recht auf einen gerechten Lohn, das Recht auf einen angemessenen Lebensstandard und das Recht auf soziale Sicherheit vorliegen. Mit Blick auf die Ein-Euro-Jobs fordert der Ausschuss den Vertragsstaat nachdrücklich auf,

„dafür zu sorgen, dass in seinen Arbeitslosenunterstützungssystemen das Recht jedes Einzelnen auf eine frei angenommene Beschäftigung seiner Wahl sowie das Recht auf angemessenes Entgelt berücksichtigt wird."

Mit Bezug auf das Verbot der Zwangsarbeit wird die Praxis scharf kritisiert, Empfänger von Arbeitslosengeld II zu einer Arbeit um jeden Preis zu nötigen. Die sog. Ein-Euro-Jobs umfassen alle Elemente nach der Definition in Art. 2 Abs. 1 des Übereinkommens der ILO für Zwangs- oder Pflichtarbeit: eine Arbeit, die unter Androhung einer Strafe nicht freiwillig zur Verfügung gestellt wird, arbeitsrechtlich nicht geschützt ist und ohne Entlohnung verrichtet wird.

Nicht jede Arbeit ist, allein schon deshalb, weil sie Arbeit ist, ethisch legitimierte Arbeit. Das sozialethisch gut begründete Recht auf Arbeit ist immer ein Recht auf existenzsichernde, humane und gute Arbeit, die frei gewählt wird. Gute Arbeit ist tariflich ausgestaltet und geschützt. Sie ist Quelle von Rechten und mit einem Streikrecht bewehrt. All diese Elemente würdiger Arbeit werden in den Arbeitsgelegenheiten der Ein-Euro-Jobs beschädigt. Sie unterliegen auch nicht dem Arbeitsrecht, sondern dem Sozialrecht. Deshalb sind sie eine sozialethisch wie menschenrechtlich prekäre Arbeit.

Streikrecht

Das Streikrecht kommt in den wirtschaftsethischen Diskursen eigentlich nicht vor. Wenn Artikel 28 der *Allgemeinen Erklärung der Menschenrechte* einen „Anspruch auf eine soziale und internationale Ordnung, in der die in dieser Erklärung verkündeten Rechte und Freiheiten voll verwirklicht werden können" erklärt, dann muss es auch Instrumente geben, diese menschenrechtsgemäße Ordnung herbeiführen zu können. Das Streikrecht ist eines dieser Instrumente. Das Recht, bessere Arbeitsbedingungen erkämpfen zu können, ist ein Menschenrecht, das in zahlreichen Völkerrechtsquellen breit abgesichert ist und als Völkergewohnheitsrecht gelten kann: In der *Europäischen Sozialcharta*, in der *Europäischen Menschenrechtskonvention* wie in Artikel 22 des *Zivilpaktes* und ausdrücklich in Artikel 8 des *Sozialpaktes* ist das Streikrecht als ein fundamentales Recht garantiert. Auch wenn nicht vom Wortlaut her, so ist im ILO-Übereinkommen Nr. 87 der Streik doch durch Rechtsauslegung garantiert. Diese Garantie erstreckt sich auf Verbesserungen der Arbeitsbedingungen und darüber hinaus auf alle Fragen des politischen und gesellschaftlichen Lebens, soweit sie Arbeitnehmerinnen und Arbeitnehmer betreffen. Auch Solidaritätsstreiks sind erlaubt. Einschränkungen sind nur bei solchen Funktionsträgern gerechtfertigt, die unmittelbar hoheitliche Aufgaben im strengen Sinne wahrnehmen. Vorgaben für die Ausgestaltung dieses Rechts sind eher karg.

Während die deutsche Rechtsprechung zunächst von einer Unerwünschtheit von Streiks ausgegangen ist und den Streik mit bestimmten Auflagen wie der Einhaltung der Verhältnismäßigkeit und dem Ultima-ratio-Prinzip versehen hat, hat das Völkerrecht einen anderen Ausgangspunkt: Streik ist Grundrechtsausübung. Grundrechte sind als solche zunächst frei, müssen sich dann aber Restriktionen bei Konflikten mit anderen gleichrangigen Rechtsgütern stellen. Die Grundrechtsausübung darf nicht auf das unbedingt Unerlässliche beschränkt werden. Sie findet jedoch ihre Grenze dort, wo die Grundrechte des sozialen Gegenspielers tangiert werden. Hier bedarf es der Herstellung einer sog. praktischen Konkordanz, eines Ausgleichs beiderseitiger Grundrechte. Die deutsche Rechtsprechung hat mittlerweile den Anschluss an die völkerrechtlichen Vorgaben hergestellt.[173] Von einem Recht auf Aussperrung ist im Völkerrecht nirgendwo ausdrücklich die Rede. Das zeigt einen Wertungsunterschied: Der Schutzbedarf der Arbeitnehmer ist vorrangig, und Arbeitnehmer bedürfen eines besonderen Schutzes zur Wahrnehmung ihrer Interessen, den die Arbeitgeber in dieser Weise nicht brauchen.

Das Grundproblem aller Rechtsgarantien in völkerrechtlichen Verträgen ist die Durchsetzbarkeit gegen nationale Praktiken. Die Überwachungsgremien der ILO haben nur moralisch-politisches Gewicht. Die Durchsetzung völkerrechtlicher Normen muss im nationalen Recht erfolgen. Die verfassungsrechtliche Beschränkung des Streikrechts der Beamtinnen und Beamten in der Bundesrepublik gerät zunehmend unter Druck und steht nach neueren Urteilen des Europäischen Gerichtshofes für Menschenrechte in Frage.[174]

Das Streikrecht ist das Herzstück des Arbeitsrechts, wird aber in der theologischen Wirtschaftsethik in den letzten Jahren kaum mehr thematisiert, obwohl das Streikrecht ein Grundrecht ist und sozialethisch eines der wichtigsten Rechte aus Arbeit.[175]

Der Streik ist das Recht, sich gegen inhumane Arbeitsbedingungen zur Wehr zu setzen, um bessere und humanere Arbeitsbedingungen erreichen zu können. Anders als im sozialen Protestantismus gab es im sozialen Katholizismus zu Beginn der Industrialisierung erhebliche Bedenken gegen die Rechtmäßigkeit von Streiks. Das Zweite Vatikanische Konzil hat den Streik als rechtmäßig erklärt, wenn er ein letzter Behelf ist, der „unentbehrlich bleibt, um Rechte der Arbeiter zu verteidigen oder berechtigte Forderungen durchzusetzen" (*Gaudium et spes*, 68).

Sozialhistorisch wie auch sozialethisch besteht die Ursprungsidee des Tarifvertragswesens darin, autonome Selbstbestimmung der Beschäftigten und somit Freiheit durch Solidarität zu ermöglichen. Sozialethisch ist die Koalitionsfreiheit ein Freiheits- und ein soziales Schutzrecht. Erst die Koalitionsfreiheit verschafft dem Arbeitnehmer die Möglichkeit, mit dem Arbeitgeber auf Augenhöhe und tendenziell gleichmächtig aufzutreten und die Gestaltung der eigenen Lebens- und Arbeitsbedingungen selbst in die Hand zu nehmen. Streik ist eine solidarische Selbstbestimmung und ein Mittel, Freiheit durch Solidarität zu erringen. Im Streikrecht geht es um mehr als nur materielle Forderungen: Es geht immer auch um Anerkennung und Respekt. In diesem Sinne ist der Streik ein soziales Schutzrecht und ein Freiheitsrecht.

Sozialethisch ist bei der Bewertung von Streik und Aussperrung davon auszugehen, dass aus Gerechtigkeitsgründen bei Aushandlungsprozessen die Verhandlungsposition beider Vertragspartner zumindest tendenziell gleichgewichtig sein muss. Doch dies ist angesichts der ökonomischen und sozialen Mächtigkeit des Arbeitgebers nicht der Fall. Der Streik ist die Gegenwehr der wirtschaftlich-sozial wie auch gesellschaftlich schwächeren Partei und ist ein Mittel, sich kollektiv und solidarisch gegen unzumutbare Arbeitsbedingungen und ökonomische Benachteiligungen zu wehren. Die Schieflage wird erst durch solidarische Zusammenschlüsse der Beschäftigten und den Streik als ultima ratio ausgeglichen.

Sozialethisches Erfordernis für Gerechtigkeit ist die Gleichwertigkeit und Gleichgewichtigkeit der Partner. Je symmetrischer die Verhandlungsmacht verteilt wird und je vollständiger die Interessen aller Betroffenen zur Sprache kommen, umso größer sind die Chancen, dass die ausgehandelten Regelungen zum gegenseitigen Vorteil beider Vertragspartner sind. Erst die Koalitionsfreiheit gibt dem Arbeitnehmer die Möglichkeit, mit dem Arbeitgeber auf Augenhöhe und tendenziell gleichmächtig aufzutreten. Wer Streik und Aussperrung gleichsetzt, der verschiebt die durch das Streikrecht erst erreichte tendenzielle Balance wiederum zu einem Übergewicht der Arbeitgeberseite. Streik und Aussperrung gleichzusetzen hieße strukturell den gegebenen Vorrang der Arbeitgeberseite sichern zu wollen. Im Streik kommt sozialethisch der soziale und ökonomische Anspruch auf eine politische Gestaltung und selbstbestimmte Freiheit zur Sprache, welche die Aussperrung zurückdrängen will. Deshalb kommt nur dem Streik auch im Gegensatz zur Aussperrung die Qualität eines Grundrechts und eines Menschenrechts zu. Das Streikrecht ist sozialethisch als ein Recht auf bessere Arbeits- und Lebensbedingungen legitimiert. Es gehört zur sozialethischen Traditionslinie, dass

Streik und Aussperrung ungleiche Mittel sind. Die Aussperrung ist deshalb auch aus ethischer Sicht zu ächten.[176] Es stehen genügend ausgleichende Instrumente zur Verfügung, sodass die vermeintliche Parität zum Streik nicht durch die Aussperrung herbeigeführt werden muss. So gelten das Ultima-ratio-Prinzip, die Verhältnismäßigkeit, ein Notdienst für unbedingt zu erledigende Aufgaben sowie Schlichtungsvereinbarungen. Im Streik kommt sozialethisch der soziale und ökonomische Anspruch auf eine politische Gestaltung und selbstbestimmte Freiheit zur Sprache, die die Aussperrung zurückdrängen will. Streik und Aussperrung sind sozialethisch deshalb ungleiche Mittel.

Gerade in einer theologischen Wirtschaftsethik darf ein Hinweis auf den arbeitsrechtlichen Sonderweg der Kirchen nicht fehlen, der die Wahrnehmung des völkerrechtlich verankerten Streikrechts versperrt. In den Kirchen und den ihnen zugehörenden Wohlfahrtsverbänden ist das Streikrecht außer Kraft gesetzt.[177] Abgewehrt wurde das Streikrecht mit einer ebenso saloppen wie theologisch fragwürdigen Bemerkung: „Gott kann man nicht bestreiken."[178] Offensichtlich gibt es zwei widerstreitende Rechte: das Grundrecht auf Koalitionsfreiheit und das ebenfalls verfassungsrechtlich garantierte Selbstverwaltungsrecht der Kirchen. Unter einer theologisch-sozialethischen Perspektive berührt der Streik keineswegs die Kirche in ihrem theologischen Kern, sondern lediglich ihre Eigenschaft als Arbeitgeber. Wenn der Streik sozialethisch ein solidarisches Mittel für mehr Humanität und Gerechtigkeit ist, dann sind das auch theologisch und sozialethisch bedeutende Grundanliegen der Kirche. Bei einem Streik in der Kirche geht es deshalb um eine Auseinandersetzung mit der Kirche in ihrer Funktion als Arbeitgeber und um eine sozialethisch-theologische Auseinandersetzung mit der Kirche um die Durchsetzung ihrer eigenen theologischen und sozialethischen Grundüberzeugungen. Das Bundesarbeitsgericht hat zum Streikrecht in der Kirche ausgeführt:

„Eine wirkungsvolle Interessendurchsetzung ist den Gewerkschaften nur möglich, wenn sie ihren Forderungen durch Streik Nachdruck verleihen können."[179]

Wenn die kirchlichen Arbeitgeber gerechte Arbeitsverhältnisse aushandeln wollen, brauchen sie einen Verhandlungspartner auf Augenhöhe, der auch den Streik als letztes Mittel einsetzen kann. Das Streikverbot in den Kirchen ist weder sozialethisch noch theologisch zwingend.

Rechte *aus* Arbeit

Recht auf Arbeit, von der man leben kann

Grundlegende Funktion von Arbeit ist, die Existenz zu sichern. Das Recht auf einen existenzsichernden Lohn und Lohngerechtigkeit ist ein grundlegendes menschenrechtliches Erfordernis. Bereits 1928 hatte die ILO mit dem Übereinkommen Nr. 26 die Errichtung von Verfahren zur Festsetzung von Mindestlöhnen festgelegt. Die *Allgemeine Erklärung der Menschenrechte* ging einen Schritt weiter und beschreibt inhaltliche Kriterien in Artikel 23:

„Das Recht auf eine angemessene und befriedigende Entlohnung, die ihm und seiner Familie eine der menschlichen Würde entsprechende Existenz sichert."

Diese Kriterien wurden von der *Europäischen Sozialcharta* (Artikel 4) und vom *Sozialpakt* (Artikel 7) aufgenommen.

Aber in der *EU-Grundrechtecharta* aus dem Jahr 2000 fehlt diese Bestimmung. Eine weitere wichtige Quelle ist auch das ILO-Übereinkommen 131 (1970).[180]

Lässt sich eine Lohnhöhe bestimmen, die existenzsichernd wäre? Artikel 7 des Sozialpaktes nennt folgende Anforderungen zur Bestimmung existenzsichernder Löhne:

- angemessener Lohn (*fair wage*) und gleiches Entgelt für gleichwertige Arbeit ohne Unterschied für Männer und Frauen
- für einen angemessenen Lebensunterhalt (*decent living*) für die Arbeitnehmer und ihre Familien.[181]

Die ILO-Norm verpflichtet sowohl zu einer angemessenen Höhe des Lohnes als auch zur Einrichtung eines angemessenen Festsetzungsverfahrens.[182] Inhaltlich geht es um einen existenzsichernden, armutsfesten Lohn.

Die völkerrechtlichen Vorgaben finden sich auch in der *Hessischen Landesverfassung* aus dem Jahr 1946:

„Das Arbeitsentgelt muss der Leistung entsprechen und zum Lebensbedarf für den Arbeitenden und seine Unterhaltsberechtigten ausreichen. Die Frau und der Jugendliche haben für gleiche Tätigkeit und gleiche Leistung Anspruch auf gleichen Lohn."

Die völkerrechtlichen Mindestlohnvorschriften formulieren Grundansprüche. Sie verpflichten dazu, Mindestlöhne zu zahlen, die ein würdiges Leben ermöglichen, deren Höhe zur elementaren Bedürfnisbefriedigung ausreicht und die in Abhängigkeit von der wirtschaftlichen und kulturellen Entwicklung des jeweiligen Unterzeichnerstaates ermittelt werden sollen. Der Europäische Ausschuss der Sozialen Rechte hat folgende Regel entwickelt: Ausgehend vom Durchschnittslohn eines Landes wäre ein

Lohn unter einer 60-Prozent-Grenze des Nettodurchschnittslohns in einem Land „offensichtlich unangemessen"[183]. Nach den ILO-Normen hat der Gesetzgeber keinen Raum für Mindestlohnausnahmen. Leider gehören die Mindestlohnregelungen nicht zu den verbindlichen Kernarbeitsnormen der ILO.

Das Menschenrecht auf einen existenzsichernden Lohn widerspricht einem marktwirtschaftlichen Denkmodell, nach dem sich Löhne am Arbeitsmarkt nach Angebot und Nachfrage bilden sollen. Sozialethisch ist es unbedenklich, wenn der Preis von Waren nach der Marktlage bestimmt wird, doch auf den Lohn, von dem der Arbeiter seine und seiner Familie Lebensbedürfnisse bestreitet, ist diese marktwirtschaftliche Auffassung nicht anwendbar. Denn die Arbeit des Menschen und der Lohn für diese Arbeit können nicht wie irgendeine Ware behandelt werden. Arbeit ist immer Arbeit des Menschen und deshalb mit der Person des Arbeitenden verbunden. Mit dem Lohn muss der Arbeitende seine Existenz sichern. Deshalb kann sich die Lohnhöhe nicht am Markt bilden. Arbeit und Waren sind substanziell nicht vergleichbar.

Der gerechte Lohn lässt sich nicht nach dem Ergebnis von Angebot und Nachfrage bestimmen. Obwohl es eine breite Literatur zur theologischen Arbeitsethik gibt, kommen darin Abhandlungen über Lohnfragen leider gar nicht oder nur am Rande vor. Dabei ist die Lohnfrage für die Existenz der Menschen von so elementarer Bedeutung. Das Menschenrecht auf einen gerechten existenzsichernden Lohn nimmt die Lohnfrage aus einem Marktautomatismus heraus und stellt sie in die gesellschaftliche Verantwortung. Es geht um eine „soziale Vision"[184]: Das Arbeitsentgelt muss ausreichen, um mindestens einen angemessenen Lebensunterhalt für den Arbeitnehmer und seine Familie zu sichern.

Das Marktdenken kennt keinen Maßstab, der Auskunft über einen gerechten Lohn geben könnte. 1986 hat der Ökonom Wolfram Engels im Magazin Wirtschaftswoche in populär-journalistischer Sprache den Stellenwert von Arbeit im neoliberalen Wirtschaftsdenken illustriert:

„In einer Marktwirtschaft gelten für Arbeit dieselben Gesetzmäßigkeiten wie für Waren. Arbeit wird nur gekauft, wenn ihr Wert für den Unternehmer höher ist als ihr Preis. Ideologen wie Gewerkschafter sehen darin eine Entwürdigung des Menschen. Der Mensch, so sagen sie, sei keine Ware; für Menschen dürfe nicht gelten, was für Blumentöpfe, Apfelsinen oder Aluminiumschrott gilt. Gegen Naturgesetze gibt es solchen Widerspruch nicht. Wenn ein Mensch aus dem Fenster springt, dann fällt er mit einer Beschleunigung von 9,81 m/sec^2 und damit genauso schnell wie ein Blumentopf – ohne dass die evangelische Soziallehre das je als entwürdigend angeprangert hätte."[185]

Vom Standpunkt der ökonomischen Rationalität interessiert an Arbeit nur der Marktpreis der Ware.

Sozialethisch sind für die Bestimmung eines gerechten Lohnes drei Aspekte zu berücksichtigen:[186] Der Lohn ist Entgelt für eine geleistete Arbeit. Der Lohn muss darüber hinaus als Lebenslohn auch die Existenz sichern. Schließlich sind die ökonomischen Rahmenbedingungen, aber auch die Lohnverhältnisse in einer Branche einzubeziehen. Im Dreieck von Leistung, Lebenslage und Solidarität besteht im Gefälle christlicher Ethik ein Vorrang des Solidaritätsprinzips vor dem Leistungsprinzip. Lohnpolitisch heißt das, dass gleiche Arbeit unter gleichen Bedingungen auch gleich entlohnt werden muss und die mit Qualifikationsunterschieden einhergehenden Lohnunterschiede so gering wie möglich zu halten sind.[187] Die traditionelle Forderung nach einem familiengerechten (Lebens-)Lohn in der Katholischen Soziallehre gibt den Gesichtspunkten des Solidaritätsprinzips einen Vorrang. Auch wenn der Familienlohn das traditionelle Familienideal stabilisiert hat, so kommt in dieser Forderung doch die ethische Entscheidung zum Ausdruck, dass die Lohnhöhe sich nicht aus den Marktgesetzen ergibt.

Einen objektiven, von außen anlegbaren Maßstab, der Auskunft über Gerechtigkeit von Löhnen geben könnte, gibt es nicht. Deshalb wird Gerechtigkeit nur über gerechte Verfahren herzustellen sein. Der Produktionsprozess ist ein Sozialprozess, in dem arbeitsteilig produziert wird. Die Zuordnung der gerecht zu nennenden Lohnanteile an diesem arbeitsteiligen Sozialprozess ist weder ökonomisch-marktwirtschaftlich noch objektiv herzustellen. Voraussetzung für Gerechtigkeit ist eine paritätische Gleichgewichtigkeit der Verhandlungspartner. Als gerecht kann ein Lohn nur gelten, der durch ein gerechtes Verfahren zustande gekommen ist, bei dem beide Seiten – Arbeitgeber und Gewerkschaften – mit paritätisch gleicher Macht ausgestattet eine Einigung erzielt haben. Die Lohnhöhe kann als gerecht gelten, wenn sie das Ergebnis eines fairen Aushandlungsprozesses ist, bei dem die Interessen beider Seiten möglichst gleichwertig zum Ausgleich gekommen sind. Sowohl sozialethisch wie auch juristisch kann deshalb von einer „Richtigkeitsgewähr" der Lohnhöhe ausgegangen werden, wenn sie das Ergebnis von gleichgewichtigen Verhandlungen ist.

Lohn ist unter Menschenrechtsgesichtspunkten ein Einkommen, das einen kulturellen und sozialen Lebensstandard und einen gerechten Anteil an dem sozial erwirtschafteten Gewinn des Unternehmens ermöglicht. Zur Lohngerechtigkeit gehört deshalb auch, dass die Lohnhöhe einen gerechten Anteil am Unternehmensergebnis oder an der Aktienentwicklung widerspiegeln muss.

Ein Rechtskommentar des UN-Ausschusses für die wsk-Rechte zum Recht auf gerechten und angemessenen Lohn steht noch aus. Zusammenfassend lässt sich sagen:[188]

Der *Anspruchsinhalt* ist die Gewährleistung u. a. eines angemessenen und existenzsichernden Lohnes, Lohngleichheit für Männer und Frauen und ein gerechtes Verfahren zur Lohnermittlung.

Anspruchsträger sind Erwerbstätige und Sozialpartner.

Anspruchsadressat sind staatliche Instanzen, aber auch die Sozialpartner für die Aushandlung gerechter Arbeitsbedingungen, die diese Rechte nicht anzuerkennen, sondern zu gewährleisten haben. In den drei Pflichtendimensionen hat der Staat das Recht auf einen gerechten und angemessenen Lohn zu achten, zu schützen und zu gewährleisten. *Geachtet* wird das Recht durch einen angemessenen und existenzsichernden Lohn sowie durch gleichen Lohn für gleiche Arbeit. *Geschützt* wird die Arbeit durch Mindestlohnregelungen. Das Recht wird *gewährleistet* durch Informationen über die Inhalte des Rechts und durch Mitwirkung des Staates an internationalen Schutzmaßnahmen. *Erfüllt* wird das Recht durch die Ratifizierung und Beachtung aller Normen.

Die Fülle der geregelten Rechte ist nicht das Problem. „Allein, es mangelt an der Umsetzung."[189] Hungerlöhne, überlange Arbeitszeiten oder mangelnde soziale Sicherheiten sind Ausdruck schwerwiegender Menschenrechtsverletzungen im Weltmaßstab. Diese Art der Globalisierung stellt eine Bedrohung für das Arbeitsvölkerrecht dar.

Recht auf Arbeit, die soziale Rechte sichert

Erwerbsarbeit ist von zentraler Bedeutung für die soziale Lage der Arbeitnehmerinnen und Arbeitnehmer. Seit 1919 hat die ILO über 180 Übereinkommen zu Fragen sozialer Sicherheit verabschiedet, die u. a. Mindestnormen der sozialen Sicherheit, Leistungen bei Arbeitsunfällen oder

Alter und Schutz bei Arbeitslosigkeit regeln. Sozialer Schutz ist eines der wichtigen Ziele des ILO-Konzeptes für eine menschenwürdige Arbeit. Das Recht auf soziale Sicherheit hatte man ein vergessenes Menschenrecht genannt, das kaum noch praktische Bedeutung zu haben schien.[190] Doch seitdem weltweit die Globalisierungsprozesse mit einer Verschärfung sozialer Unsicherheit einhergehen, gibt es eine neue Aufmerksamkeit für das Recht auf soziale Sicherheit. Es ist auch das wichtigste soziale Menschenrecht, da ohne Absicherung bei Lebensrisiken auch viele bürgerliche Rechte eine Illusion bleiben.

In Artikel 22 der *Allgemeinen Erklärung der Menschenrechte* heißt es: „Jeder hat als Mitglied der Gesellschaft das Recht auf soziale Sicherheit." Das Recht auf soziale Sicherheit ist Kriterium für eine menschengerechte Sozialordnung. Die inhaltliche Ausfüllung dieses Rechts wird in mehreren Artikeln spezifiziert: Im Recht auf Arbeit (Art. 23), im Recht auf angemessene Entlohnung und beruflichen Zusammenschluss (Art. 23), im Recht auf Erholung (Art. 24), im Recht auf Bildung (Art. 26) und im Recht auf Teilhabe am kulturellen Leben (Art. 27). Das Recht auf soziale Sicherheit ist auch verankert im *Übereinkommen der Vereinten Nationen über die Rechte des Kindes* von 1989, in mehreren *Konventionen der Internationalen Arbeitsorganisation*, so im Übereinkommen 102 über die Mindestnormen der Sozialen Sicherheit (1952), im *Europäischen Kodex über Soziale Sicherheit* (1964) und in der *Revidierten Europäischen Sozialcharta* von 1996 (Artikel 12 bis 14). Diese breite Verankerung des Menschenrechts auf soziale Sicherheit stellt die Bedeutung der elementaren Bedingungen für eine menschenwürdige Lebensführung heraus.

Die Verknüpfung von wirtschaftlichen und sozialen Rechten macht den innovativen Kern aus, mit dem Lehren aus der Großen Weltwirtschaftskrise und ihren Folgen gezogen wurden und ein Menschenrecht auf soziale Sicherheit proklamiert wurde. Ihr Zielpunkt ist eine solidarische Gesellschaft. Leider ist diese umfassende Zielvorstellung der *Allgemeinen Erklärung der Menschenrechte* von der *Europäischen Sozialcharta* nicht rezipiert worden; sie hat das Menschenrecht auf soziale Sicherheit auf das bloße Recht auf Einkommenssicherung reduziert und die Verbindung zu den anderen Rechten gelöst.

Die Artikel zur sozialen Sicherheit sind im *Sozialpakt* relativ allgemein gehalten. Das mag damit zusammenhängen, dass parallel ILO-Normen bestehen. Die ILO-Übereinkunft 102 führt neun Bereiche sozialer Sicherheit auf, zu der u. a. gehören: medizinische Hilfe, Leistungen bei Arbeitslosigkeit und im Krankheitsfall, Rentenleistung und Mutterschaftsleistungen. Diese ILO-Liste wurde bereits 1991 vom Komitee der Vereinten Nationen für wirtschaftliche, soziale und kulturelle Menschenrechte in den Leitlinien für die Staatenberichte aufgenommen. Im Grundsatz ist das Recht auf soziale Sicherheit unbestritten; strittig ist jedoch ihr materiell-rechtlicher Gehalt. Der Staat ist verpflichtet, alle zur Verfügung stehenden Ressourcen zu mobilisieren, damit alle ihr Recht auf soziale Sicherheit wahrnehmen können, auch die große Zahl von Menschen, die informell beschäftigt sind. Der für die Überwachung des Sozialpaktes zuständige Ausschuss der Vereinten Nationen hat in seinen Allgemeinen Bemerkungen im Jahr 2008 das Recht auf soziale Sicherheit interpretiert und ausgeführt, wie es zu achten, zu schützen und zu gewährleisten sei.[191] Nach dieser Rechtsauslegung umfasst das Recht auf soziale Sicherheit das Recht, ohne Diskriminierung soziale Unterstützungen in Anspruch nehmen und erhalten zu können. Zum Recht auf soziale Sicherheit gehört auch ein kostenloser Zugang zum Gesundheitswesen. Ausdrücklich werden Saisonarbeiter, Leiharbeiter, Hausangestellten, prekär und informell Beschäftigte in das Recht auf soziale Sicherheit einbezogen. Den Vertragsstaaten wird die Verpflichtung auferlegt, die notwendigen Schritte zur Umsetzung des Rechtes unter Einsatz der größtmöglichen Mittel zu unternehmen.

Der *Anspruchsinhalt* bezieht sich auf die Gesamtheit aller wirtschaftlichen und sozialen Rechte, die für die Würde und freie Entfaltung des Menschen unabdingbar sind. Dauer und Umfang müssen angemessen sein.

Anspruchsträger sind alle Personen. Wer arbeitsfähig ist, sollte seinen eigenen Lebensunterhalt und den seiner Familie durch Erwerbstätigkeit verdienen; soweit eine Arbeitsfähigkeit nicht vorliegt oder es keine Arbeitsmöglichkeiten gibt, muss es Zugang zu Leistungen der sozialen Sicherheit geben.

Anspruchsadressat des Rechts auf soziale Sicherheit ist der Staat, der in Pflicht steht, eine „stetige Verbesserung der Lebensbedingungen" (Art. 11 Abs. 1 Sozialpakt) durch seine Achtungs-, Schutz- und Gewährleistungspflichten auch durch Sozialversicherungssysteme zu erreichen.

Der Staat *achtet* das Recht, wenn er jedem Zugang zu sozialen Sicherheitssystemen gibt; er schützt das Recht, wenn er beschränkende Eingriffe durch Dritte abwehrt und vor diskriminierenden Praktiken privater Versicherungen schützt; er erfüllt das Recht, wenn er Mittel für die soziale Sicherheit bereitstellt und das Recht auf soziale Sicherheit umsetzt.

Sozialethisch ist das Recht auf soziale Sicherheit im Sozialstaat verankert. Er verdankt sich ganz wesentlich Impulsen der kirchlichen Sozialethiken. Gerade dort, wo es starke lutherische Traditionen – wie in den skandinavischen Ländern und in Deutschland – gab, wurde seit dem 19. Jahrhundert der Sozialstaat entwickelt.[192] Die lutherisch geprägten Länder gehören sozialhistorisch zu den

Sozialstaatspionieren. Sie haben die entscheidenden ethischen Grundlagen und Weichenstellungen geschaffen, den Staat als Sozialstaat auf Dauer zu stellen. So hatte Kaiser Wilhelm II. 1888 die Gesetze zur Einführung der ersten sozialen Sicherung eine „Betätigung der auf dem Boden des Christentums erwachsenen Nächstenliebe als eine Pflicht der staatlichen Gesamtheit"[193] genannt. Dieser Hinweis zeigt, dass es einen von Impulsen christlicher Ethik geprägten kulturellen Ermöglichungsraum für die Herausbildung wirtschaftlicher, sozialer und kultureller Menschenrechte gibt.

Kehrseite dieser Staatsnähe war ein gewisser Paternalismus, gegen den die katholische Soziallehre durch die Betonung der Subsidiarität, nämlich einer gewissen Staatsferne, Widerstand geleistet hat. Der skandinavische Sozialstaat mit seiner universalistischen und an den Bürgerstatus gebundenen Ausrichtung und hohen Staatszentrierung steht in der Tradition der lutherischen Staatskirchen. Der universalistische und den Staat beanspruchende Sozialstaat ist ein Erbe lutherischer Ethik: Er ist kein Almosenstaat nur für die „wirklich Bedürftigen", sondern ein „universeller Sozialstaat", der seine Leistungen allen Bürgerinnen und Bürgern zuteilt, durch eine aktive, gestaltende Sozialpolitik für den sozialen Ausgleich sorgt und die Leistungsfähigkeit der Wirtschaft für die Finanzierung des Sozialstaates in Anspruch nimmt.

In dem Maße, wie sich nun der Sozialstaat durch neoliberale Reformen immer mehr vom bisherigen europäischen Sozialmodell löst und sich dem amerikanischen nähert, kommen nicht nur andere sozialpolitische, sondern auch andere sozialethische Einflüsse zum Tragen: die lange außer Acht gelassenen Einflüsse von calvinistischen Strömungen des amerikanisch-angelsächsischen Protestantismus mit nur geringer sozialstaatlicher Verantwortung. Den Staat durch eine sozial gestalterische Politik in Anspruch zu nehmen ist dieser protestantischen Ethik fremd. Die auf soziale Rechte gegründete universalistische Sozialstaatstradition, die zutiefst lutherisch geprägt ist, steht im deutlichen Widerspruch zum derzeitigen Rückbau des Sozialstaates.

Arbeit, die eines demokratischen Bürgers würdig ist

Dass Arbeit unter Bedingungen geschieht, die demokratieverträglich sind, ist ein Grundgebot einer demokratischen Gesellschaft. Die Arbeitenden haben deshalb ein Recht auf Beteiligung an einer Arbeit, die demokratische Rechte ermöglicht und stärkt: Mitwirkung, Mitbestimmung und Mitberatung sind unverzichtbare Elemente einer demokratieverträglichen Arbeit. Partizipationsrechte am Arbeitsplatz, im Betrieb und im Unternehmen sind Rechte, die sich aus der Tatsache herleiten, dass Arbeit zur Verfügung gestellt wird. Sie sind keine vom Kapital abgeleiteten Rechte, sondern originäre Rechte, die darin begründet sind, dass ein Bürger in einer Demokratie seine Arbeit in einen privat organisierten fremden Betrieb und Produktionsprozess einbringt.

Die Präambel des *Sozialpaktes* spricht mit der *Allgemeinen Erklärung der Menschenrechte* von einem „Ideal vom freien Menschen, der bürgerliche und politische Freiheit genießt und frei von Furcht und Not lebt" und fordert, dass „Verhältnisse geschaffen werden, in denen jeder seine bürgerlichen und politischen Rechte ebenso wie seine wirtschaftlichen, sozialen und kulturellen Rechte genießen kann."

Das Recht auf Mitbestimmung ist in menschenrechtlicher Perspektive ein Ausdruck der Menschenwürde und der Berufsfreiheit. Es ist ein soziales Menschenrecht, das eine freiheitsverbürgende Dimension enthält, aber auch ein politisches Recht ist, weil es Ansprüche auf demokratische Partizipation auf die Wirtschaft überträgt. Auch wenn die zivilen und sozialen Menschenrechte Mitbestimmungsrechte nicht ansprechen, so lassen sich doch von der Würde des Menschen und seinem Freiheitsrecht her wirtschaftsbürgerliche Mitbestimmungsrechte begründen, die sich auf die Partizipation an Entscheidungen über die Arbeitsbedingungen, Arbeitsinhalte und unternehmensbezogene Entscheidungen beziehen. Auch die Wirtschaft ist ein Geltungsraum für die bürgerlichen Rechte. Die Bürgerrechte bleiben nicht außen vor, sondern gelten auch in der Wirtschaft und begründen eine wirtschaftsbürgerliche Stellung des Mitarbeiters, der Mitarbeiterin in den Betrieben und Unternehmen.[194] Der Arbeitnehmer, die Arbeitnehmerin ist ein Wirtschaftsbürger mit einer spezifischen Verantwortung für das Unternehmen. Gute Bürger sind auch gute Wirtschaftsbürger und umgekehrt.

Das programmatische Einfordern der Mitbestimmung ist in der Tradition einer christlich orientierten Sozialreform fest verankert und reicht in seinen Anfängen bis ins 19. Jahrhundert zurück. Rechte aus Arbeit sind das Fundament für eine demokratische Arbeits-, Betriebs- und Unternehmensverfassung. Humane und demokratische Arbeitsverhältnisse sind entscheidend für die Qualität der Arbeit. Die Entfaltung der Persönlichkeit soll sich nicht nur außerbetrieblich in privaten Lebensvollzügen ereignen dürfen. In der Arbeit und ihren Organisationsformen entscheidet sich die Alltagshumanität einer Wirtschaft. Die Studie der Kammer für soziale Ordnung über *Sozialethische Erwägungen zur Mitbestimmung in der Wirtschaft der Bundesrepublik Deutschland* aus dem Jahr 1968 enthält wichtige und bis heute gültige rechtsethische Gesichtspunkte.[195]

Der zentrale Gedanke der Denkschrift besteht darin, die Mitbestimmung aus der Aporie herauszuführen, dass die Rechte der Arbeitnehmer von den Rechten der Kapitaleigner abgeleitet werden. Die Denkschrift versteht die Rechte der Arbeitnehmer als eigenständige Rechte und gesteht den Eigentumsrechten deshalb nur die Verfügung über Vermögenswerte, nicht über Menschen, zu. „Der Begriff des Eigentums schließt nicht das Recht zur Herrschaft über Menschen ein." (Ziff. 14) Gegen die sog. Einschränkungstheorie, nach der die Arbeitnehmerrechte den Eigentumsrechten etwas „wegnehmen", sagt Günter Brakelmann: „Alles Feilschen um ein Mehr oder Weniger an Rechten für die Arbeitnehmer ist am Ende auch eine unwürdige Zumutung für die arbeitenden Menschen selbst."[196] Weil im wirtschaftlichen Leben das Kapital von der Arbeit nicht zu trennen ist und die Arbeitnehmer wie Kapitaleigner das moderne Unternehmen gemeinsam tragen, sind auch die Rechte beider ineinandergefügt.

„Arbeit als Inbegriff lebendiger Personalität impliziert das Recht auf Mitbestimmung in den Prozessen der Wirtschaft. Diese Arbeit ist es, die mit ihrer Würde und den durch sie begründeten Rechten neben, nicht gegen die Rechte der Eigentümer tritt. Nur ein kooperatives Modell, das zwei verschiedene Funktionsträger zu einem Arbeits- und Rechtsgesamt zusammenbindet, kann diese Tatbestände widerspiegeln." (319)

In der Denkschrift der EKD heißt es: „Wo die Rechte der Kapitaleigner und der Arbeitnehmer aufeinander angewiesen sind, stehen beiden Seiten Mitbestimmungsrechte zu." (Ziff. 14) Keiner Seite kommt deshalb ein Alleinbestimmungsrecht zu.

Perspektivisch geht es darum, wie die EKD in ihrer Entschließung zur Mitbestimmung (1950) gesagt hat: „Es ist der Sinn des Mitbestimmungsrechtes, das bloße Lohnarbeitsverhältnis zu überwinden und den Arbeiter als Menschen und Mitarbeiter ernst zu nehmen." Nicht anders ist die Forderung von Johannes Paul II. in der Enzyklika *Laborem exercens*, Arbeit so auszugestalten, als „arbeite der Mensch in eigener Sache" (LE 15,2).

In der römischen Sozialverkündigung werden Positionen vertreten, die weit über das hinausgehen, was verfassungspolitisch in Deutschland mit der Mitbestimmung legitimiert wird. Das Bundesverfassungsgericht hat 1979 bestätigt, dass das deutsche Mitbestimmungsrecht verfassungskonform sei, weil die Kapitalseite, also die Eigentümer eines Unternehmens, nicht überstimmt werden könnten. Die Mitbestimmung der Arbeitnehmer kann also nicht dazu führen, dass über das im Unternehmen investierte Kapital gegen den Willen der Anteilseigner entschieden werden kann.

Über diese verfassungspolitische Grenze geht die Enzyklika *Laborem exercens* (LE 14) weit hinaus:

- Das Privateigentum ist nicht unantastbar, sondern unterliegt der Bestimmung der Güter der Erde für alle. Das Recht auf Privateigentum ist deshalb der gemeinsamen Nutzung untergeordnet.
- Eigentumsrechte begründen kein Verfügungsrecht über Menschen. Kapitalbesitz ist nur dadurch gerechtfertigt, dass er der Arbeit dient und dem Grundprinzip der Eigentumsordnung gerecht wird, nämlich der Bestimmung der Güter für alle. Dabei wird darauf verwiesen, dass sich der „Mitbesitz des Arbeiters an den Produktionsmitteln in Gestalt von Beteiligung an der Leitung, am Ertrag oder als Anteilseigner" (LE 14,5) realisiert.
- Die Würde der Arbeit und der Zugang zu gemeinsamer Nutzung der Güter der Erde sind offen für eine Entwicklung zu einer Überführung von Produktionsmitteln in Gemeineigentum.

Während in den meisten Verfassungen die bürgerlichen Freiheitsrechte derer, die Vermögen haben, komfortabel ausgestattet sind, sind die Rechte derjenigen, die kein Kapital haben, sondern ausschließlich darauf angewiesen sind, ihre Arbeitskraft zu verkaufen, um ihren Lebensunterhalt zu verdienen, verfassungsrechtlich eher schwach abgesichert. Das ist angesichts der hohen personalen, aber auch ökonomischen Bedeutung der Arbeit ein schwerwiegendes Defizit.

Recht auf die ganze Arbeit für alle

Güter und Dienstleistungen werden nicht allein in der marktwirtschaftlich organisierten Ökonomie erstellt. Eine gesellschaftlich eingebettete Ökonomie darf deshalb andere Formen von Tätigkeiten, welche die Gesellschaft und das Zusammenleben der Menschen benötigt, wie Tätigkeit für das Gemeinwesen, soziale, kulturelle und politische Arbeit, nicht abwerten oder ignorieren. Die herrschende Ökonomie hat einen Keil getrieben zwischen bezahlter und unbezahlter Arbeit, zwischen die Sphäre der Produktion und die Sphäre der sogenannten Reproduktion. Zur Reproduktionssphäre gehören alle Arbeiten, die mit Sorge zu tun haben, also Arbeiten für und mit den Menschen: Das sind Arbeiten, die erst die Produktion ermöglichen. Der Reproduktionssphäre wird abgesprochen, auch produktiv zu sein. Doch diese für die Produktion so wichtige reproduktive Arbeit wird von der herrschenden Ökonomie abgespalten, unsichtbar gemacht und abgewertet. Nur Erwerbsarbeit gilt als Arbeit. Die Folge dieser Wertung ist, dass Erwerbsarbeit gesellschaftlich hoch angesehen ist und entsprechend bezahlt wird, während die reproduktive Arbeit gering geschätzt wird und unbezahlt bleibt. Die Aufteilung verläuft immer noch entlang geschlechterspezifischer Trennungen. Deshalb stellt sich die Aufgabe, die vielfältigen Formen von Arbeiten, die unsere Gesellschaft braucht, in einem erweiterten Arbeitsbegriff zu würdigen.[197]

Gegen die Verengung von Arbeit auf Erwerbs- oder Berufsarbeit hat Jürgen Moltmann Arbeit als *tätige Teilhabe am Gesellschaftsprozess*[198] gedeutet. Arbeit ist mehr als Erwerbsarbeit. Sie ist Erwerbsarbeit, Care-Arbeit, politisch-gesellschaftliche Arbeit und schließlich auch alles, was Menschen für sich und ihre persönliche Entfaltung tun und was etwas unbeholfen als Eigenarbeit bezeichnet wird. Diese vier Dimensionen tätiger Teilhabe am Gesellschaftsprozess müssen gleich gewertet werden. Keine der vier Dimensionen darf vernachlässigt werden; alle sind für eine gute Ökonomie und ein gutes Leben gleich notwendig und gleichwertig. Diese Wertung der tätigen Teilhabe am Gesellschaftsprozess lassen sich in einem 4-3-2-1-Schema darstellen:

Es gibt vier Formen der Arbeit:
- Erwerbsarbeit: Die Arbeit für die notwendigen Lebensmittel
- Eigenarbeit: Zeit für mich und zur Entwicklung der eigenen, subjektiven Lebensmöglichkeiten
- Sorge- oder Care-Arbeit: Die Arbeit für andere Menschen
- gesellschaftliche Arbeit: eine Arbeit, die in die Gestaltung der Gesellschaft eingreift

drei Arten von Einkommen:
- Erwerbseinkommen
- Transfereinkommen
- Kapitaleinkommen

für zwei Geschlechter
- Frauen
- Männer

in der Einen Welt.

Die Zukunftsaufgabe besteht darin, diese vier Formen von Arbeit der ganzen Arbeit mit den drei Formen von Einkommen unter beiden Geschlechtern gerecht in der Einen Welt neu zuzuordnen und zu verknüpfen. Die Verengung der Arbeit auf Erwerbsarbeit und die Abwertung anderer am Markt nicht rentierlicher Arbeiten müssen durch eine Wertschätzung der „ganzen Arbeit für alle" durchbrochen werden. Diese Verknüpfung hat Folgen: Die Verallgemeinerung der ganzen Arbeit hebt auch die geschlechtertypische Trennung der Tätigkeiten auf. Alle sollen sich in allen Dimensionen des Lebens engagieren können. Die Verallgemeinerung der ganzen Arbeit für alle, die den Arbeitsbegriffs ausweitet, bedeutet im Gegenzug, die Dominanz der Erwerbsarbeit zu reduzieren und die Erwerbsarbeitszeit zu verkürzen, damit andere Arbeiten Raum gewinnen können. Jeder und jede sollen frei sein können für die ganze Arbeit: für die Erwerbsarbeit, die Sorgearbeit, für die gesellschaftliche Arbeit, die eine lebendige Demokratie braucht, und für die Eigenarbeit.

Die Aufgabe, die erwerbswirtschaftliche Verengung des Arbeitsbegriffs aufzubrechen und unbezahlte Tätigkeiten aufzuwerten, kann nur gelingen, wenn die Umverteilung des gemeinsam hergestellten Sozialproduktes und eine materielle Existenzsicherung für alle thematisiert werden. Das Problem besteht darin, die ganze Arbeit, also alle gesellschaftlich wertvollen Tätigkeiten, volkswirtschaftlich so in Wert zu setzen, dass sie Ansprüche auf die Teilhabe am Sozialprodukt begründen. Wer sich in der ganzen Arbeit betätigen will, der muss über eine ausreichende materielle Existenzsicherung verfügen. Deshalb könnte ein Grundeinkommen auch eine materielle Basis für die „ganze Arbeit für alle" abgeben.[199] In der Sozialethik der Kirchen gibt es eine lange Debatte um die Erweiterung des Arbeitsbegriffs. In ihrem Wirtschafts- und Sozialwort aus dem Jahr 1997 verstehen die Kirchen Arbeit als „unmittelbaren Ausdruck der Menschenwürde" (Ziff. 152). Diese Arbeit enthält drei Sachmomente: gesicherter Lebensunterhalt, soziale Kontakte und persönliche Entfaltung. Der Kapitalismus hat die verschiedenen Sachmomente verschmolzen und Tätigkeiten abgewertet, die nicht am Markt nachgefragt und bezahlt werden. Doch das Bedürfnis nach gesichertem Einkommen durch Erwerbsarbeit ist eine Sache, eine andere sind die sozialen Kontakte und persönliche Entfaltung. Die drei Sachmomente der Arbeit sollen sich nicht länger allein an den Möglichkeiten des Arbeitsmarktes und der bezahlten Arbeit ausrichten. Vielmehr ist die Chance zu ergreifen, dass die Gesellschaft dadurch humaner und zukunftsfähiger werden kann, wenn „auch unabhängig von der Erwerbsarbeit die Chancen für einen gesicherten Lebensunterhalt, für soziale Kontakte und persönliche Entfaltung erhöht werden" (Ziff. 152). Arbeit wird dadurch aus dem alles bestimmenden Sog der Erwerbsarbeit herausgelöst. Das aber heißt nicht, dass sie ohne Rechte wäre.

Ein erster völkerrechtlicher Beginn ist im Jahr 2014 mit dem ILO-Übereinkommen 189 über die in den privaten Haushalten bislang meist rechtlos und privat geleistete Arbeit getan. Dieses Übereinkommen will die Arbeit von über 50 Millionen Beschäftigten in Privathaushalten verbessern; zumeist Frauen, viele davon Migrantinnen, die Pflegetätigkeiten für ältere Menschen, Kinderbetreuung

u. a. übernehmen. Erstmals wird diese Arbeit als berufliche Erwerbsarbeit verstanden, rechtlich geschützt und aus der sozial prekären, unsicheren und entwürdigenden Grauzone informeller Arbeit herausgeholt. Wie für alle Arbeitnehmer gibt es auch für die Arbeit in privaten Haushalten das Recht auf eine normale Arbeitszeit, Überstundenvergütung, tägliche und wöchentliche Ruhezeiten sowie bezahlten Jahresurlaub. Die Erweiterung des Arbeitsbegriffs auf die bisher zumeist informell geleistete Care-Arbeit von Hausangestellten ist ein wichtiger Schritt der Wertschätzung und rechtlichen Absicherung. Das Übereinkommen 189 muss mit einer Kritik der globalen Arbeitsteilung für Sorgearbeit verbunden werden.

Wirtschaften heißt Werte schaffen. Werte stellen aber nicht die allein am Markt erzeugten Güter dar, sondern alles, was für das Leben und Zusammenleben der Menschen benötigt wird. Was aber ist wertvoll für diesen Zweck und diese Aufgabe? Die Antwort auf diese elementare Frage enthält immer schon eine ethische Orientierungsidee: die Vorstellung vom guten Leben und die Vorstellung vom gerechten Zusammenleben der Menschen. Es ist so gesehen keineswegs vernünftig, nur die am Markt ausgetauschte, produktive Tätigkeit als einen Wert zu bezeichnen. Die Erweiterung des Arbeitsbegriffs muss durch ein erweitertes Verständnis von Wirtschaft komplettiert werden: Die „ganze" Arbeit braucht auch eine „ganze" Wirtschaft, die den begrenzten Begriff von Wirtschaft aufbricht und alle Formen des Wirtschaftens in den Blick bekommt und als Ort wertet, an dem Werte geschaffen werden. Diese Integration muss aber auch die Grenzen achten, damit sensible Sektoren des Lebens vor dem Zugriff der kapital- und gewinnorientierten Erwerbsökonomie geschützt werden. Diese Grenzziehung ist auch deshalb wichtig, weil in den jeweiligen Ökonomien jeweils andere Handlungsprinzipien gelten: Die Marktökonomie ist der Ort, an dem nach unternehmerischen Prinzipien wie Gewinnmaximierung oder Konkurrenz gewirtschaftet wird, in der Sorge-Ökonomie der Beziehungen und Zuwendung von Menschen zu Menschen gelten andere Normen. Gerade dort, wo Care-Arbeit erwerbswirtschaftlich organisiert wird, prallen diese unterschiedlichen Logiken aneinander.

Eine ganz andere, eine ganzheitliche Ökonomie wäre erforderlich, nämlich die „ganze Arbeit für alle" in einer Ökonomie des „ganzen Hauses". Dieser Begriff von Ökonomie knüpft am Ursprungsverständnis an: Der *oíkos* (griech.: Haus) ist der Ort, wo produziert wird; *nómos* (griech.: Gesetz) gibt Auskunft darüber, wie produziert wird. Die Aufgabe der Öko-nomie besteht nach ihrem Ursprungsverständnis darin, dass alle Anteil an jenen Gütern haben, die sie zum Leben brauchen. Ökonomie geht es ursprünglich eben nicht um Rentabilität, Wachstum, Wettbewerb oder Gewinnmaximierung. Von der Ursprungsidee her kommt das ganze Haus in den Blick: die ganze Gesellschaft und die ganze Schöpfung.[200] Es soll kein idealisiertes Bild vergangener patriarchalischer Lebensverhältnisse schöngeredet werden. Es ist der pflegliche Umgang der Menschen miteinander und mit der Schöpfung, die Einbindung oder Einbettung der Ökonomie in die Gesellschaft, die diese Idee der Ökonomie des Ganzen Hauses ethisch so anziehend und lebendig macht. Sie stellt sich gegen die Ablösung der Ökonomie von ihrer Lebensdienlichkeit. Als wirtschaftlich galt bis ins zwanzigste Jahrhundert hinein ein Verhalten im Sinne von haushälterisch, sparsam; Wirtschaftlichkeit erhielt dann den Sinn von Rentabilität. Diese begriffliche Umformung führte dazu, das Wirtschaftswachstum und den Reichtum jener Klassen, welche über die Produktionsmittel verfügten, mit dem Wohlstand eines Gemeinwesens gleichzusetzen. Im Gegensatz zu diesem verkürzten Verständnis von Ökonomie und ihren Aufgaben nimmt Papst Franziskus in seinem Apostolischen Schreiben *Evangelii Gaudium* die abgerissene alteuropäische Idee des Lebenszusammenhangs aller Menschen wieder auf, wenn er zu den Aufgaben der Wirtschaft sagt:

„Die Wirtschaft müsste, wie das griechische Wort *oikonomía* – Ökonomie – sagt, die Kunst sein, eine angemessene Verwaltung des gemeinsamen Hauses zu erreichen, und dieses Haus ist die ganze Welt." (EG 206)

Ein solches Verständnis von Wirtschaft schließt niemanden aus dem gemeinsamen Haus aus und wirtschaftet nachhaltig, damit kein Bewohner des ganzen Hauses zu Schaden kommt. Mit einer solchen Ökonomie des ganzen und gemeinsamen Hauses wird die eingeschränkte ökonomische Sicht zur Vernunft gebracht und dazu angehalten, sich auf das gute und gerechte Leben aller zu beziehen.

Nach den gängigen Definitionen wird Wirtschaften als Umgang mit Knappheit verstanden. Die zur Verfügung stehenden Ressourcen sollen so genutzt werden, dass ein Höchstmaß an Gütern und Dienstleistungen geschaffen werden kann. Diese Logik gilt auch dann, wenn sie gesamtgesellschaftlich widersprüchliche und nachteilige Effekte hervorruft. Hauptsache die Rentabilität eines Wirtschaftsakteurs vermag sich durchzusetzen!

Bereits der griechische Philosoph Aristoteles (384–322 v. Chr.) hat die Kapitalerwerbsökonomie von einer Ökonomie unterschieden, die auf die Versorgung mit Gütern ausgerichtet ist. Auch die Tora entwirft eine alternative ökonomische Hausordnung zu einer Kapitalerwerbsökonomie. Es ist eine Ökonomie, die sich an den Erfordernissen des ganzen Hauses, das die Menschen gemeinsam bewohnen, orientiert. Ausgangspunkt ist hier nicht eine Knappheit, die durch Wachstum zu beseitigen wäre, sondern die Fülle der Schöpfung, die Gott wie ein guter Ökonom reichlich mit Gütern versorgt hat. Diese Fülle kann der Psalmist besingen: „Die Menschen laben sich am *Reichtum deines Hauses*, du tränkst sie mit dem Strom deiner Wonnen." (Psalm 36,9)[201] Ausgangspunkt biblischen Denkens über die Aufgabe der Ökonomie ist die Fülle. Für eine Kapitalerwerbsökonomie hingegen besteht immer eine Knappheit, die durch Mehrproduktion überwunden werden soll: Strukturell ist sie auf ein Wachstum von Gütern und auch Geld oder Kapital ausgerichtet, das keine Begrenzung kennt.

Der Kapitalerwerbsökonomie und einer Ökonomie, die von der Fülle der Schöpfung ausgeht, liegen zwei unterschiedliche Wirtschaftsethiken und Menschenbilder mit jeweils unterschiedlichen Folgen zugrunde. Die Ökonomie der Knappheit folgt einer Logik des Wachstums, die sich auch auf die zwischenmenschlichen Beziehungen auswirkt: Menschen konkurrieren um die knappen Güter miteinander und streben nach Mehr und immer Mehr. Die Ökonomie aus Vertrauen auf die Fülle folgt einer Logik, mit der anvertrauten Schöpfung haushälterisch umzugehen. Eine Ökonomie, die von einer vorhandenen Fülle ausgeht, thematisiert Fragen der gerechten Verteilung und des gerechten Umgangs mit der Fülle im Haus der Schöpfung. Dieser Haushalter-Gott macht alle Menschen zu Hausgenossen. Der Mensch ist ein Haushalter: Seine Aufgabe ist es, den Haushalt Gottes treuhänderisch zu verwalten, damit alle in Fülle leben können.

Die unterschiedlichen Konzeptionen zeigen, dass die Mahnung des Aristoteles vor einer Kapitalerwerbsökonomie und die Sabbat-Ökonomie der Tora sich nicht bloß auf eine vormoderne und insofern überholte Ökonomie beziehen. Sie entwerfen eine andere Ökonomie. Welche dieser beiden Ökonomien den Vorzug bekommt, entscheidet sich am Menschenbild. Doch welche sich durchzusetzen vermag, folgt nicht aus einer bloßen Willensentscheidung, sondern ist wesentlich bestimmt von Macht- und Herrschaftsverhältnissen.

VIII. Menschenrecht auf eine Ökonomie, die dem Leben dient

Der sozialethischen Aufarbeitung der großen Weltwirtschaftskrise des zwanzigsten Jahrhunderts verdankt sich ein wirtschaftsethischer Basissatz, der zu einem Gemeingut geworden ist: Die „*Dienlichkeit*, die Lebensdienlichkeit" ist – so der Schweizer Ethiker Emil Brunner – „der primäre gottgewollte Zweck der Wirtschaft"[202]. Nicht die Schaffung von Marktwerten ist Maß der Wirtschaft, sondern ihre Lebensdienlichkeit. Deshalb folgert Brunner: „Damit ist gesagt, dass die Wirtschaft Mittel ist und nicht Zweck." Wirtschaftsethisch wird also unterschieden: Die Wirtschaft ist ein Mittel; ihr Zweck ist, dafür zu sorgen, dass die Güter und Dienstleistungen bereitgestellt werden, die zu einem guten Leben und gerechten Zusammenleben aller dienlich sind. Die in ihrer Schlichtheit beeindruckende Definition der Lebensdienlichkeit der Wirtschaft ist dennoch keineswegs unangefochten. Sie gilt immer wieder geradezu als Provokation.

Der Ökonom Alexander Rüstow hatte 1945 eine breite Grundüberzeugung angesprochen, aber auch keinen Hehl daraus gemacht, wie angefochten solche Selbstverständlichkeiten gleichwohl immer noch sein können:

„Da die Wirtschaft um des Menschen willen da ist, und nicht der Mensch um der Wirtschaft willen – was ist das für eine Zeit, in der eine solche Selbstverständlichkeit ausgesprochen werden muss! –, so ist die Vitalsituation des wirtschaftenden Menschen ein überwirtschaftlicher

Wert innerhalb der Wirtschaft. Die Wirtschaft ist Mittel, die Vitalsituation aber Zweck."[203]

Was Rüstow die „Vitalsituation" nennt, ist die Ausrichtung der Wirtschaft an Maßstäben des guten und gerechten Lebens. Ob aber eine Wirtschaftsordnung gut oder schlecht ist, bestimmt sich nicht an ihrer Wettbewerbsfähigkeit, ihrer ökonomischen Effizienz oder ihren Wachstums- und Gewinnraten, sondern einzig und allein danach, wie viel oder wie wenig sie zum guten und gerechten Leben, und zwar aller, beiträgt. Zur Sicherstellung dieser Aufgabe der Ökonomie fordert Rüstow eine „starke und umsichtige Politik staatlicher Marktpolizei"[204].

Zu den Lehren aus dem Scheitern einer Wirtschaft, die sich von ethischen und politischen Vorgaben befreit hat, gehört, dass die Wirtschaft sozial gesteuert werden muss und eine Ordnung braucht, welche die sozialen Menschenrechte achtet, schützt und durchsetzt – gegebenenfalls auch mit dem Mittel einer „Marktpolizei". Aus dem Staat, der mit einer „Marktpolizei" die Wirtschaft in Grenzen hält und sie gesellschaftlich einbettet, ist längst ein Staat geworden, der den Markt mit seiner Logik auch und gerade dort inszenieren will, wo er ihn zuvor verhindern wollte. Ganze Bereiche gerade der Daseinsvorsorge wie Pflege oder Gesundheitsdienste sind längst privatisiert und zu einem einträglichen Geschäft gemacht worden. So lässt sich eine Umkehrung feststellen: Während ursprünglich eine Marktpolizei die Lebensdienlichkeit der Ökonomie sichern sollte, soll jetzt der Markt selber mit seinen Regeln und Funktionsweisen und ohne eine Marktpolizei seine wohlstandsfördernde und lebensdienliche Funktion bewirken.

Das UN-Komitee für wirtschaftliche, soziale und kulturelle Rechte hat sich 1999 in Seattle die sozialethische

Leitorientierung der Lebensdienlichkeit der Wirtschaft zu eigen gemacht:

„Das Komitee erkennt an, dass die Liberalisierung des Handels Wohlstand schaffen kann, ist sich aber auch bewusst, dass Liberalisierung von Handel, Investitionen und Finanzen nicht notwendigerweise auch zu einem günstigen Umfeld für die Realisierung der ökonomischen, sozialen und kulturellen Rechte führt. Liberalisierung des Handels muss als Instrument, nicht als Ziel verstanden werden. Der Zweck, dem die Liberalisierung des Handels dienen solle, ist die Wohlfahrt der Menschen, ein Ziel, dem die internationalen Menschenrechtsinstrumente rechtliche Form verleihen."[205]

Die Freiheitsrechte, die politischen Beteiligungsrechte und die sozialen Anspruchsrechte sind die entscheidende Antwort auf die Wirtschaftskrise. Sie sind die bedeutende Innovation aus der Aufarbeitung der Großen Weltwirtschaftskrise und auch das Mittel, mit dem die Wirtschaft so in die Gesellschaftsordnung eingebettet werden soll, dass sie lebensdienlich ist. Wenn die Aussage, die Wirtschaft ist für den Menschen da und nicht der Mensch für das Wohlergehen der Wirtschaft, keine nichtssagende Leerformel sein soll, dann stellen die sozialen Menschenrechte keine unbotmäßige oder übermäßige Kostenbelastung der Wirtschaft dar, deren Einhaltung vom Ertrag der Wirtschaft abgehen oder den wirtschaftlichen Erfolg schmälern könnte. Die sozialen Menschenrechte sind Anspruchsrechte der Menschen, die sie gegenüber der Wirtschaft zu erheben berechtigt sind. Die Wirtschaft ist eine Veranstaltung, die Menschenrechte in der Gestalt der Freiheitsrechte, Beteiligungsrechte und sozialen Anspruchsrechte zu ermöglichen. Die Menschenrechte sind jene unbedingten Ansprüche, mit denen der Markt in seine Schranken gewiesen wird. Sie dringen auf den „Vital-Zweck" der Wirtschaft: ein sozial gesichertes, freies und autonomes Leben für alle zu ermöglichen. „Die Anerkennung universaler Grundrechte kommt vor allen Gesichtspunkten einer effizienten Güterversorgung."[206] Gerechtigkeit hat gegenüber der Logik des Marktes Vorrang. Damit ist auch gesagt, dass es einen ethischen Vorrang universaler Menschenrechte vor den ökonomischen Zielen des Güterwohlstandes oder der Wertschöpfung gibt. Dieses Wissen um die Zweck- und die Mittelbestimmung der Wirtschaft für ein gutes und gerechtes Leben aller ist in der gegenwärtig herrschenden neoliberalen Wirtschaftsdoktrin nicht nur völlig verloren gegangen, sondern geradezu ins Gegenteil verkehrt worden.

Die Erfüllung der Menschenrechte hängt von einer entsprechenden sozialen, politischen und ökonomischen Ordnung ab. Deshalb muss die Wirtschafts- und Sozialordnung so gestaltet werden, dass sie ihrem Zweck gerecht werden kann, die Menschenrechte zu ermöglichen. Dieser Anspruch an eine gerechte Wirtschaftsordnung wird im folgenschweren Artikel 28 der *Allgemeinen Erklärung der Menschenrechte* erhoben, wenn es dort heißt, dass jeder in einer sozialen und internationalen Ordnung leben können soll, in der die Menschenrechte voll verwirklicht werden können. Was Artikel 28 als Anspruch an die Wirtschafts- und Sozialordnung aussagt, entfaltet Artikel 22 als Anspruch der Menschen, nämlich

„… in den Genuss der für seine Würde und die freie Entwicklung seiner Persönlichkeit unentbehrlichen wirtschaftlichen, sozialen und kulturellen Rechte zu gelangen."

Doch das herrschende Wirtschaftssystem spaltet die Welt und die Menschen. Der Aufruf der Vollversammlung des Ökumenischen Rates in Busan beschreibt die Welt knapp und zutreffend: „Unsere Welt war nie wohlhabender und gleichzeitig ungerechter als heute." (ÖL 12) Sie nennt das herrschende Wirtschaftssystem ein „ungerechtes System" (ÖL 17); nicht anders Papst Franziskus, der die herrschende Wirtschaftsweise „an der Wurzel ungerecht" (EG 53) nennt.

Objektiv ließen sich Armut und andere existenzielle Nöte beseitigen. Trotzdem werden Menschen von der Befriedigung sogar ihrer grundlegendsten Bedürfnissen ausgeschlossen und haben keinen Anteil am gesellschaftlichen Reichtum. Unter menschenrechtlichen Gesichtspunkten besteht derzeit eine ungerechte Weltwirtschaftsordnung. Sie ist ungerecht, weil sie verhindert, dass Menschen ohne existenzielle Furcht und materielle Not leben können, obwohl die Mittel vorhanden wären.

Menschenrechte sind ein geeignetes Instrument zur Zivilisierung der Marktwirtschaft. Sie verlangen, die Rahmenbedingungen und Anreizstrukturen für die wirtschaftliche Kapitalverwertung zu verändern und „die lebensdienliche, sozial- und umweltverträgliche Ausrichtung der marktwirtschaftlichen Dynamik vorweg durch allgemeine Ordnungspolitik statt erst korrektiv durch einen Wildwuchs punktueller Staatsinterventionen in den Markt zu gestalten"[207]. Diesen Anspruch hat die Evangelische Kirche in Deutschland im Jahr 2009 in ihrem leider viel zu wenig beachteten Wort zur Finanzkrise *Wie ein Riss in einer hohen Mauer*[208] klar benannt. Eine globale Rahmenordnung braucht als Ziele

- eine Wirtschaft, die den Menschen heute dient, ohne die Lebensgrundlagen zukünftiger Generationen zu zerstören, sowie
- eine (Welt-)Gesellschaft, die die Verbesserung der Situation ihrer ärmsten und schwächsten Mitglieder zu ihrer vorrangigen Aufgabe macht, und

- schließlich ein Finanzsystem, das sich in den Dienst dieser Aufgaben stellt.

Die ökumenische São-Paulo-Erklärung *Umwandlung des internationalen Finanzsystems zu einer Wirtschaft im Dienst des Lebens*[209] kritisiert die aggressiven Vorgehensweisen im Namen des Neoliberalismus, „welche die menschliche Sicherheit gefährden und massive Menschenrechtsverletzungen verursachen". Sie fordert die Schaffung eines *Rates der Vereinten Nationen für wirtschaftliche, gesellschaftliche und ökologische Sicherheit* (UNESESC), um eine effektive und kohärente Steuerung auf globaler Ebene zu ermöglichen. In diesem Rat sollten alle Weltregionen und verschiedene globale Institutionen (IWF, ILO, Welthandels- und Entwicklungskonferenz der Vereinten Nationen u. a.) vertreten sein. Er soll mit der Zivilgesellschaft zusammenarbeiten, um gemeinsam Maßnahmen zum Schutze der wirtschaftlichen, sozialen und ökologischen Rechte zu entwickeln. Die ökumenische São-Paulo-Erklärung schließt mit der Vision:

„Im Hinblick auf die schlimmen Ungerechtigkeiten, die mit einer neoliberalen Politik und ebensolchen Strukturen einhergehen, ist nichts Geringeres als eine *metanoia* (Umkehr) des internationalen Wirtschafts- und Finanzsystems erforderlich. Hierzu brauchen wir eine Volksbewegung, die, wie die früheren Bürgerrechts-, Antiapartheid- und Jubilee-Bewegungen, eine Welt ablehnt, die unfair, ungleich und ungerecht ist und die nur 1 % der Weltbevölkerung nutzt.

Letzten Endes werden die Veränderungen über technische und strukturelle Anforderungen hinausgehen müssen. Was die Welt braucht, ist ein Sinneswandel, damit ihre Finanz- und Wirtschaftssysteme nicht auf den Gewinn des Einzelnen, sondern auf Gerechtigkeit, Frieden und den Schutz von Gottes Schöpfung ausgerichtet sind."

Durch moralische Appelle allein wird eine lebensdienliche Ökonomie nicht entstehen. Die Forderung nach einer lebensdienlichen Ökonomie ist eine Reaktion auf die Umkehrung der Menschenrechte. Nur die Rückgewinnung der Menschenrechte des konkreten Menschen ist eine angemessene Antwort auf die Umkehrung der Menschenrechte, wenn die Rechte transnationaler Unternehmen oder die Logik der Wirtschaft an erster Stelle stehen. Die Rechte derer, die auf die sozialen, ökonomischen und kulturellen Menschenrechte angewiesen sind, werden sich nur durch eine Rahmenordnung durchsetzen können. Deshalb steht der Staat – ob auf nationaler oder supranationaler Ebene – in Verantwortung. Soziale und arbeitsbezogene Rechte müssen politisch vielfach gegen den Staat erstritten werden. Deshalb ist Druck der Zivilgesellschaft unabdingbar. NGOs und soziale Bewegungen können diese Lücke der schwach entwickelten Verrechtlichung sozialer Rechte nur effektiv ausfüllen, wenn das Recht einen Freiraum für diese Gegenbewegung schafft.[210] Den globalen Rechten transnationaler Konzerne setzen sie die Forderung nach globalen sozialen Rechten entgegen und nehmen dafür die sozialen Menschenrechte als emanzipatorische Kraft in Anspruch.

Anmerkungen

[1] Menschenrechtlich argumentieren u. a.: Ulrich ²1998; Hübner 2003, 149 ff.; Hübner 2009, 82 ff.; Emunds 2014; einige Aspekte dieses Buches in: Segbers 2015b (im Erscheinen); Haker / Schröter 2015; Ulrich 2015.
[2] Die Dokumente sind leicht zugänglich auf der Website des „Deutschen Instituts für Menschenrechte", Rubrik – Menschenrechtsinstrumente: http://www.institut-fuer-menschenrechte.de/Menschenrechtsinstrumente.html
[3] Vgl. die einleitende Kommentierung und die Zusammenstellung der Rechtsquellen, Abkommen, Übereinkommen und Dokumente für eine internationale Arbeits- und Sozialordnung von UNO, ILO und aus Europa: Däubler/Kittner/Lörcher ²1994. Auf der Website des Deutschen Instituts für Menschenrechte sind alle Menschenrechtsinstrumente und Dokumente abrufbar: http://www.institut-fuer-menschenrechte.de/startseite.html
[4] So der Titel der Festschrift für Klaus Lörcher: Däubler / Zimmer 2013.
[5] Otto „Menschenrechte" im Alten Orient (online); Otto 2002, 237; vgl. dazu auch: Westermann 1984; Braulik 1986; Crüsemann 2003.
[6] Segbers 1999; auch Segbers 2015b.
[7] Abgedruckt in: Johannes Paul II. ⁹2007, 529–601.
[8] http://www.oikoumene.org/de/resources/documents/wcc-programmes/public-witness-addressing-power-affirming-peace/poverty-wealth-and-ecology/agape-call-for-action-2012/economy-of-life-justice-and-peace-for-all?set_language=de; Abkürzung: ÖL.
[9] Habermas 2012, 33.
[10] Ulrich 1998, 11.
[11] Franziskus, Papst 2013, zit.: EG.
[12] Brand / Wissen 2011, 79–94.
[13] Rügemer / Wigand 2014.
[14] Fischer-Lescano 2013.
[15] Heydenreich / Paasch 2014.
[16] http://www.buendnis-gegen-menschenhandel.de/
[17] Ruggie 2013, 1–36.
[18] Küng 1990, Küng 1997.

[19] Küng 1990, 75 – hervorgehoben im Original.
[20] Küng 1997, 230 – hervorgehoben im Original.
[21] http://www.weltethos.org/erkl%c3%a4rung%20zum%20weltethos/
[22] Küng/ Leisinger/ Wieland 2010.
[23] http://www.interactioncouncil.org/
[24] Arendt ³1993, 452.
[25] Küng 1997, 131.
[26] Metz 2006, 171.
[27] Metz 2006, 166.
[28] Metz 2006, 173.
[29] Duchrow 2013; Graeber 2011, 223–264.
[30] Aristoteles, Politik, A 9 p 1257 b 30ff.
[31] Als Tora werden die ersten fünf Bücher Mose von der Genesis bis zum Deuteronomium bezeichnet. Im engeren Sinn werden nur die Gesetzesbücher „Tora" genannt. Darin sind die Sozialgesetze enthalten, die weiter unten dargestellt werden.
[32] Vgl. die Übersicht in: Smith 1977, 317.
[33] Ziegler 2005, 49.
[34] Vitali / Glattfelder / Battiston, 2011, in: http://arxiv.org/pdf/1107.5728.pdf.
[35] So etwa das TTIP zwischen der EU und den USA, der EU mit Kanada (CETA) oder das Abkommen über Handels- und Investitionspartnerschaft TISA.
[36] Ebert 2013, 83.
[37] Segbers 2014c.
[38] Collin 2011.
[39] Fischer-Lescano / Müller 2012,31.
[40] Segbers 2012b.
[41] Ziegler 2005, 29.
[42] Krennerich 2013, 103–110.
[43] Blankfein („banks serve a social purpose and are doing God's work") 2009.
[44] Keynes 2011, 31.
[45] Rüstow 1945.
[46] Rüstow 1945, 78.
[47] Smith 1978, 371.
[48] Smith 1949, 231.
[49] Baron 1996, 3.
[50] Hayek 1980, 112.
[51] Hayek,1981, 38.
[52] Hayek 1952, 116.
[53] Zit. bei: Blohm 1989, 37.
[54] Rüstow, 1945, 11 ff.
[55] Rüstow 1960, 157.

[56] Segbers 1999, 255–303; 2010.
[57] Franziskus Papst (2015).
[58] Luther 1983, 9 f.
[59] Breuer, Rolf E. 2000.
[60] Nell-Breuning 1960, 96. Kursiv im Original.
[61] Deutschmann 1999.
[62] Samuelson 1981, 335.
[63] Berger 2014, 34. Vgl. dazu auch: Piketty 2014.
[64] www.ilo.org/berlin/ziele-aufgaben/verfassung/WCMS_193728/lang–de/index.htm
[65] Ahlener Programm der CDU.
[66] Pogge 1998, 382.
[67] Nell-Breuning 1990, 233 ff.
[68] UN Wirtschafts- und Sozialrat (2011), E/C.12/DEU/CO/57.
[69] UN Wirtschafts- und Sozialrat, General Comment No. 3, E/1991/23, 14.12.1990, Rdn. 9.
[70] UN Wirtschafts- und Sozialrat (2011), Abschließende Betrachtungen des Ausschusses über wirtschaftliche, soziale und kulturelle Rechte – Überprüfung der Berichte der Vertragsstaaten nach Artikel 16 und 17 der Vereinbarung vom 20. Mai 2011, E/C.12/DEU/CO/5
[71] Segbers 1999, 232–254.
[72] Müller-Armack 1966, 109.
[73] DBK / EKD, 1997.
[74] DBK, EKD 2014.
[75] Vgl. Segbers 1999, 246–255.
[76] Nell-Breuning 1960, 101.
[77] Fischer-Lescano / Müller 2012, 52 ff.
[78] Maastricht-Richtlinien.
[79] Center for Economic and Social Rights.
[80] Vgl. Fischer-Lescano / Müller 2012, 55.
[81] Schneider 2004, 42.
[82] ILO (1998): Erklärung über grundlegende Prinzipien und Rechte.
[83] ILO (2008).
[84] Global Compact.
[85] UN Leitprinzipien für Wirtschaft und Menschenrechte (2011)
[86] OECD 2011.
[87] Maastricht-Richtlinien.
[88] Krajewski 2012, 73.
[89] Haspel 2011.
[90] Huber / Tödt 1977, 80 ff.
[91] Bielefeldt 1988, 203.
[92] Vgl. Anm. 1.
[93] Segbers 1999; auch Segbers 2015b.

[94] Crüsemann 2003.
[95] Segbers 1999, 145–158; Segbers 2009, 11–38
[96] Schwantes 1977.
[97] Walzer 1996, 144.
[98] Castel 2011, 57.
[99] Castel 2011, 68.
[100] Weber ²1922, 55.
[101] Otto 1994, 11.
[102] Segbers 1999; Segbers 2015b.
[103] Crüsemann 1992, 219.
[104] Mitgeteilt ohne Angaben bei: Crüsemann 1992, 423.
[105] Nähere Ausführungen in: Segbers 2015a
[106] Castel 2000, 13 ff.; 360 ff.
[107] Segbers 2015c.
[108] Rich 1984, 73.
[109] Otto, online.
[110] Segbers 1999, 87–93; vgl. die zusammenfassende Darstellung zur Sozialethik im Koran: Schmid 2012, 498–503, 540–545. Der Koran betont immer wieder, gegenüber Waisen, Bedürftigen und Armen gerecht und barmherzig sein zu sollen. Soziale Gerechtigkeit hat eine hohe „Priorität aller Gesetzgebung", so Schmid 2012, 503.
[111] Huber 1999, 52.
[112] Margalit 1997, 45.
[113] Bielefeldt 2008, 18.
[114] Huber / Tödt 1988, 162; Huber 1992; Crüsemann 2003, 150.
[115] Crüsemann 1983a, 102.
[116] Segbers 1999, 167–176.
[117] Segbers 1999, 166–207. 304–399; auch: Segbers 2001.
[118] Segbers 2014a; Segbers 2014b; Segbers 2015a.
[119] Rousseau, Jean-Jacques, „Betrachtungen über die Regierung Polens", zit. in: Brunkhorst 2001, 89.
[120] Hessischer Landbote 1974, 5.
[121] Hessischer Landbote 1974, 16.
[122] Zit. in: Erli 2008, 258.
[123] Zit. in: Erli 2008, 264.
[124] Davy 2014.
[125] Fromm 1989, 310.
[126] Gabriel / Reuter / Kurschat / Leibold 2013, 2–5, 484–500.
[127] Crüsemann 1983b.
[128] Braulik 1988, 305.
[129] Segbers 1999, 177 ff.; Segbers 2001.
[130] Segbers 1999, 53.
[131] Ulrich ²1998, 205.
[132] Fromm, 1976, 57.

[133] Jacob 1997, 574.
[134] Bielefeld
[135] Joas 2011, 204.
[136] Habermas 2001, 174f.
[137] Habermas 2011, 15
[138] Brunkhorst 2002, 89.
[139] Neben der zentralen Bezugsstelle Gen 1,26f. wird die Gottesebenbildlichkeit noch aufgegriffen in Gen 5,1.3 sowie 9,6, indirekt noch in Psalm 8.
[140] Zit. in: Otto 1994, 87.
[141] Otto 1994, 88.
[142] Joas 2012, 21.
[143] Braulik 1988, 312.
[144] Schwantes 1977.
[145] Zitiert in: Segbers 1999, 106.
[146] Otto 2002.
[147] Ulrich ²1998, 289–323.
[148] Vgl. Fatheuer 2011.
[149] Koch 1983, 28.
[150] DBK/ EKD 1985, 7.
[151] http://www.un.org/News/Press/docs/2009/ga10823.doc.htm.
[152] Konferenz der Völker.
[153] Segbers 1999, 159–165.
[154] Rich 1990, 86ff.; Huber 1997, 143f.; Brakelmann 1988, 109–113; Segbers 1999, 159–165.
[155] Rich 1991, 85.
[156] Pogge 1998, 382.
[157] Ulrich 1997, 367.
[158] Zit. in: Schminck-Gustavus 1978, 23.
[159] Krennerich 2013, 161.
[160] Krennerich 2013, 161–180.
[161] Körner 2004, 9.
[162] UN Economic and Social Council 2008: General Comment No. 191.
[163] Krennerich 2013, 161–180; Eichenhofer 2013, 204ff.
[164] Körner 2004, 22.
[165] Vgl. den Sammelband: Rehm / Ulrich 2000.
[166] EKD / DBK 1997.
[167] Krennerich 2013, 179
[168] Körner 2004, 61; Krennerich 2013, 188.
[169] Senghaas-Knobloch 2010, 13.
[170] Krennerich 2013, 180–188.
[171] Peccoud 2005, 39–55.
[172] UN Wirtschafts- und Sozialrat, 2011.
[173] Deinert / Kittner 2013, 300.

[174] Lörcher 2009. Das Bundesverwaltungsgericht hat mit Urteil vom 27. 2. 2014 unter Berufung auf die Europäische Menschenrechtskonvention entschieden, dass Beamte nur noch für eine Übergangszeit generell vom Streikrecht ausgeschlossen werden dürfen. (Az. 2 C 1.13) Da nach dem deutschen Bundesverwaltungsgericht der Europäischen Menschenrechtskonvention Verfassungsrang zukommt, stehen Änderungen des deutschen Streikrechts an.
[175] Segbers 1986. Dort weitere Literaturangaben; seitdem gibt es keine weiteren sozialethischen Arbeiten zum Thema.
[176] Segbers 1986, 313 ff., 359 ff. – dort Literaturhinweise.
[177] Befürwortend: Segbers 2013; Kreß 2014, 23–47; ablehnend: Robbers 2010.
[178] Segbers 2012.
[179] BAG Urteil vom 20. 11. 2012, 1 AZR 179/11, Rz 111.
[180] United Nations, Committee on Economic, Social and Cultural Rights (2006), The Right to Work, General Comment No. 18; vgl. Lörcher 2006.
[181] Soziale Bewegungen erheben die weitergehenden Forderungen, dass die bloße Mindestsicherung der Existenz nicht reiche. Deshalb gehöre zu einem angemessenen Entgelt auch die Möglichkeit, einen gewissen Betrag ansparen zu können.
[182] Die Bundesrepublik hat das ILO-Abkommen zu generellen Mindestlöhnen bislang noch nicht ratifiziert.
[183] European Committee of Social Rights (ECSR), Dezember 2010, Conclusions XIX-3, Germany, Art. 4–1, in: Fischer-Lescano, 2014, 28. Im Jahr 2013 betrug der monatliche Durchschnittslohn 1729 Euro. 60 Prozent sind 1037 Euro.
[184] Lörcher 2006, 226.
[185] Engels 1986, 144.
[186] Huber 2000, 449–453.
[187] Huber 2000, 453.
[188] Krennerich 2013, 180.
[189] Krennerich 2013, 184.
[190] Krennerich 2013, 188–202.
[191] United Nations, Committee on Economic, Social and Cultural Rights (2008): General Comment No. 19.
[192] Vgl. Segbers 2008; Gabriel / Reuter / Kurschat / Leibold, 2014.
[193] Zit. in: Erli 2008, 273.
[194] Ulrich 1998, 289–323.
[195] EKD 1985, 85–112.
[196] Brakelmann 1980, 319.
[197] Segbers 2009, 204–206; Biesecker 1999.
[198] Moltmann 1979, 81 (kursiv im Original).
[199] Segbers 2009; Segbers 2014.

[200] Zur Konzeption einer Ökonomie unter dem Gesichtspunkt des Haushalts: siehe Segbers 1999, 112–145.
[201] Vgl. auch: Psalm 104, 14f.; 34,11; 65,10ff.; 146,7; 147,14.
[202] Brunner (1932), 387.
[203] Rüstow 1945, 91.
[204] Rüstow 1945, 94.
[205] UN Doc. E/C.12/1999/9-26 November 1999 (eigene Übersetzung, F. S.).
[206] Ulrich 2014, 5. (zitiert nach dem Manuskript)
[207] Ulrich 2014, 6. (zitiert nach dem Manuskript)
[208] EKD 2009, 18.
[209] São Paulo-Erklärung, 2012.
[210] Krennerich 2013, 431–455. Vgl. dazu den Zusammenschluss von über zweihundert Organisationen, Individuen aus über siebzig Ländern, deren Ziel es ist, die wsk-Rechte zu stärken, in: http://www.escr-net.org/cat/i/1373.

Literatur

Ahlener Programm der CDU Nordrhein-Westfalen, in: http://www.kas.de/upload/ACDP/CDU/Programme_Beschluesse/1947_Ahlener-Programm_CDU-ueberwindet-Kapitalismus-und-Marxismus.pdf
Arendt, Hanna (1993): Elemente und Ursprünge totaler Herrschaft, 3. Aufl. München / Zürich.
Aristoteles (1989): Politik. Schriften zur Staatstheorie, übers. von Franz F. Schwarz, Stuttgart.
Berger, Jens (2014): Wem gehört Deutschland? Die wahren Machthaber und das Märchen vom Volksvermögen, Frankfurt.
Bielefeldt, Heiner (1998): Philosophie der Menschenrechte. Grundlagen eines weltweiten Freiheitsethos, Darmstadt.
Bielefeldt, Heiner (2008): Menschenwürde. Der Grund der Menschenrechte, (Deutsches Institut für Menschenrechte) Berlin.
Biesecker, Adelheid (1999): Kooperative Vielfalt und das „Ganze der Arbeit" – die Strukturierung zukunftsfähigen Arbeitens durch neue Formen der Teilung und Verteilung von Arbeit, Bremer Diskussionspapiere zur Institutionellen Ökonomie und Sozial-Ökonomie, Nr. 31, Bremen.
Blankfein, Lloyd (2009): Goldman Sachs CEO Lloyd Blankfein says banks do „God's work", in: NYDAILYNEWS, November 9th 2009.
Blohm, Bernhard (1989): Unterm Strich nicht genug. Die Gesetze des Marktes verlieren als ökonomische Leitidee an Faszination, in: DIE ZEIT Nr. 15 vom 7. April 1989.
Brakelmann, Günter (1980): Mitbestimmung am Ende? Kritische Anmerkungen nach dem Mitbestimmungsurteil des Bundesverfassungsgerichts, in: Theodor Strohm (Hrsg.), Christliche Wirtschaftsethik vor neuen Aufgaben. Festgabe für Arthur Rich, Zürich, 295–322.
Brand, Ulrich / Wissen, Markus (2001): Sozial-ökologische Krise und imperiale Lebensweise. Zu Krise und Kontinuität kapitalistischer Naturverhältnisse, in: Alex Demirovic, u. a. (Hrsg.), Vielfachkrise im finanzmarktdominierten Kapitalismus, Hamburg, 79–94.
Braulik, Georg (1986): Das Deuteronomium und die Menschenrechte [1986], in: ders., Studien zur Theologie des Deuteronomiums, Stuttgart, 301–323.

Breuer, Rolf E. (2000): Die fünfte Gewalt, in: DIE ZEIT 18/2000 vom 27. April 2000.

Brunkhorst, Hauke (2002): Solidarität. Von der Bürgerfreundschaft zur globalen Rechtsgenossenschaft, Frankfurt am Main.

Brunner, Emil [1932]: Das Gebot und die Ordnungen, Nachdruck o. O., o. J.

Castel, Robert (2000): Metamorphosen der sozialen Frage. Eine Chronik der Lohnarbeit, Konstanz.

Castel, Robert (2011): Die Krise der Arbeit. Neue Unsicherheiten und die Zukunft des Individuums, Hamburg.

Center for Economic and Social Rights, OPERA Framework Assessing compliance with the obligation to fulfill economic, social and cultural rights, http://www.cesr.org/section.php?id=179

Crüsemann, Frank (1983a): „... damit er dich segne in allem Tun deiner Hand ..." (Dtn 14,29) Die Produktionsverhältnisse der späten Königszeit, dargestellt am Ostrakon von Mesa Hashavjahu, die Sozialgesetzgebung des Deuteronomium, in: Luise Schottroff / Willi Schottroff (Hrsg.), Mitarbeiter der Schöpfung. Bibel und Arbeitswelt, München 71–104.

Crüsemann, Frank (1983b): Bewahrung der Freiheit. Das Thema des Dekalogs in sozialgeschichtlicher Perspektive, München.

Crüsemann, Frank (1992): Die Tora. Theologie und Sozialgeschichte des alttestamentlichen Gesetzes, München.

Crüsemann, Frank (2003): Menschenrechte und Tora – und das Problem ihrer christlichen Rezeption [1993], in: ders., Maßstab: Tora. Israels Weisung und christliche Ethik, Gütersloh, 148–163.

Däubler, Wolfgang (2005): Die Implementierung von ILO-Übereinkommen. Erfahrungen und Überlegungen in Deutschland, in: Eva Senghaas-Knobloch (Hrsg.), Weltweit geltende Arbeitsstandards trotz Globalisierung. Analysen, Diagnosen und Einblicke, Münster, 105–123.

Däubler, Wolfgang / Kittner, Michael / Lörcher, Klaus (Hrsg.) (1994): Internationale Arbeits- und Sozialordnung, 2. Auf. Köln.

Däubler, Wolfgang / Zimmer, Reingard (Hrsg.) (2013): Arbeitsvölkerrecht. Festschrift für Klaus Lörcher, Baden-Baden.

Davy, Ulrike (2014): How Human Rights Shape Social Citizenship: On Citizenship and the Understanding of Economic and Social Rights, 13 Wash. U. Global Stud. L. Rev. 201 (2014), 202–206, http://openscholarship.wustl.edu/law_globalstudies/vol13/iss2/5

DBK / EKD (1997): Kirchenamt der Evangelischen Kirche in Deutschland / Sekretariat der Deutschen Bischofskonferenz, Für eine Zukunft in Solidarität und Gerechtigkeit. Wort des Rates der Evangelischen Kirche in Deutschland und der Deutschen Bischofskonferenz zur wirtschaftlichen und sozialen Lage in Deutschland, Bonn, Hannover 1997.

DBK / EKD (2014): Gemeinsame Verantwortung für eine gerechte Gesellschaft. Initiative des Rates der Evangelischen Kirche in Deutschland und der Deutschen Bischofskonferenz für eine erneuerte Wirtschafts- und Sozialordnung, Hannover / Bonn.

Deinert, Olaf / Kittner, Michael (2013): Richterrechtliches Verhältnismäßigkeitsprinzip und völkerrechtliche Vorgaben, in: Wolfgang Däubler / Reingard Zimmer (Hrsg.), Arbeitsvölkerrecht. Festschrift für Klaus Lörcher, Baden-Baden, 283–300.

Deutschmann, Christoph (1999): Die Verheißung des absoluten Reichtums. Zur religiösen Natur des Kapitalismus, Frankfurt.

Duchrow, Ulrich (2013): Gieriges Geld. Auswege aus der Kapitalismusfalle. Befreiungstheologische Perspektiven, München.

Ebert, Franz Christian (2013): Kohärenz der Politik der Weltbank mit ILO-Mindeststandards, in: Wolfgang Däubler / Reingard Zimmer (Hrsg.), Arbeitsvölkerrecht. Festschrift für Klaus Lörcher, Baden-Baden, 72–83.

Eichenhofer, Eberhard (2013): Recht auf Arbeit im aktivierenden Wohlfahrtsstaat – internationale Garantie und inländisches Recht, in: Wolfgang Däubler / Reingard Zimmer (Hrsg.), Arbeitsvölkerrecht. Festschrift für Klaus Lörcher, Baden-Baden, 203–216.

EKD (1986): Rat der EKD, Mitbestimmung [1968], in: Denkschriften, Soziale Ordnung, Bd. 2/1, Gütersloh, 2. Aufl., 81–112.

EKD (2009): Wort des Rates der Evangelischen Kirche in Deutschland. Wie ein Riss in einer hohen Mauer, EKD Texte 100, Hannover.

Emunds, Bernhard (2014): Politische Wirtschaftsethik globaler Finanzmärkte, Wiesbaden.

Engels, Wolfram, Stoppsignal, in: Die Wirtschaftswoche Nr. 18 vom 25. 4. 1986, 144.

Erli, Peter (2008): „Nachtwächterstaat" oder „Praktisches Christentum". Religiöse Kommunikation innerhalb der parlamentarischen Diskussion im Deutschen Reichstag um die Einführung der Sozialversicherung 1881–1889, Gütersloh.

Fatheuer, Thomas (2001): Buen Vivir. Eine kurze Einführung in Lateinamerikas neue Konzepte zum guten Leben und zu den Rechten der Natur, Heinrich Böll Stiftung – Ökologie, Bd. 17, Berlin.

Fischer-Lescano, Andreas (2013): Austeritätspolitik und Menschenrechte. Rechtspflichten der Unions-Organe beim Abschluss von Memoranda of Understanding. Rechtsgutachten im Auftrag der Kammer für Arbeiter/innen und Angestellte für Wien, Bremen.

Fischer-Lescano, Andreas (2014): Verfassungs-, völker- und europarechtlicher Rahmen für die Gestaltung von Mindestlohnausnahmen. Rechtsgutachten im Auftrag des Wirtschafts- und Sozialwissenschaftlichen Instituts in der Hans-Böckler-Stiftung (WSI) und des Deutschen Gewerkschaftsbundes (DGB), Bremen.

Fischer-Lescano, Andreas / Müller, Kolja (2012): Der Kampf um das globale Recht. Zart wäre das Gröbste, Berlin.

Franziskus, Papst (2013): Apostolisches Schreiben Evangelii Gaudium. Verlautbarungen des Apostolischen Stuhls Nr. 194, Bonn.

Franziskus, Papst (2015): Ansprache vor den TeilnehmerInnen am Welttreffen der sozialen Bewegungen (2014), in: Segbers, Franz / Wiesgickel, Simon (Hrsg). (2015): Diese Wirtschaft tötet. Kirchen gemeinsam gegen Kapitalismus, Hamburg-Oberursel (im Erscheinen), auch online: http://www.itpol.de/?p=1491.

Fromm, Erich (1976): Haben oder Sein. Die seelischen Grundlagen einer neuen Gesellschaft, Stuttgart.

Fromm, Erich (1989): Psychologische Aspekte zur Frage eines garantierten Einkommens für alle [1966], in: Erich Fromm, Gesamtausgabe, hg. von Rainer Funk, Bd. V, München, 309–316.

Gabriel, Karl / Reuter, Hans-Richard / Kurschat, Andreas / Leibold, Stefan, (2014): Religion und Wohlfahrtsstaatlichkeit in Europa. Konstellationen – Kulturen – Konflikte, Tübingen.

Global Compact: „Guiding Principles on Business and Human Rights, Implementing the United Nations „Protect, Respect and Remedy Framework", in: https://www.unglobalcompact.org/languages/german.

Graeber, David (2011): Schulden. Die ersten 5000 Jahre, München.

Habermas, Jürgen (2001): Zeit der Übergänge. Kleine politische Schriften, Bd. 9, Frankfurt.

Habermas, Jürgen (2012): Das Konzept der Menschenwürde und die realistische Utopie der Menschenrechte, in: ders., Zur Verfassung Europas. Ein Essay, Berlin, 13–38.

Haker, Hille / Schröter, Martin (Hrsg.) (2014): Marktwirtschaft und Menschenrechte. Wirtschaftsethische Dimensionen und Herausforderungen, Tübingen.

Haspel, Michael (2011): Sozialethik in der globalen Welt. Grundlagen und Orientierungen in protestantischer Perspektive, Stuttgart.

Hayek, Friedrich August (1952): Individualismus und wirtschaftliche Ordnung, Erlenbach-Zürich.

Hayek, Friedrich August (1980): Recht, Gesetzgebung und Freiheit. Eine neue Darstellung der liberalen Prinzipien der Gerechtigkeit und der politischen Ordnung, Bd. 2, Landsberg am Lech.

Hayek, Friedrich August (1981): Interview, in: Die Wirtschaftswoche Nr. 11 vom 6. 3. 1981, 38.

Hessischer Landbote (1974): in: Georg Büchner / Ludwig Weidig, Der Hessische Landbote. Texte, Briefe, Prozessakten kommentiert von Hans Magnus Enzensberger, [1834] Frankfurt.

Heydenreich, Cornelia / Paasch, Armin u. a. (2014): Globales Wirtschaften und Menschenrechte. Deutschland auf dem Prüfstand, hg. von: Bischöfliches Hilfswerk Misereor und Germanwatch e. V., Aachen (Misereor) / Germanwatch (Bonn).

Huber, Wolfgang (1992): Art. Menschenrechte/Menschenwürde, in: TRE XXII, Berlin / New York, 577–602.

Huber, Wolfgang (1997): Zukunftsfähigkeit. Zehn Thesen zur Wirtschaftsethik, in: Martin Huhn / Franz Segbers / Walter Sohn, Gerechtigkeit ist unteilbar. Beiträge zum Wirtschafts- und Sozialwort der Kirchen, Bochum 1997 (2. erw.Aufl. 1998), 143–148.

Huber, Wolfgang (2000): Lohn, II. Ethisch, in: TRE Bd. 21, Berlin – New York, 449–453.

Huber, Wolfgang (2009): Freiheit und soziale Verantwortung, in: Wolfgang Nethöfel / Peter Dabrock / Siegfried Keil (Hrsg.), Verantwortung als Theologie des Wirklichen Göttingen, 18–34.

Huber, Wolfgang (1999): Gerechtigkeit und Recht. Grundlinien christlicher Rechtsethik, 2. durchges. Aufl. Gütersloh.

Huber, Wolfgang / Tödt, Heinz Eduard (1988): Menschenrechte. Perspektiven einer menschlichen Welt, München.

Hübner, Jörg (2003): Globalisierung. Herausforderung für Theologie und Kirche. Perspektiven einer menschengerechten Weltwirtschaft, Stuttgart.

Hübner, Jörg (2009): „Macht euch Freunde mit dem ungerechten Mammon!" Grundsatzüberlegungen zu einer Ethik der Finanzmärkte, Stuttgart.

ILO, Vatican, WCC, Islamic Educational (2012): Scientific and Cultural Organization (ISESCO), Convergences: decent work and social justice in religious traditions. A Handbook, Genf.

ILO (1998): Erklärung über grundlegende Prinzipien und Rechte bei der Arbeit und ihre Folgemaßnahmen, in: http://www.ilo.org/wcmsp5/groups/public/—europe/—ro-geneva/—ilo-berlin/documents/nor mativeinstrument/wcms_193727.pdf

ILO (2008): Erklärung der IAO über soziale Gerechtigkeit für eine faire Globalisierung, in: http://www.ilo.org/wcmsp5/groups/public/—dgreports/—cabinet/documents/genericdocument/wcms_100192.pdf.

Jacob, Benno (1997): Das Buch Exodus, Stuttgart.

Joas, Hans (2011): Die Sakralität der Person. Eine neue Genealogie der Menschenrechte, Berlin.

Johannes Paul II. (2007): Laborem exercens [1981], in: Texte zur katholischen Soziallehre, 2. Aufl. Köln-Kevelaer, 529–601.

Kaufmann, Franz-Xaver (2003): Sicherheit: Das Leitbild beherrschbarer Komplexität, in: Stefan Lessenich (Hrsg.), Wohlfahrtsstaatliche Grundbegriffe. Historische und aktuelle Diskurse, Frankfurt / New York, 73–104.

Kessler, Rainer (1995): Wirtschaftsrecht der Tora, in: Kuno Füssel / Franz Segbers (Hrsg.), „... so lernen die Völker des Erdkreises Ge-

rechtigkeit." Ein Arbeitsbuch zu Bibel und Ökonomie, Luzern, 80–88.
Keynes, John, M. (2011): Das Ende des Laisser-faire. Ideen zur Verbindung von Privat- und Gemeinwirtschaft [1926], Berlin.
Koch, Klaus, Gestaltet die Erde, doch hegt das Leben! Einige Klarstellungen zum dominium terrae in Gen 1, in: Hans-Georg Geier, u. a. (Hrsg.): Wenn nicht jetzt, wann dann? Aufsätze für Hans-Joachim Kraus zum 65. Geburtstag, Neukirchen-Vluyn 1983, 23–36.
Konferenz der Völker zum Klimawechsel und zu den Rechten der Völker, Übereinkunft der Völker, in: http://amerika21.de/hintergrund/2010/cochab-92637-erklaerung
Körner, Marita (2004): Das internationale Menschenrecht auf Arbeit. Völkerrechtliche Anforderungen an Deutschland, Berlin (Deutsches Institut für Menschenrechte).
Krajewski, Markus (2013): Menschenrechte und transnationale Unternehmen, in: Menschenrechte. Vier Vorträge. Erlanger Universitätstage 2012, Erlanger Forschungen, Reihe A, University Press Erlangen, 49–74.
Krennerich, Michael (2013): Soziale Menschenrechte. Zwischen Recht und Politik, Schwalbach.
Kreß, Hartmut (2014): Die Sonderstellung der Kirchen im Arbeitsrecht – sozialethisch vertretbar? Ein deutscher Sonderweg im Konflikt mit Grundrechten, Baden-Baden.
Küng, Hans (1990): Projekt Weltethos, München.
Küng, Hans (1997): Weltethos für Weltpolitik und Weltwirtschaft, München.
Küng, Hans / Leisinger, Klaus / Wieland, Josef (2010): Manifest Globales Wirtschaftsethos. Konsequenzen und Herausforderungen für die Weltwirtschaft, München.
Lörcher, Klaus (2006): Das Recht auf angemessenes Arbeitsentgelt nach der Europäischen Sozialcharta, in: Gabriele Sterkel / Thorsten Schulten / Jörg Wiedemuth (Hrsg.): Mindestlöhne gegen Lohndumping. Rahmenbedingungen – Erfahrungen – Strategien, Hamburg, 217–226.
Lörcher, Klaus (2009): Das Menschenrecht auf Kollektivverhandlung und Streik – auch für Beamte, Arbeit und Recht, Heft 7–8, 1–14.
Luther, Martin (1983): Der Große und der Kleine Katechismus, ausgew. von Aland, Kurt / Kunst, Hermann, Göttingen.
Maastricht-Richtlinien: Maastricht Principles on Extraterritorial Obligations of States, www.etoconsortium.org/nc/en/library/maastricht-principles/?tx_drblob_pi1) (Zugriff am 10. 11. 2014)
Margalit, Avishai (1997): Politik der Würde. Über Achtung und Verachtung, Berlin.

Massoud, Sofi (2013): Die Guiding Principles on Business and Human Rights – eine absehbare begrenzte UN-Agenda, in: Kritische Justiz Heft 1/2013, 7–17.

Metz, Johann Baptist (2006): Im Zeitalter der „Globalisierung", in: ders., Memoria Passionis: Ein provozierendes Gedächtnis in pluralistischer Gesellschaft, Freiburg, 158–206.

Moltmann, Jürgen, (1979): Der Sinn der Arbeit, in: ders. (Hrsg.), Recht auf Arbeit. Sinn der Arbeit, München, 59–83.

Müller-Armack, Alfred (1966): Wirtschaftsordnung und Wirtschaftspolitik [1946], in: ders., Wirtschaftsordnung und Wirtschaftspolitik, Bern/Stuttgart, 19–170.

Müller-Armack, Alfred (1976): Soziale Marktwirtschaft [1956], in: ders., Wirtschaftsordnung und Wirtschaftspolitik, 2. Aufl. Bern / Stuttgart – Freiburg.

Nell-Breuning, Oswald von (1960): Neoliberalismus und katholische Soziallehre, in: ders., Wirtschaft und Gesellschaft heute, Zeitfragen Bd. 3, Freiburg, 81–98.

Nell-Breuning, Oswald von, (1990), Wie „sozial" ist die „Soziale Marktwirtschaft" [1986], in: ders., Den Kapitalismus umbiegen. Schriften zu Kirche, Wirtschaft und Gesellschaft, hg. Friedhelm Hengsbach u.a, Düsseldorf, 222–238.

OECD (2011): OECD-Leitsätze für multinationale Unternehmen, in: http://www.oecd.org/investment/mne/48808708.pdf

Ökonomie des Lebens (2013): Aufruf der Vollversammlung des Ökumenischen Rates der Kirchen in Busan: http://www.oikoumene.org/de/resources/documents/wcc-programmes/public-witness-addressing-power-affirming-peace/poverty-wealth-and-ecology/agape-call-for-action-2012/economy-of-life-justice-and-peace-for-all?set_language=de (Zugriff am 10. 10. 2014)

Otto, Eckart (1994): Theologische Ethik des Alten Testaments, Stuttgart – Berlin – Köln.

Otto, Eckart (2002): Gottes Recht als Menschenrecht. Rechts- und literaturhistorische Studien zum Deuteronomium, Wiesbaden.

Otto, Eckart (o. J.), „Menschenrechte" im Alten Orient und im Alten Testament, in: www.theologie-online.uni-goettingen.de/at/otto.htm (Zugriff am 10. 10. 2014)

Peccoud, Dominique (Hrsg.) (2005): Philosophische und spirituelle Perspektiven zur menschenwürdigen Arbeit, Internationales Arbeitsamt, Genf.

Piketty, Thomas (2014): Das Kapital im 21. Jahrhundert, München.

Pogge, Thomas (1998): Menschenrechte als moralische Ansprüche an globale Institutionen, in: Stefan Gosepath / Georg Lohmann (Hrsg.), Philosophie der Menschenrechte, Frankfurt, 378–400.

Rehm, Johannes / Ulrich, Hans G. (Hrsg.) (2009): Menschenrecht auf Arbeit? Sozialethische Perspektiven Stuttgart.

Rich, Arthur (1984): Wirtschaftsethik. Grundlagen in theologischer Perspektive, Bd. 1, Gütersloh.
Rich, Arthur (1990): Wirtschaftsethik. Marktwirtschaft, Planwirtschaft, Weltwirtschaft aus sozialethischer Sicht, Bd. 2, Gütersloh.
Robbers, Gerhard (1010), Streikrecht in der Kirche, Baden-Baden.
Rügemer, Werner / Wigand, Elmar (2014): Union-Busting in Deutschland. Die Bekämpfung von Betriebsräten und Gewerkschaften als professionelle Dienstleistung. Eine Studie der Otto-Brenner-Stiftung, Frankfurt.
Ruggie, John Gerard (2013): Just Business. Multinational Corporations and Human Rights, International Global Ethics Series, New York – London.
Rüstow, Alexander (1945): Das Versagen des Wirtschaftsliberalismus als religionsgeschichtliches Problem, Istanbul.
Rüstow, Alexander (1960): Paläoliberalismus, Kollektivismus und Neoliberalismus in der Wirtschafts- und Sozialordnung, in: Christentum und Liberalismus. Studien und Berichte der katholischen Akademie in Bayern, Heft 13, München, 149–178.
Samuelson, Paul, A. (1981): Volkswirtschaftslehre [11. Aufl. 1980], Bd. 1, Köln.
São-Paulo-Erklärung (2012): Die Umwandlung des internationalen Finanzsystems zu einer Wirtschaft im Dienst des Lebens http://wcrc.ch/de/die-sao-paulo-erklarung/
Schmid, Hansjörg (2012): Islam im europäischen Haus. Wege einer interreligiösen Sozialethik, Freiburg.
Schminck-Gustavus, Christoph Ulrich (1978): Recht auf Arbeit. Zur Geschichte einer konkreten Utopie, in: Udo Achten u. a. (Hrsg.): Recht auf Arbeit – eine politische Herausforderung, Neuwied, 15–43.
Smith, Morton (1977): Die Entwicklung im Judäa des 5. Jh. v. Chr. aus griechischer Sicht, in: Seminar: Die Entstehung der antiken Klassengesellschaft, Hans G. Kippenberg (Hrsg.), Frankfurt, 313–327.
Schneider, Jakob (2004): Die Justiziabilität wirtschaftlicher, sozialer und kultureller Menschenrechte, Deutsches Institut für Menschenrechte, Berlin 2004.
Schwantes, Milton (1977): Das Recht der Armen, Frankfurt am Main u. a.
Segbers, Franz (1986): Streik und Aussperrung sind nicht gleichzusetzen. Eine sozialethische Bewertung, Köln.
Segbers, Franz (1999): Die Hausordnung der Tora. Biblische Impulse für eine theologische Wirtschaftsethik, Luzern.
Segbers, Franz (2001): Der Sabbat der Bibel. Ein Leitbild für einen Exodus aus der Arbeitsgesellschaft, in: Uwe Becker / Franz Segbers / Michael Wiedemeyer (Hrsg.): Logik der Ökonomie – Krise der

Arbeit. Impulse für eine solidarische Gestaltung der Arbeitswelt, Mainz, 98–112.

Segbers, Franz (2008): Gerechte Globalisierung durch einen widerständigen Sozialstaat, in: Wolfgang Osterhage (Hrsg.): Kirche der Zukunft – Kirche in der globalen Welt, Frankfurt, 145–172.

Segbers, Franz (2009): „Erinnere dich daran, dass du selbst ein Sklave, eine Sklavin in Ägypten warst ..." (Dtn 5,15). Biblische Impulse für Humanität in der Arbeit, in: Johannes Rehm / Hans G. Ulrich (Hrsg.): Menschenrecht auf Arbeit? Sozialethische Perspektiven Stuttgart, 11–38.

Segbers, Franz (2010): Der Kapitalismus in der Glaubenskrise, in: Ilsegret Fink / Cornelie Hildebrandt (Hrsg.): Kämpfe für eine solidarische Welt. Theologie der Befreiung und Demokratischer Sozialismus im Dialog, Papers Rosa Luxemburg Stiftung, Berlin, 90–102.

Segbers, Franz (2011a): Armut und die Menschenrechte: Von einer verantwortungsbewussten Brüderlichkeitsethik zum sozialen Grundrecht auf ein soziokulturelles Existenzminimum, in: Peter Dabrock / Siegfried Keil (Hrsg.): Kreativität verantworten. Theologisch-sozialethische Zugänge und Handlungsfelder im Umgang mit dem Neuen, Neukirchen-Vluyn, 279–297.

Segbers, Franz (2012a): Gott kann man nicht bestreiken oder das Menschenrecht auf Streik, in: Junge Kirche 73. Jg., 53–56.

Segbers, Franz: (2012b): Neoliberale Globalisierung und die Straffreiheit. Eine globale Perspektive, in: Internationale Kirchliche Zeitschrift (Bern), 102. Jg., Heft 4, 286–299.

Segbers, Franz, (2013): Kein Streikrecht in den Kirchen? Der kompensatorische Gehalt der Koalitionsfreiheit, in: Bsirske, Frank / Paschke, Ellen / Schickart-Witsch, Berno (Hrsg.): Streiks in Gottes Häusern. Protest, Bewegung, Alternativen in kirchlichen Betrieben, Hamburg, 184–200.

Segbers, Franz (2014a): Schuld und Schulden. Erinnerungen an den biblischen Schuldenerlass zur Lösung der Schuldenkrise, in: Theologisch-praktische Quartalsschrift 162, 58–66.

Segbers, Franz (2014b): „Sich Freunde machen mit dem Mammon der Ungerechtigkeit." Eine Relecture des Gleichnisses vom „gerissenen Verwalter" im Kontext der Finanzkrise: Lk 16,1–14, in: Marlene Crüsemann / Claudia Janssen (Hrsg.): Gott ist anders. Gleichnisse neu gelesen auf der Basis der Auslegung von Luise Schottroff, Gütersloh, 107–121.

Segbers, Franz (2014c): Umkehrung der Menschenrechte: Von den Rechten der Menschen zu den Rechten des Kapitals (im Erscheinen).

Segbers, Franz (2015a): Angesichts der Finanzkrise schriftgemäß und sachgerecht reden, in: Carsten Jochum-Bortfeld / Rainer

Kessler (Hrsg.), Schriftgemäß. Die Bibel in Konflikten ihrer Zeit, Gütersloh.

Segbers, Franz (2015b): Zivilisierung des Marktes durch das Menschenrecht als Aufgabe Evangelischer Wirtschaftsethik, in: Arne Manzeschke (Hrsg.), Evangelische Wirtschaftsethik – wohin? Perspektiven und Positionen, Münster (im Erscheinen).

Segbers, Franz (2015c): Die Umwandlung des Staatsbürgers in einen marktkonformen Arbeitsbürger, in: Roland Anhorn / Marcus Balzereit (Hrsg.): Handbuch Therapeutisierung und Soziale Arbeit, Wiesbaden: Springer-VS 2015 (im Erscheinen).

Senghaas-Knobloch, Eva (2010): Internationale Arbeitsregulierung für ein menschenwürdiges Leben weltweit, in: Aus Politik und Zeitgeschichte Nr. 34–35, 27–33.

Schmid, Hansjörg (2012): Islam im europäischen Haus. Wege zu einer interreligiösen Sozialethik, Freiburg.

Smith, Adam (1949): Theorie der ethischen Gefühle, Frankfurt.

Smith, Adam (1978): Der Wohlstand der Nationen. Eine Untersuchung seiner Natur und seiner Ursachen, 6. Auflage München.

Ulrich, Peter (1998): Integrative Wirtschaftsethik. Grundlagen einer lebensdienlichen Ökonomie, 2. Aufl. Bern – Stuttgart – Wien.

Ulrich, Peter (2015): Weltbürgerliche Gerechtigkeit und marktwirtschaftliche Wertschöpfung. Zur zivilisatorischen Ordnung der Dinge, in: Hille Haker / Martin Schröter (Hrsg.), Marktwirtschaft und Menschenrechte: Wirtschaftsethische Dimensionen und Herausforderungen, Tübingen (im Erscheinen)

UN-Leitprinzipien für Wirtschaft und Menschenrechte (2011): http://www.csr-in-deutschland.de/ueber-csr/leitsaetze-und-instrumente/wirtschaft-und-menschenrechte.html (Zugriff am 10. 10. 2014)

UN Wirtschafts- und Sozialrat (2011): Überprüfung der Berichte der Vertragsstaaten nach Artikel 16 und 17 der Vereinbarung. Abschließende Betrachtungen des Ausschusses über wirtschaftliche, soziale und kulturelle Rechte E/C.12/DEU/CO/57.

UN Economic and Social Council (2008): Committee on economic, social and cultural Rights, General Comment No. 191, The right to social security (art. 9) E/C.12/GC/19, 4 February 2008, in: http://www1.umn.edu/humanrts/gencomm/escgencom19.html

United Nations, Committee on Economic, Social and Cultural Rights (2006), The Right to Work, General Comment No. 18 E/C.12/GC/18, February 6, 2006, in: http://www1.umn.edu/humanrts/gencomm/escgencom18.html.

Vitali, Stefania / Glattfelder James / Battiston, Stefano (2011): The network of global control, Zurich, in: http://arxiv.org/pdf/1107.5728.pdf. (Zugriff am 21. 8. 2014)

Walzer, Michael (1996): Lokale Kritik – globale Standards. Zwei Formen moralischer Auseinandersetzung, Berlin.

Weber, Max (1922): Die protestantische Ethik und der Geist des Kapitalismus. Gesammelte Aufsätze zur Religionssoziologie, 2. Aufl. Tübingen.

Westermann, Claus (1984): Das Alte Testament und die Menschenrechte [1977], in: ders., Erträge der Forschung am Alten Testament. Gesammelte Studien III, München, 138–151.

Ziegler, Jean (2005): Das Imperium der Schande. Der Kampf gegen Armut und Unterdrückung, München.

Register ausgewählter Bibelstellen

Genesis
Gen 1,26   152

Exodus
Ex 16,13–36 (Mannaerzählung)   143, 145
Ex 20,22–23,23   112
Ex 20,2   143
Ex 20,8 ff. (Sabbatgebot)   130, 132
Ex 23, 10 f. (Sabbatjahr)   130, 132, 135

Deuteronomium
Dtn 1–26 (Bundesbuch)   42, 112, 128
Dtn 1,16 f. (Rechtschutz)   142
Dtn 4,6–8   123
Dtn 5,6   143
Dtn 5,12 ff. (Sabbatgebot)   132, 142
Dtn 10,18   129, 142, 159
Dtn 14,22–29   142, 158
Dtn 15, 1 (Sabbatjahr)   131 f., 142, 153
Dtn 15,2 (Schuldenerlass)   42, 132, 158
Dtn 15,12 (Schuldsklaverei)   43, 130, 156 f.
Dtn 23,20 (Zinsverbot)   42, 131
Dtn 24,19 ff. (Grundversorgung)   133, 154
Dtn 24,14 (Lohnauszahlung)   130, 134, 142
Dtn 24,15 (humane Behandlung)   130, 142

Levitikus
Lev 17–26 (Heiligkeitsgesetz)   112
Lev 18,5   122
Lev 25,1–55 (Jobeljahr)   42, 130–132, 142, 158, 167

Jesaja
Jes 42,6   123
Jes 49,6   123

Matthäus
Mt 5,42 (Schuldenerlass)   133
Mt 6,12 (Schuldenerlass im Vaterunser)   133
Mt 25,40   117

Lukas
Lk 4,18 ff. (Schuldenerlass)   133
Lk 11,4 (Schuldenerlass im Vaterunser)   133

Register ausgewählter Begriffe

Achsenzeit 39–44
Arbeit
- Menschenrecht 110–114, 125, 180
- Recht auf Arbeit 9, 14, 45, 75, 77, 107 f., 142, 163, 174 f., 176–181, 184 f., 188
- Rechte aus Arbeit 14, 107, 163, 173 f., 191, 194–204
- Rechte in der Arbeit 14, 30, 94, 107 f., 163, 174, 181–194
- Vorrang vor Kapital 168–172
- Arbeiterbewegung 105, 176
- Arbeitsbedingungen 9, 17, 20, 25 f., 28, 31, 73, 85, 88, 93, 98, 113, 134, 148, 181–183, 185, 189, 191 f., 205
- Arbeitsbegriff 111, 179, 210, 212
- Arbeitsgesellschaft 110, 113–115, 119 f.
- Arbeitslosigkeit 9, 72, 77, 120, 160, 177 f., 200 f.
- Arbeitszeit 134, 142, 199, 212
Bedarf 51, 74, 145 f., 195
Biblisches Argumentieren in der Wirtschaftsethik 110, 115–117
Demokratie, siehe Mitbestimmung
Deregulierung 48, 50, 81, 103
Erlassjahr, siehe Verschuldung
Evangelii Gaudium 26, 31, 34, 172, 214
Exodus 112 f., 115, 119, 136, 148
Fetischismus, Geld; Geldwirtschaft, Mammon 60 f., 64–66
Freiheit
- biblisch 142–148

- menschenrechtlich 14, 19–21, 37, 39, 72 f., 77,103, 106–109, 113 f., 118 f., 123–125, 127, 132 f., 140, 148 f., 151, 155, 158, 160 f., 163, 171, 173, 181, 189, 191–193, 204 f., 208, 219

Genug, Ökonomie des Genug 145, 147
Gerechtigkeit 17, 19, 28, 32 f., 35, 39, 58, 62 f., 83 f., 94, 107, 116, 121 f., 125, 132, 194, 140, 144, 146, 150 f., 154–158, 166, 176, 186, 191–194, 198, 220
Gier (Habgier, Geldgier) 40, 42, 57 f., 60, 145, 147
Gleichheit 32, 106–109, 137–139, 143, 150, 152, 154, 156 f., 159, 163, 182, 199
Global Compact 95
Globalisierung 25, 27, 30, 45, 53, 66, 82, 93 f., 96, 102 f., 181, 183, 199
Götzenkritik 63 f.
Gutes Leben 164, 166, 178, 209, 212, 214, 217, 220
International Labour Organization, ILO 15, 21, 24 f., 28 f., 47, 78, 91–94, 97, 102, 19, 134, 155, 160, 177, 181–183, 185–190, 194–196, 199, 200 f., 214, 222
- Erklärung von Philadelphia 73 f., 119, 155, 160, 181
- Kernarbeitsnormen 97, 182 f., 196
Investorenschutz 49, 96
Jobeljahr 131–133
Laborismus, siehe Vorrang der Arbeit
Lebensdienlichkeit 213, 217–219
Leidenden, Autorität der Leidenden 38 f., 116, 134
Lohn, gerechter 9, 17, 23, 25, 74 f., 77, 142, 173, 183, 185, 188, 194–200, 206
Manna 143–145, 147
Marktgläubigkeit, siehe Unsichtbare Hand
Marktwirtschaft
- Soziale Marktwirtschaft 76, 80–87
- Neoliberale Marktwirtschaft 55, 58, 68, 168, 176, 186, 196–198, 208, 221

Menschenrechte
- Allgemeine Erklärung der 9, 18 f., 21, 47, 72, 76–80, 103, 115, 119, 140, 155 f., 168, 173, 176, 189, 194, 200 f., 204, 220
- Atlantic Charta 73 f., 160
- und Bibel 135
- und Freiheit 21
- Gestaltungskraft 87–92
- und Kirche 16
- kulturelle Menschenrechte 203, 223
- soziale Menschenrechte 9, 15, 19, 23–25, 29, 36 f., 45–52, 69–92, 102, 108, 127, 133, 139, 149, 160, 173 f., 205, 219, 223
- Umkehrung der Menschenrechte 45–70, 223
- Universalität 34–39, 138, 220
- und Wirtschaft 20, 26, 30, 47, 68, 93, 96, 101, 104–162
Nahrung, Recht auf Nahrung 9, 14, 45, 51, 141 f., 145 f., 157, 188
Neoliberalismus 49, 68, 222
Mitbestimmung 48, 75, 80 f., 83, 87, 171, 185, 204–207
OECD-Leitsätze für multinationale Konzerne 24, 99, 104
Ökonomie des Lebens 17, 27, 31, 217–223
Option für die Armen 117–119, 121, 125, 135, 161
Sabbat 130, 132–134, 142 f., 145–148, 167
Sabbatjahr 132 f., 167
Schuldenerlass 42, 51, 131–133, 142, 153, 158
Schöpfung 16 f., 27, 111, 137 f., 145, 152 f., 164–168, 172, 213, 215, 222
Selbstverwaltung 171, 193
Shareholder value 68–70
Sklavenarbeit/Zwangsarbeit 113, 158, 182, 187–189
Soziale Marktwirtschaft, siehe Marktwirtschaft

Soziale Sicherheit, Recht auf soziale Sicherheit 9, 14, 21, 45, 50 f., 71–73, 80 f., 83, 87, 94, 96, 107, 114, 119, 132, 134,139, 142, 160, 183, 188, 199–202, 222
Sozialisierung 75, 172
Sozialstaat 45, 48–51, 74 f., 80 f., 85–88, 139, 141, 202–204
Staat (menschenrechtliche Verpflichtung) 15, 19 f., 26, 52 f., 66, 72, 76, 89 f., 93–103, 106 f., 124, 140, 156, 160, 175, 177 f., 180, 185, 199, 201–204, 218, 223
Streikrecht 75, 189–194
Tora 16, 41 f., 109, 116, 119 f., 128, 131, 133–136, 139, 142 f., 153 f., 157, 160 f., 178, 214, 216
Transnationale Konzerne 29 f., 45–47, 49, 51, 93–103, 223
Unsichtbare Hand 54–69, 76
Verschuldung, Erlassjahr 41 f., 130 f., 133
Vorrang
– der Arbeit vor dem Kapital 168–173
– des Kapitals, ökonomischer Interessen 52, 60, 66, 170, 192
– des Menschen 33, 64, 174
– der Menschenrechte 100
– der Politik 46, 103
Weltethos 34–39
Wirtschaftskrise 9, 55, 60, 68 f., 71–91, 160, 200, 217, 219
Wirtschaftsordnung (Menschenrecht auf) 20, 27, 51, 72, 78, 83, 86, 102 f., 125, 143, 158, 163, 173–215
Würde des Menschen 13, 17, 39, 72, 86, 116, 124 f., 149 f., 152, 155 f., 178, 183 f., 204, 211
Zwangsarbeit, siehe Sklavenarbeit
Zweck der Wirtschaft, siehe Lebensdienlichkeit